国家社科基金重大委托项目
中国社会科学院创新工程学术出版资助项目

中国民族地区经济社会调查报告

总顾问　陈奎元
总主编　王伟光

香格里拉市卷

本卷主编　王德强　苏丽

中国社会科学出版社

图书在版编目(CIP)数据

中国民族地区经济社会调查报告·香格里拉市卷／王德强，苏丽主编.—北京：中国社会科学出版社，2020.11

ISBN 978-7-5203-7631-0

Ⅰ.①中… Ⅱ.①王…②苏… Ⅲ.①民族地区经济—经济发展—调查报告—香格里拉县 Ⅳ.①F127.8

中国版本图书馆CIP数据核字(2020)第254101号

出 版 人 赵剑英
责任编辑 宫京蕾
特约编辑 李晓丽
责任校对 李 莉
责任印制 李寡寡

出 版 中国社会科学出版社
社 址 北京鼓楼西大街甲158号
邮 编 100720
网 址 http://www.csspw.cn
发 行 部 010-84083685
门 市 部 010-84029450
经 销 新华书店及其他书店

印刷装订 北京君升印刷有限公司
版 次 2020年11月第1版
印 次 2020年11月第1次印刷

开 本 710×1000 1/16
印 张 17.5
插 页 2
字 数 291千字
定 价 98.00元

凡购买中国社会科学出版社图书，如有质量问题请与本社营销中心联系调换
电话：010-84083683

《21 世纪初中国少数民族地区经济社会发展综合调查》

项目委员会

顾问委员会

总 顾 问 陈奎元

学术指导委员会

主　　任 王伟光

委　　员（按姓氏笔画为序）

丹珠昂奔　李　扬　李培林　李　捷　陈改户　武　寅
郝时远　赵胜轩　高　翔　黄浩涛　斯　塔

专家委员会

首席专家 王延中

委　　员（按姓氏笔画为序）

丁　宏　丁　赛　丁卫东　马　援　王　平　王　锋
王希恩　开　哇　扎　洛　车明怀　方　勇　方素梅
尹虎彬　石玉钢　龙远蔚　卢献匾　田卫疆　包智明
吐尔干·皮达　朱　伦　色　音　刘　泓　刘正寅
刘世哲　江　荻　赤列多吉　李云兵　李红杰　李克强
吴　军　吴大华　何星亮　张若璞　张昌东　张继焦
陈建樾　青　觉　郑　堆　赵立雄　赵明鸣　赵宗福
赵剑英　段小燕　姜培茂　聂鸿音　晋保平　特古斯
俸代瑜　徐　平　徐畅江　高建龙　黄　行　曹宏举
曾少聪　管彦波　毅　松

项目工作组

组　　长 扎　洛　孙　懿

成　　员（按姓氏笔画为序）

丁　赛　孔　敬　刘　真　刘文远　李凤荣　李益志
宋　军　陈　杰　周学文　程阿美　管彦波

《中国民族地区经济社会调查报告》

编辑委员会

总　序

实践的观点是马克思主义哲学最基本的观点，实事求是是马克思主义活的灵魂。坚持一切从实际出发、理论联系实际、实事求是的思想路线，是中国共产党把马克思主义基本原理与中国实际相结合，领导中国人民进行社会主义革命和社会主义建设不断取得胜利的基本经验。改革开放以来，在实事求是、与时俱进思想路线的指导下，中国特色社会主义伟大事业取得了举世瞩目的伟大成就，中国道路、中国经验在世界上赢得了广泛赞誉。丰富多彩的成功实践推进了中国化马克思主义的理论创新，也为哲学社会科学各学科的繁荣发展提供了坚实的沃土。时代呼唤理论创新，实践需要哲学社会科学为中国特色社会主义理论体系的创新发展做出更大的贡献。在中国这样一个统一的多民族的社会主义国家，中国特色的民族理论、民族政策、民族工作，构成了中国特色社会主义的重要组成部分。经济快速发展和社会剧烈转型，民族地区全面建成小康社会，进而实现中华民族的伟大复兴，迫切需要中国特色民族理论和民族工作的创新，而扎扎实实地开展调查研究则是推进民族研究事业适应时代要求、实现理论创新、服务发展需要的基本途径。

早在20世纪50年代，应民族地区的民主改革和民族识别之需，我国进行了全国规模的少数民族社会历史与语言调查，今称“民族大调查”。这次大调查收集获取了大量有关民族地区社会历史的丰富资料，形成300多个调查报告。在这次调查的基础上，整理出版了400余种、6000多万字的民族社会历史建设的巨大系统工程——“民族问题五种丛书”，为党和政府制定民族政策和民族工作方针、在民族地区开展民主改革和推动少数民族经济社会的全面发展提供了重要的依据，也为中华人民共和国民族研究事业的发展奠定了坚实的基础。

半个多世纪过去了，如今我国边疆民族地区发生了巨大而深刻的变化，各民族逐渐摆脱了贫困落后的生产生活状态，正在向文明富裕的现代化社会迈进。但同时我们也要看到，由于历史和现实的原因，各民族之间以及不同民族地区之间经济社会的发展依然存在较大的差距，民族地区经济发展不平衡问题，以及各种社会问题、民族问题、宗教问题、生态问题，日益成为推动民族地区经济社会发展必须着力解决的紧迫问题。深入民族地区开展长期、广泛而深入的调查研究，全面了解各民族地区经济社会发展面临的新情况、新问题，科学把握各民族地区经济社会发展趋势，是时代赋予民族学工作者的使命。

半个多世纪以来，中国社会科学院民族学与人类学研究所一直把调查研究作为立所之本。1956 年成立的少数民族语言研究所和 1958 年成立的民族研究所（1962 年两所合并，以下简称“民族所”），从某种意义上讲，就是第一次民族大调查催生的结果。作为我国多学科、综合性、国家级的民族问题专业研究机构，民族所非常重视田野调查，几代学者已在中国各民族地区近 1000 个地点进行过田野调研。20 世纪 90 年代，民族所进行了第二次民族地区典型调查，积数年之功完成了 20 余部调研专著。进入新的历史时期，为了更好地贯彻党中央对我院“三个定位”的要求，进一步明确今后一个时期的发展目标和主攻方向，民族所集思广益，经过反复酝酿、周密论证，组织实施了“21 世纪初中国少数民族地区经济社会发展综合调查”。这是我国民族学研究事业发展的迫切需要，也是做好新时期民族工作的前提和基础。

在充分利用自 20 世纪 50 年代以来开展的少数民族社会历史与语言调查相关研究成果的基础上，本次民族大调查将选择 60—70 个民族区域自治地方（包括市、县/旗或民族乡）作为调查点，围绕民族地区政治、经济、社会、文化、生态五大文明建设而展开，计划用 4—5 年的时间，形成 60—70 个田野调查报告，出版 50 部左右的田野民族志专著。民族调查是一种专业性、学科性的调查，但在学科分化与整合均非常明显的当代学术背景下，要通过调查研究获得开拓性的成果，除了运用民族学、人类学的田野调查方法外，还需结合社会学问卷调查方式和国情调研、社会调查方式，把静态与动态、微观与宏观、定量分析与定性分析、典型与一般有机结合起来，突出调查研究的时代性、民族性和区域性。这是新时期开展民族大调查的新要求。

立足当代、立足中国的“民族国情”，妥善处理民族问题，促进各民族平等团结，促进各民族地区繁荣发展，是中国特色社会主义的重要任务。“21世纪初中国少数民族地区经济社会发展综合调查”作为国家社科基金特别委托项目和中国社会科学院创新工程重大项目，希望立足改革开放以来少数民族地区的发展变化，围绕少数民族地区经济社会发展，有针对性地开展如下调查研究：①民族地区经济发展现状与存在的问题调查研究；②民族地区社会转型、进步与发展调查研究；③西部大开发战略与民族问题调查研究；④坚持和完善民族区域自治制度调查研究；⑤民族地区宗教问题调查研究；⑥民族地区教育与科技调查研究；⑦少数民族传统文化与现代化调查研究。

调查研究是加强学科建设、队伍建设和切实发挥智库作用的重要保障。基础研究与应用对策研究是现代社会科学不可分割的有机统一整体。通过全面、深入、系统的调查研究，我们希望努力达成以下几个目标。一是全面考察中国特色民族理论、民族政策的探索和实践过程，凝练和总结中国解决民族地区发展问题、确立和谐民族关系、促进各民族共同繁荣发展的经验，把握民族工作的一般规律，为未来的民族工作提供坚实的理论支撑，为丰富和发展中国特色社会主义理论体系做出贡献。二是全面展示改革开放特别是自21世纪以来民族地区经济社会发展的辉煌成就，展示以“平等、团结、互助、和谐”为核心内容的新型民族关系在当代的发展状况，反映各族人民社会生活的深刻变化，增强各民族的自豪感、自信心，建设中华民族共同体，增强中华民族凝聚力。三是深入调查探寻边疆民族地区经济社会发展中存在的问题，准确把握未来发展面临的困难与挑战，为党和国家全面了解各民族发展现状、把握发展趋势、制订未来发展规划提供可靠依据。四是通过深入民族地区进行扎实、系统的调研，收集丰富翔实的第一手资料，构筑我国民族地区社会发展的基础信息平台，夯实民族研究的基础，训练培养一支新时期民族问题研究骨干队伍，为民族学研究和民族地区未来发展奠定坚实的人才基础。

我们深信，参与调查研究的每一位专家和项目组成员，秉承民族学、人类学学界前辈学人脚踏实地、不怕吃苦、勤于田野、精于思考的学风，真正深入民族地区、深入田野，广泛汇集干部、群众的意见，倾听干部、群众的呼声，运用多种方式方法取得丰富的数据资料，通过科学严谨的数据分析和系统深入的理论研究，一定会取得丰硕的成果。这不仅会成为

21 世纪我国民族学与人类学学科建设的一座重要里程碑，也一定会为党和政府提供重要决策参考，为促进我国民族理论和民族工作的新发展，为在民族地区全面建成小康社会，为实现中华民族的伟大复兴做出应有的贡献。

王伟光

目　录

第一章

概　述

香格里拉市位于云南省西北部，隶属于云南省迪庆藏族自治州，藏语称“结塘”，即唐代樊绰所著《云南志》所载之“剑赕”①。明代，纳西族称其为“主地”，意为酋长之地，汉译名为“中甸”，此后一直沿用。② 中华人民共和国成立后，一直将“中甸”作为县名，直到2001年，更名为香格里拉县。2014年，香格里拉撤县设市，成为县级香格里拉市。

迪庆，藏语意为“吉祥如意的地方”，是云南省唯一的藏族自治州，成立于1957年9月13日。位于云南省西北部，滇、藏、川三省区交界处，青藏高原延伸部分南北纵向排列的横断山脉，金沙江、澜沧江、怒江三江并流国家级风景名胜区腹地，澜沧江和金沙江自北向南贯穿全境，总面积23870平方公里。全州辖香格里拉市和德钦县、维西傈僳族自治县。境内有藏、傈僳、纳西、汉、白、回、彝、苗、普米9个千人以上的民族和其他少数民族16种，共25个民族。2014年末，迪庆藏族自治州总人口为40.7万人，少数民族人口323024人，占总人口的79.36%。其中，藏族人口130735人，占总人口的32.12%；傈僳族人口109697人，占总人口的26.95%；纳西族人口46389人，占总人口的11.40%。

香格里拉市是迪庆藏族自治州州府所在地，是全州的政治、经济和文化中心。国道214线贯穿全境。市政府驻地建塘镇，距省会昆明709公里。市境位于云南省西北部，是滇、川及西藏三省区交汇处，也是“三江并流”风景区腹地。2011年，全市年末总人口为174585人，全市总面积11613平方千米，是云南省面积最大的县级行政单位。

---

① 赵吕甫：《云南志校释》，中国社会科学出版社1987年版。

② 云南省中甸县志编纂委员会：《中甸县志》，云南人民出版社1997年版，第1页。

第一节 行政区划与民族人口分布

一 概况

香格里拉市位于云南省西北部、迪庆藏族自治州东部，地处滇、川、藏大三角交汇区域，是“茶马古道”的要冲。1933年，詹姆斯·希尔顿在其长篇小说《失去的地平线》中，首次描绘了被誉为永恒和平宁静之地的“香格里拉”。东与四川省稻城县相连，东南与云南省丽江市、维西县、德钦县隔江相望，西北与四川省得荣县、乡城县为邻。沙鲁里山脉由四川甘孜入市境，分两支将市境东西两侧包围，金沙江从土照壁进入市境，南流至金江乡撒苏碧与丽江石鼓之间，突转向东北，至洛吉吉函流入四川坪子了境，将市境南部包围。

香格里拉，境内地形总趋势西北高、东南低，两头窄、中间宽，东西最宽距离88公里，南北最长距离218公里，最高点巴拉格宗海拔5545米，最低点洛吉吉函海拔1503米，海拔高差4042米，平均海拔3459米。境内地貌按形态可分为山地、高原、盆地、河谷，常年积雪，山谷耸立，河流纵横，是长江流经全境的唯一县（市），境内有大小河流244条，一级支流13条，总长545公里。沙鲁里山脉从四川甘孜延伸进入香格里拉市境北端，分东西两支沿市境东西两侧逶迤连绵，汇合于香格里拉市南段。金沙江从西部土照壁进入香格里拉市，南流至金沙乡，然后突然大转弯，掉头东向，至洛吉乡再转向东南出境，绕境流程375公里，形成“雪山为城，金沙为池”的雄伟气势。①

香格里拉境内地质构造复杂，地处三江褶皱系与扬子准台地交界地带，居于“三江”并流有色金属成矿带腹地，矿产资源丰富。香格里拉地处世界闻名的“三江并流”风景区腹地，雪山雄奇，草原广袤，河谷深邃。水资源丰富，水能资源蕴藏量达209.84万千瓦（不含金沙江）。香格里拉雪山下77.38万顷森林，森林覆盖率达66.63%，用材林蓄积量6931.9万平方米。有大面积保持完好的原始森林，生态体系完好，林种丰富。香格里拉为云南亚热带阔叶林植被区向青藏高原高寒植被区过渡地

① 云南省中甸县志编纂委员会：《中甸县志》，云南人民出版社1997年版，第1页。

带，南北走向的横断山脉和金沙江河谷，为北温带生物区系成分与东南亚热带生物区系成分的交流汇聚创造了独有的条件，让南北相距仅 2 个纬度的香格里拉几乎包罗了从中国南部亚热带地区到北半球极地约 70 个纬度水平带的植被类型，生物资源极为丰富，使这里成为“动植物王国”和“天然高山生物园”。这里有菌类、藻类、苔藓类、蕨类、种子植物类植物 289 科 3870 种；有哺乳类动物 26 科 97 种、两栖类 5 种，爬行类 18 种；有以冬虫夏草、贝母、熊胆、麝香为首的药材 830 种。

二 行政区划

香格里拉市是一个以藏族为主体的多民族县级市，历史悠久，文化底蕴深厚。境内除了藏族外，还居住着汉族、纳西族、彝族、白族、傣族、壮族、苗族、回族、傈僳族、拉祜族、佤族、瑶族、景颇族、布朗族、布依族、阿昌族、哈尼族、锡伯族、普米族、蒙古族、怒族、基诺族、德昂族、水族、满族、独龙族等二十余个民族。香格里拉市政府驻地为建塘镇，下辖 4 个镇、7 个乡，共有 63 个村（居）民委员会，667 个村民小组。11 个乡镇分别为：建塘镇、小中甸镇、虎跳峡镇、金江镇、上江乡、三坝纳西族乡、洛吉乡、尼西乡、格咱乡、东旺乡、五境乡。

表 1-1　　香格里拉市行政区划　　（单位：个）

乡（镇）名称	村及办事处	隶属乡村机构村民委员会及办事处名称	村民小组数
合计	63		667
上江乡	5	福库、木高、良美、士旺、格兰	58
金江镇	7	新建、新农、安乐、吾竹、车轴、士达、新文	89
虎跳峡镇	11	理仁、新仁、永胜、红旗、金星、下桥头、宝山、松鹤、东坡、长胜	107
三坝纳西族乡	6	白地、哈巴、东坝、安南、瓦刷、江边	75
洛吉乡	3	洛吉、九龙、尼汝	38
小中甸镇	3	和平、团结、联合	50
尼西乡	4	新阳、汤满、幸福、江东	47
格咱乡	6	翁上、翁水、格咱、木鲁、浪都、那格拉	34
东旺乡	5	中心、上游、新联、胜利、跃进	54
五境乡	3	霞珠、仓觉、泽通	29
建塘镇	10	北门、金龙、仓房、红坡、诺西、尼史、解放、吉迪、建塘、北郊	86

建塘镇是迪庆藏族自治州政府和香格里拉市政府所在地，是全市乃至全州政治、经济、社会、文化交流和发展的中心，是“香格里拉”的腹地。建塘镇四周群山环绕，中间地势平坦，为高山盆地，面积1161平方公里，海拔3300米，是由农村和城镇两块相结合而成的半农半牧城镇。全镇辖5个社区委员会和5个村民委员会，共86个村民小组和23个居民小组，86个村民小组以发展农牧业、旅游业为主。2010年开始，全镇人口达到65000人。2012年，全镇农业人口3845户、18398人。2013年，全镇农业人口3777户、18542人。主要有藏族、纳西族、汉族、白族、回族等民族，藏族占总人口的主要部分。

小中甸镇位于香格里拉市南部，北与建塘镇毗邻，南连金江镇，东与三坝纳西族乡、虎跳峡镇接壤，西界上江乡、五境乡，面积1054平方公里。地处高寒坝区，地形北稍高、南稍低，周围群山环列，硕多岗河从北向南流经全境。驻地海拔3207米，最高海拔4985米，属半农半牧区。全镇辖联合、和平、团结三个村民委员会，共50个村民小组。2010年，全镇人口10169人。2013年末，全镇人口10442人，农业户1960户、农业人口9904人。主要有藏族、纳西族、白族、回族、彝族、傈僳族等8个民族，藏族占总人口的96.3%。

虎跳峡镇位于香格里拉市东南部，东面隔金沙江与丽江市玉龙县相望，南连迪庆经济开发区，东、北两面分别与三坝纳西族乡、小中甸镇接壤，西面与金江镇山脉相连，镇政府驻地下桥头，海拔1853米，距县城97公里，是香格里拉市通往内地的门户，素有“迪庆州南大门”之称。总土地面积831平方公里，辖1个居民委员会和8个村民委员会，107个村民小组。2010年，全镇人口19922人。2013年末，全镇人口17260人，其中农业人口4134户、15770人。主要有汉族、彝族、傈僳族、纳西族、藏族、白族、普米族、苗族、回族9个民族，少数民族占全镇总人口的90%。

金江镇位于香格里拉市南部，镇政府驻地吾竹距香格里拉市188公里，东南与虎跳峡镇接壤，北连上江乡，西与丽江市玉龙县的巨甸、金庄、黎明、石鼓等乡镇隔江相望，最高海拔2700米，最低海拔1820米，相对高差880米。总土地面积627平方公里，辖7个村民委员会，89个村民小组。2010年，全镇人口16738人。2013年末，全镇人口总数17674人，其中农业人口16692人，非农业人口982人。居住着纳西、汉族、白族、苗族、傈僳族、藏族、彝族、回族、普米族、黎族10个民族，形成了多民族大杂居、小聚居的状况。

上江乡位于香格里拉市西南部，东与小中甸镇相连，南与金江镇接壤，西南隔金沙江与玉龙县相望，北邻五境乡，乡政府所在地海拔1920米，距离香格里拉市政府所在地150公里。总土地面积372平方公里，辖5个村民委员会，58个村民小组。2010年，全镇人口10462人。2013年末，全乡人口11150人。居住着汉族、纳西族、傈僳族、白族、藏族、苗族、彝族、回族、普米族9个民族，是一个集山区、半山区和河谷坝区为一体的多民族聚居的乡镇。

三坝纳西族乡因东坝、白地、哈巴三块不平整的坝子而得名，是全市唯一的以纳西族为主的民族乡，位于香格里拉市东南部。全乡海拔在4000米以上的雪山有两座，最高点为哈巴雪山主峰海拔5396米，最低点海拔1600米，海拔高差3796米，乡政府驻地水甲村海拔2450米。全乡国土面积977平方公里，辖6个村民委员会，共75个村民小组。2010年，全乡人口18597人。2013年，全乡人口5521户、18641人，其中农业户口16773人。居住着纳西族、汉族、回族、彝族、傈僳族和藏族6个民族。

洛吉乡位于香格里拉市东部，东接四川省凉山州木里县，东南与丽江县奉科乡隔江相望，南接三坝纳西族乡，西连建塘镇，北与甘孜州稻城县东尼乡和香格里拉市格咱乡相连，乡政府驻地洛吉村海拔2130米，最高海拔4495米，最低海拔1503米。全乡国土面积1234平方公里，辖3个村民委员会、38个村民小组。2010年，全乡人口4724人。2013年末，全乡人口4725人，其中农业人口4531人。居住着汉族、藏族、纳西族、傈僳族、彝族5个民族。

尼西乡位于香格里拉市西北部，东北部群山横列，西部金沙江环绕。乡政府所在地崩书塘海拔3160米，距县城39公里。全乡土地面积845平方公里，辖4个村民委员会，47个村民小组。2010年，全乡人口8111人。2013年末，全乡共有1287户、人口6853人，境内居民以藏族为主，占98.8%，其他还居住有汉族、纳西族、傈僳族等民族。

格咱乡位于香格里拉市北部，分别与建塘镇、尼西乡、洛吉乡、东旺乡和四川省乡城县、稻城县接壤，国土面积2868平方公里，是云南省面积最大的乡镇。全乡辖6个村民委员会，34个村民小组，76个自然村。

2010年，全乡人口8384人。2013年末，全乡人口共1214户、6558人。境内有藏族、汉族、回族、白族、纳西族、傈僳族6个民族，藏族人口占总人口数的97%。格咱乡地势北高南低，最高海拔5090米，最低海拔2520米。

东旺乡地处香格里拉市北部，位于滇川交界的雪山峡谷之中，其北部与四川省得荣县相邻，东面和南面与香格里拉市格咱乡、尼西乡毗邻。乡驻地中心村白玉，海拔2540米，最高海拔5050米，最低海拔2180米，相对高差2870米。全乡总面积1338平方公里，辖5个村民委员会，54个村民小组。2010年，全乡人口6505人。2013年末，全乡总人口6371人，农业户数1029户、农业人口6309人，其中藏族占99.7%，是一个农牧并重的藏区乡镇。

五境乡位于香格里拉市西部，地处金沙江大峡谷，东与建塘镇、小中甸镇接壤，南与上江乡接壤，和玉龙县隔江相望，北与尼西乡毗邻，西与金沙江为界，与德钦县拖顶乡和维西县塔城镇隔江相望。乡政府所在地农温塘海拔1960米，平均海拔2300米。全乡总面积334平方公里，辖3个村民委员会，29个村民小组。2010年，全乡人口4187人。2013年末，全乡人口3923人，其中农业户854户、农业人口3770人。境内有藏族、傈僳族、纳西族和汉族等民族杂居。其中，傈僳族主要聚居在仓觉村子母雄村民小组，境内其他村组均为藏族聚居村。

三 历史沿革

根据考古发掘资料，今香格里拉市境内在旧石器时代就已有人类活动的痕迹。到新石器时代更加频繁，人类在这一带活动的痕迹更加明显，磨制石器和岩画广泛分布于香格里拉市的多地，石棺葬在香格里拉市的虎跳峡镇等地区也有广泛分布。西周时期，香格里拉市境内已经开始有人类居住。自春秋战国到秦汉之际，境内主要分布着白狼、濮𤞐、庐卢等部落，他们之间不相统属，居住不定，随处而居，无大君长。汉和帝永元十三年（101年），牦牛、徼外、白狼、楼薄等部归附，香格里拉市一带与汉朝正式建立联系并纳入中原王朝的版图，中央王朝在这一带实施“羁縻”政策。

此后的三国至隋朝，在包括香格里拉在内的滇西、川西一带已经分布数目繁多、大小不一的众多民族或部落，香格里拉市地域则由其中附国进行统治。根据《隋书》记载："附国者，蜀郡西北二千里，即汉之西南夷也。……其国南北八百里，东西千五百里。……附国南有薄缘夷，风俗亦同。西有女国。其东北连山，绵亘数千里，接于党项。往往有羌：大小左封、昔卫、葛延、白狗、向人、望族、林台、春桑、利豆、迷桑、婢药、大硖、白兰、叱利摸徒、那鄂、当迷、渠步、桑悟、千碉，并在深山穷谷，无大君长。其风俗略同于党项。或役属吐谷浑，或附附国。"[①] 附国地理位置在大渡河河谷以西地区，中心区域在今四川甘孜藏族自治州的道孚、炉霍、甘孜和新龙县一带，并可能延伸到了金沙江以西的西藏自治区的昌都地区及今青海省玉树藏族自治州境内。[②] 香格里拉一带由其中的白狼及姐羌部落所居住。[③] 唐武德四年（621 年），唐在今香格里拉一带设神州，为剑南道姚州都督府所辖的 13 个羁縻州之一，治地在今维西县一带。

自公元 6 世纪后期开始，位于青藏高原雅隆河谷地带的悉补野部迅速强大起来，随即走上了向外扩张的道路。到三十一代赞普囊日论赞时期，以悉补野部为主的吐蕃部落联盟在青藏高原崛起。公元 7 世纪前后，吐蕃发生内乱，囊日论赞在政治叛乱中被大臣毒死。其子松赞干布在危机时刻继赞普位，诛杀叛臣，先后降服达布、工布、娘布、苏毗等部，兼并羊同，完成统一大业，建立了强大的吐蕃王朝。[④]

自公元 7 世纪左右开始，包括今香格里拉在内的滇西、川西高原等青藏高原东缘地带成为吐蕃赞普松赞干布向外扩张的重要目标。由于处于唐朝、吐蕃和南诏之间的缓冲地带，香格里拉一带的这些民族或部落很快成为了各方竞相争夺的对象。据台湾学者林冠群先生的分析，吐蕃王朝东向军事扩张的路线主要有三条：一是向东，以横断山脉川西高原地区与四川盆地西端为限；二是向东南方向，以南诏为限；三是向东北方向，即向青海、甘肃、河西走廊一带流动。[⑤] 此正如郭大烈等人所言：由于居住在这里的这些民族与部落"正处在唐、南诏、吐蕃三个政权之间，既有铁桥之险，又有盐池之利，必定成为三强逐鹿中心"[⑥]。据统计，在 7—9 世纪

---

① 《隋书》卷八三《附国传》，中华书局 1997 年版。
② 石硕：《附国与吐蕃》，《中国藏学》2003 年第 3 期。
③ 云南省中甸县志编纂委员会：《中甸县志》，云南人民出版社 1997 年版，第 1 页。
④ 《藏族简史》修订本编写组：《藏族简史》，民族出版社 2009 年版，第 11 页。
⑤ 林冠群：《唐代吐蕃史研究》，联经出版事业公司 2011 年版，第 390 页。
⑥ 郭大烈、和志武：《纳西族史》，四川民族出版社 1994 年版，第 120 页。

唐蕃之间发生的约100次战争中，有1/4发生在包括香格里拉在内的滇西高原一带。①

唐贞观七年（633年），香格里拉一带被吐蕃军队占据。仪凤三年（678年），吐蕃“并西洱河诸蛮，尽臣羊同、党项诸羌。其地东与松、茂、巂接，南及婆罗门，西取四镇，北抵突厥，幅员万余里，汉、魏诸戎所无也”②。永隆元年（680年），设置神川都督府，统一指挥在滇西的军事行动。同时，为便于联络往来，吐蕃在今香格里拉木高与丽江市玉龙县塔城之间的金沙江上架设铁桥③，在铁桥以西建有铁桥西城，以东建有铁桥东城，迪庆地面成为吐蕃屯戍之所，均属吐蕃神川都督府管辖。吐蕃在其控制的今香格里拉一带进行贸易，加强物质交流。据樊绰的《云南志》记载，在滇西地区，“大羊多从西羌、铁桥接吐蕃界三千、二千口将来贸易”④。

建立神川都督府后不久，吐蕃开始了对南诏的征伐之路。南诏在汉代为哀牢夷，初臣服于唐。703年冬，赞普都松芒布杰“赴姜地（六诏），并攻陷之”，并架铁索桥，“以通西洱河蛮”，“夺取六诏之疆土，征白蛮之赋税，收乌蛮为属民”。⑤此后，唐朝与吐蕃多次为争夺滇西地区发生战事，均以失败而告终。在吐蕃的觊觎下，不胜唐朝边将苛虐的南诏政权于751年弃唐投蕃，受封为赞普钟，与吐蕃结为兄弟之国，双方联合攻唐，南诏常为先驱。对于此重大事件，史料记载：“天宝十一载正月一日，（吐蕃王赞普）遣宰相倚祥叶乐持金冠、锦袍全宝带、金帐床，……等物，至邓川，以凤为兄弟之国，册为赞普钟南国大诏，给金印，称东帝。并授凤伽异大瑟瑟告身，都知兵马大将，凤遂改是年为赞普钟元年。”⑥

---

① 郭大烈、和志武：《纳西族史》，四川民族出版社1994年版，第126页。

② 《新唐书》卷二一六《吐蕃传》，中华书局1975年版。

③ 对于铁桥的修建者，有多种说法。据《丽江府志稿》记载：“铁桥址，在废巨津州北一百三十里，为南诏吐蕃交会处。铁桥之建，或曰吐蕃，或曰隋史万岁及苏荣，或曰南诏阁罗凤。异牟寻归唐时断，以绝吐蕃，桥南有铁桥城，为吐蕃十六城之一，尝置铁桥节度与此，桥所跨处，穴石锢铁为之，冬日水清，犹见铁环。”

④ 樊绰：《云南志》，赵吕甫校释，中国社会科学出版社1985年版，第284页。

⑤ 黄布凡、马德：《敦煌藏文吐蕃史文献译注》，甘肃教育出版社2000年版，第46、254页。

⑥ 《中国少数民族社会历史调查资料丛刊》修订编辑委员会云南省编辑组：《纳西族社会历史调查》（二），民族出版社2009年版，第200页。

会昌二年（842 年），朗达玛灭佛，吐蕃王朝顿时土崩瓦解，驻守在今香格里拉一带的吐蕃军队随即竞相割据，遂成分裂之势。南宋宝祐元年（1253 年），忽必烈奉命率 10 万蒙古大军从“忒剌”[①] 出发，与兀良哈台、抄合也只烈兵分三路军队远征大理。[②] 其中，西路军由兀良哈台率领，沿阿坝大草原进入今甘孜州北部，沿色达、甘孜、新龙、理塘、稻城、德荣南下，翻越云南中甸地区的旦当岭，沿金沙江而下。东路军由抄合也只烈率领，沿岷山而下，出雅州、黎州，过大渡河，经西州、建昌、会川，渡金沙江。中路军由忽必烈亲自率领，经阿坝草原，沿大渡河南下，在黎州越大渡河，沿安宁河谷下行，经建昌，出香城，渡金沙江。次年底，三路军队汇合并消灭大理国。[③] 途中，忽必烈的军队进入香格里拉一带，当地部落磨些酋长塔里麻等投诚。元宪宗四年（1254 年），在香格里拉设置茶罕章管民官。至元八年（1271 年），设置茶罕章宣慰司。至元十三年（1276 年），又改为丽江军民总管府。至元三十年（1293 年）六月，将今香格里拉划归宣政院管辖，属吐蕃等路宣慰司都元帅府，设大小奔不儿亦思刚招讨司达鲁花赤二员管辖，一名为蒙古族，一名为藏族。

明永乐四年（1406 年），在今香格里拉一带设镇道、扬塘二安抚司，隶云南都司。成化十九年（1483 年），丽江木氏土司开始向香格里拉用兵并逐渐征服和统治这一地区。明中叶后为中甸，属云南布政司丽江军民府。明崇祯十二年（1639 年），蒙古和硕特部出兵康区，消灭白利土司并击败了木氏土司。清顺治四年（1647 年），木氏土司的势力退出中甸。康熙六年（1667 年），蒙古和硕特部占领香格里拉，设置独克宗。雍正初年（1723 年），清政府通过平定罗卜藏丹津叛乱等举措完全控制藏区，并通过划界的方式将香格里拉一带划归云南管辖。雍正六年（1728 年），清朝设维西通判。乾隆二十一年（1756 年），于中甸地置中甸厅，设同知，改隶丽江府。民国二年（1913 年）4 月，中甸厅改为中甸县，迤西道改为滇西道，中甸县属滇西道。民国三年（1914 年），滇西道改为腾越道，中甸县属之。民国十八年（1929 年），裁腾越道直属省。民国三十一年（1942 年）属云南省第七行政督察区（驻丽江县）。民国三十七年（1948

---

① 今甘肃省迭部县与四川省若尔盖县接壤的达拉沟或四川省松潘县一带。

② 吴景敖：《西陲史地研究》，中华书局 1948 年版，第 30—40 页。

③ 石硕、李锦、邹立波等：《交融与互动——藏彝走廊的民族、历史与文化》，四川民族出版社 2014 年版，第 162—163 页。

年）属云南省第十三行政督察区（驻维西县）。民国三十八年（1949年）属云南省第十行政督察区，区治所在鹤庆县。

1950年5月10日，今香格里拉市和平解放，仍为中甸县。同年12月，中甸人民政府成立，属丽江专区。1957年9月13日，迪庆藏族自治州成立，改属迪庆藏族自治州，仍由丽江专区代管。1973年，中甸县改由迪庆藏族自治州管辖。2001年12月17日，中甸县更名为香格里拉县。2002年7月16日，小中甸乡撤乡建镇、金江乡撤乡建镇。2014年12月16日，香格里拉撤县设市获得国务院批准，以原香格里拉县的行政区域为香格里拉市的行政区域，香格里拉市人民政府驻建塘镇。

四 人口分布

香格里拉市是云南省面积最大、人口密度最低的市（县）之一。据载，清康熙二十六年（1687年），全市有4481户，人口20000余人。民国二十一年（1932年），计有6034户，28591人，其中男性14578人、女性14013人。1945年，全市有6559户，32071人。

1953—1954年，中华人民共和国进行第一次人口普查，全市共10133户，56482人，其中男性28035人、女性28447人。1985年，全市有25个民族，总人口112051人。1990年末全县总人口122404人，其中农业人口101222人，占总人口的82.70%；以藏族为主体的少数民族人口总数为95212人，占总人口的77.79%；人口密度为每平方公里10.46人；人口自然增长率为13.59‰。

根据第六次全国人口普查数据，以2010年11月1日零时为标准点，香格里拉市常住人口数为172988人，41681户，其中男性91830人，女性81158人，性别比为113.15（女性=100）。2000—2010年年平均增长率为1.61%。2014年末，总人口146574人，其中，农业人口114007人，非农业人口32567人。少数民族人口125783人，占户籍人口的85.82%。其中藏族人口67328人，占户籍人口的45.93%；纳西族人口26578人，占户籍人口的18.13%。人口出生率为11.15%，人口自然增长率为5.79‰。

香格里拉市境内民族众多。1945年，全市有6559户，32071人。1985年，全市有25个民族，总人口112051人。其中藏族44714人，占总人口的39.90%；汉族26757人，占23.88%；纳西族19845人，占

17.7%；傈僳族8912人，占7.95%；彝族6444人，占5.75%；白族3286人，占2.93%；苗族1009人，占0.90%；回族85人；普米族62人；人口自然增长率为10.89‰；其他民族169人。1990年末，全市总人口122404人，其中农业人口101222人，占总人口的82.70%；以藏族为主体的少数民族人口总数为95212人，占总人口的77.79%；人口自然增长率为13.59‰。

根据2010年第六次全国人口普查结果，香格里拉市全市人口数为172988人，2000—2010年年平均增长率为1.61%。2014年末，全市总人口176000多人，其中少数民族人口127815人，占总数的72.62%。在少数民族人口中，藏族人口为68474人，占总人口比重为38.91%；纳西族人口为26712人，占总人口比重为15.18%；傈僳族为12084人，占比为6.89%；白族4821人，占比为2.73%；彝族人口为12702人，占7.22%；普米族368人，占比为0.21%；回族人口为989人，占0.56%；苗族为1392人，占0.79%；怒族人口为8人，占总人口的0.0045%；壮族44人，占0.025%。

第二节 本次调查情况及资料来源

本课题“云南省香格里拉市经济社会发展综合调查”是《21世纪初中国少数民族地区经济社会发展综合调查》的子课题之一，由云南师范大学校长王德强教授领衔的研究团队负责，成员包括云南民族大学王玉琴博士、王峰博士、苏丽博士，西南民族大学黄辛建博士，滇西科技师范学院唐菓硕士。《21世纪初中国少数民族地区经济社会发展综合调查》是国家社会科学基金特别委托项目（批准号13@ZH001）、中国社会科学院“创新工程”重大专项课题，由中国社会科学院民族学与人类学研究所组织实施。项目于2013—2017年选择60—70个民族区域自治地方开展多学科综合调查。项目旨在回顾总结中国特色民族理论、民族政策的探索和形成过程，分析把握未来发展面临的困难和挑战，为全面建成小康社会，推进民族地区精准扶贫，实现中华民族伟大复兴建言献策。

资料来源主要有以下几类：一是田野调查资料。这一部分资料是调查组在2015年7—12月数次前往香格里拉市针对上述研究内容进行认真调查，收集整理而来。云南民族大学的王玉琴博士、王峰博士、苏丽博士，西南民族大学黄辛建博士，滇西科技师范学院唐菓硕士及他们所带领的民族学及相关专业的硕士研究生团队做了大量细致而深入的工作。二是统计年鉴、地方史志等资料。主要有:《云南志》(中国社会科学出版社 1985 年版)、《迪庆藏族自治州志》(云南民族出版社 2014 年版)、《迪庆年鉴》(2007—2009)、《中甸县志》(云南人民出版社 1997 年版)、《纳西族社会历史调查》(民族出版社 2009 年版)、《藏族社会历史调查》(西藏人民出版社 1988 年版)、《迪庆州第六次全国人口普查资料汇编》(迪庆州第六次全国人口普查办公室、迪庆州统计局、云南民族大学)、《迪庆藏族自治州第六次全国人口普查主要数据公报》(迪人普办字[2011]3 号)、《香格里拉年鉴》(2003—2014)、《香格里拉国民经济统计资料》(2003—2014)、《迪庆统计年鉴》(2001—2014)等。

在开展"云南省香格里拉市经济社会发展综合调查"课题研究过程中,课题组对研究内容做了充分讨论和设计,并进行了具体的任务分工。调查组共十余人,于 2015 年 7 月至 2015 年 12 月数次前往香格里拉市针对上述研究内容开展调查,收集了大量文献资料和统计数据。并先后于 2015 年 8 月、11 月及次年 3 月,邀请中央民族大学副校长喜饶尼玛教授、四川大学中国藏学研究所副所长石硕教授、中国藏学研究中心张云教授、云南大学刘正寅研究员、《中国藏学》主编黄维忠教授等人对调查报告进行了全面的指导和讨论。在此基础上,课题组又开展了深入而细致的补充调查研究工作。

本次调查的基本内容如下:一是中国特色社会主义民主政治在香格里拉的实践与发展。主要涉及香格里拉市的建制沿革、政权建设、党的建设,以及民族区域自治制度在香格里拉的实践,目的在于集中展现香格里拉市政治文明的历史发展进程。二是香格里拉传统经济向现代经济的转型。集中关注香格里拉市产业结构的演进过程,其中包括传统农业的改造、现代工业的兴起以及旅游业的飞速发展。三是香格里拉的公共事业,聚焦香格里拉市的民族教育、医疗卫生及社会保障等民生问题。四是对宗教文化传承与宗教事务管理做了调查。梳理了宗教源流及变迁,阐述了主要寺庙的历史传承及现状,总结了宗教事务管理的经验,分析了宗教事务管理面临的问题,并对引导藏传佛教与社会主义相适应提出了对策建议。五是对香格里拉民族关系现状做了深入调查。通过大样本的问卷调查描述了香格里拉市民族关系现状,进而对民族关系和谐原因进行了分析,并对进一步做好民族工作提出了对策建议。六是香格里拉流动人口族际交往现状调查。对香格里拉市流动人口现状和少数民族流动人员的基本特征做了描述，进而对流动人口在族际交往过程中的互动关系和族际交往的规律及模式做了探索。七是香格里拉市的生态环境保护与建设现状考察。对位于“三江并流”核心区域的香格里拉市的生态文明建设进行了一个整体的调查，展现了这里多样的生态环境和自然资源，以及当地党委政府在生态环境建设中作出的努力及成效。调查后，课题组再按指定任务进行资料整理、归纳和分析，明确撰写任务，围绕政治、经济、社会、文化、生态等几大板块，撰写形成了《中国民族地区经济社会调查报告——香格里拉卷》一书。

第二章

政治建设与发展

中国特色的社会主义民主政治制度正是在马克思主义民主理论和中国国情相结合的基础上形成的，中国特色社会主义民主政治制度的理论基础就是马克思主义民主理论。中国特色社会主义民主政治制度强调要坚持党的领导、人民当家做主、依法治国有机统一，坚持和完善人民代表大会制度、中国共产党领导的多党合作和政治协商制度、民族区域自治制度，不断推进社会主义政治制度的自我完善和发展。

自中华人民共和国成立以来，香格里拉市就一直在中国特色社会主义民主政治的建设和发展道路上不断前进。2001 年 12 月 17 日，中甸县更名为香格里拉县。2014 年 12 月 16 日，香格里拉撤县设市。在新形势下，香格里拉市坚持贯彻宪法赋予的自治权利，团结全市各族人民，突出“跨越发展”这一主题，全面推进深化改革、依法治市、从严治党，解放思想、励精图治、艰苦奋斗，坚定不移地走中国特色社会主义民主政治道路，建设富裕、和谐、文明、幸福、美丽的香格里拉，奋力守护和提升香格里拉品牌，确保全市经济发展、民族团结、政治稳定、社会进步、宗教有序、人民生活水平不断提高。

第一节 政权建设

“香格里拉”是由藏传佛教中的“香巴拉”衍生而来的词汇，来源于英国作家詹姆斯在一本名为《消失的地平线》的小说中所描写的一处神秘和谐的自然秘境，香格里拉成为世人所神往的地方。从那以后，有关香格里拉的传说和寻找就一直没有停止过。1997 年，在迪庆藏族自治州建州 40 周年暨第二届滇藏川青毗邻地区文化艺术节庆典上，云南省政府向世界郑重宣布，人们寻觅已久的“香格里拉”就在云南省迪庆州。中甸县正式更名为香格里拉县，让争执已久的香格里拉争议宣告终结。

自1950年解放后，香格里拉县级行政机关的名称共经过了四次更迭。1950年4月30日，经云南省人民政府批准，丽江专区行署任命孙致和为中甸县县长，汪学鼎为副县长。孙致和带领随员同解放军第十四军四十二师于5月10日进驻中甸县城。5月12日，中甸县人民政府宣告成立，归丽江地区行署管辖。至1954年，在全县各族各界人民代表会议上先后选举三届各族人民政府委员会，委员20—30人。

1954年，改称中甸县人民委员会。1957年9月，迪庆藏族自治州成立，设州府于中甸县城，中甸改由迪庆藏族自治州管辖。先后于1963年7月和1965年10月召开两次人民代表大会，选举产生两届县人民委员会，委员21—23人。1967年4月6日至1968年2月26日，实行军事管制。1968年2月27日选举成立革命委员会，委员39人，实行党政“一元化”领导。1980年12月，经中甸县第六届人民代表大会选举，重建县人民政府。

进入21世纪，经过数千年发展演变的香格里拉迎来了历史上发展最快的时期。2001年12月17日，经国务院批准，中甸县更名为香格里拉县。更名后，香格里拉县的行政隶属关系不变，仍由云南省迪庆藏族自治州管辖。

2014年12月16日，经国务院批准，民政部批复同意香格里拉县撤县建市，设立县级香格里拉市。香格里拉市政府驻在建塘镇，下辖4个镇、7个乡，共有63个村（居）民委员会，667个村民小组。香格里拉先后经历更名和撤县建市，最终发展成为今天的香格里拉市。在更名和建市的发展历程中，香格里拉实现了组织机构、人员建制的平稳过渡。撤县建市后，香格里拉县人民政府县长、香格里拉县人民政府副县长分别为香格里拉市人民政府市长、香格里拉市人民政府副市长。香格里拉县人民代表大会常务委员会任命的香格里拉县地方国家权力机关、行政机关、审判机关、检察机关工作人员为香格里拉市地方国家权力机关、行政机关、审判机关、检察机关工作人员，不再另行选举和任命。

撤县建市，全市上下始终坚持“四个全面”战略布局，贯彻创新、协调、绿色、开放、共享发展理念，紧紧围绕把香格里拉建成“全国藏区民族团结进步示范区、全国藏区生态文明建设排头兵、东部藏区辐射中心”的目标，始终突出问题意识，围绕“什么是香格里拉，如何做香格里拉，怎样树立香格里拉品牌”几个问题，进一步转化政府职能，责任政府、法治政府、阳光政府、效能政府建设成效显著。到2015年底，香格里拉市人民政府工作机构53个，乡镇一级政府11个。

21世纪以来，香格里拉以更名和撤县建市为契机，全面推进依法治县（市），准确把握依法治国总目标，坚持依法治国、依法执政、依法行政共同推进，坚持法治国家、法治政府、法治社会一体建设，加快建设中国特色社会主义法治体系。准确把握全面推进依法治县（市）工作布局和重点任务，推进多层次多领域依法治理。健全普法教育机制，落实“谁执法，谁普法”责任制，加强法制宣传教育，强化法治思维和法治意识，严格执法、公正司法，促进全民守法，建设法治香格里拉，取得明显成效。香格里拉市一直重视民族宗教工作，坚持促进宗教与社会主义社会相适应，不断巩固和发展民族团结、宗教有序、社会和谐的良好局面。

香格里拉市一直将反分裂、反渗透，维护祖国统一和民族团结作为一项长期的政治任务，依靠广大干部和群众，团结各族各界人士，全面贯彻党的民族政策和宗教政策，通过寺院爱国主义教育等活动，深刻地揭露达赖集团妄图分裂祖国及破坏藏区经济社会发展、社会稳定的政治图谋，依法打击“法轮功”等邪教组织，维护和发展了社会主义新型的民族关系。近年来，香格里拉市通过认真排查和调处社会矛盾纠纷，解决群众反映强烈的热点难点问题，开展送温暖等活动、“严打整治”“缉枪制爆”等专项斗争，依法打击了各种违法犯罪活动，净化了社会治安环境。随着普法工作深入开展，各级各部门依法行政、依法办事和群众守法用法的积极性进一步提高，社会治安综合治理成效显著，依法治县（市）步伐加快。

第二节　党的建设

中国特色社会主义民主制度主要包括人民代表大会制度、中国共产党领导的多党合作和政治协商制度、民族区域自治制度。这些民主制度符合中国国情和革命传统，是人民民主的主要实现形式，是由中国革命的历史和现实情况决定的，具有鲜明的中国特色，是人民民主得以实现的根本保障，是实现中华民族伟大复兴的坚实支撑。21世纪以来是香格里拉不断实现高质量跨越发展的时期。为更加适应跨越发展的新形势，香格里拉在坚持走中国特色社会主义民主政治的建设与发展道路上，坚持党要管党、从严治党的方针，以党的执政能力建设为重点，始终把党的建设摆在突出位置，全面加强党的思想、组织、作风和制度建设，不断增强党的创造力、凝聚力和战斗力，进一步巩固党的执政基础和执政地位，积极探索新形势下党的建设规律，全面推进党的建设的新工程，保证了当地各项事业沿着正确的方向健康快速发展。

一　基层组织建设

党的十七届四中全会通过的《中共中央关于加强和改进新形势下党的建设若干重大问题的决定》，对加强和改进新形势下党的建设作出了战略部署，明确指出："民族地区基层党组织要在团结各族群众推动发展、促进和谐、反对分裂、维护稳定中发挥战斗堡垒作用。"① 党的基层组织是党全部工作和战斗力的基础，是党在社会基层中落实党的路线方针政策和各项工作任务的战斗堡垒，也是党执政的基础。基层党组织不仅是党团结群众、组织群众、贯彻党的路线方针政策的重要载体，更是党收集民意、赢得民心、紧密联系群众的桥梁和纽带。加强党的基层组织建设是全面建成小康社会、加快推进社会主义现代化进程的必由之路。

21 世纪以来，随着更名以及撤县建市工作的进行，机构改革步伐的加快，香格里拉党组织的工作机构经过了调整和精简、撤销和合并、更名及增设等。更名后，香格里拉市以改革的精神加强和改进党的建设，在搞好党的思想、组织和作风建设的同时，把制度建设寓于其中，不断提高党的凝聚力和战斗力。近年来，香格里拉市深入开展了"三观"和"先进性教育""不忘初心，牢记使命"主题教育等系列活动，党的执政能力和党员队伍的先锋模范带头作用进一步增强；创新干部教育培训工作机制，干部队伍结构和素质有了很大改善提升。先后深入开展"云岭先锋""三级联创""学习杨善洲""三建、三带、三创""创先争优""群众路线""三严三实"以及各类"千促"活动，全面加强党的作风建设。认真抓好科学规范和有效监督县委书记用人行为调研试点市和提高选人用人公信度示范市工作，实现了干部工作规范化和制度化。基层组织建设得到加强，党群干群关系进一步密切。

① 《求是》2010 年第 2 期。

同时，香格里拉市以党支部建设为核心的基层党组织建设得到加强。农村、社区和企业的基层党组织的战斗堡垒作用明显增强，非公有制企业党组织发展迅速，进一步扩大了党的阶级基础和群众基础。2012年，香格里拉县委将全县原61个村（社区）支部改设为党总支，新组建了基层党组织155个，消除了党员空白村，实现了95%以上的村民小组长由党员担任。做好党员发展工作，全县党员总数已达到9486名；加强党的作风建设，党群关系进一步密切；实现了干部工作规范化和制度化，社会主义民主政治和精神文明建设迈出新步伐，深入开展党风廉政建设和反腐倡廉建设，使党的执政地位更加牢固。

2014年12月16日香格里拉县撤县建市，中国共产党香格里拉县第十一届委员会、中国共产党香格里拉县第十一届纪律检查委员会，分别改设为中国共产党香格里拉市第一届委员会、中国共产党香格里拉市第一届纪律检查委员会，中国共产党香格里拉县第十一次代表大会代表为中国共产党香格里拉市第一次代表大会代表，不再另行选举和任免。中国共产党香格里拉县各级工委、党委、党组更名为中国共产党香格里拉市工委、党委、党组。香格里拉县委各部委、县级国家机关各委办局、各人民团体、各事业单位更名为香格里拉市委部委、市级国家机关委办局、人民团体、事业单位。到2015年底，香格里拉市委有工作部门13个，乡镇党委11个，群团组织7个。

香格里拉市一直重视抓实党的建设工作，将“守得住、活起来、强起来、严起来”作为党建工作的基本要求，把讲政治、守纪律、讲规矩摆在突出位置，筑牢党在香格里拉市的执政基础。香格里拉市以党支部建设为核心的基层党组织建设成效显著，农村党组织、社区党组织、企业党组织的战斗堡垒作用不断加强，非公有制企业党组织发展迅速。同时，香格里拉市基层党组织和党员队伍也有了较大的变化。2002年末，香格里拉县共有16个基层党委，1个党总支，184个党支部，601个党小组，4916名共产党员，其中正式党员4614名，预备党员302名，少数民族党员3947名。到2003年，共吸收各条战线的1115名优秀分子加入了党组织，5299名优秀青年加入了共青团组织。到2014年底，全市党员总数已经达到9400多名。

二　民族干部的培养

少数民族干部是党和国家干部队伍的重要组成部分，是党和政府联系少数民族群众的重要桥梁，是做好民族工作的骨干力量。培养和使用少数民族干部，既是党的民族政策的重要内容和干部工作的重要组成部分，也是实现我国民族区域自治、加快少数民族地区经济社会发展和促进各民族共同繁荣的必然要求。加强少数民族干部的培养工作，既有利于促进少数民族地区经济社会发展，进而全面建成小康社会，也有利于加强党的执政能力建设，巩固党的执政地位；既有利于全面贯彻党的民族政策，进而做好民族地区的各项工作，也有利于维护民族团结、社会稳定和构建社会主义和谐社会。

中华人民共和国成立后，香格里拉一直十分重视培养选拔少数民族干部，将少数民族干部的培养、选拔和任用作为贯彻党的民族区域自治政策的重要内容和重要抓手，坚持将建设一支政治坚定、业务精湛、作风扎实、数量充足、结构合理并深受各族群众拥护的高素质少数民族干部人才队伍作为少数民族干部培养的目标，采取多种方式培养和选拔少数民族干部，形成了大力培养选拔少数民族干部的共识和机制，少数民族干部数量不断增加，素质逐步提高。

中华人民共和国成立初，在当地党委和政府的组建过程中，吸收了部分少数民族干部，并选送在职民族干部和农村少数民族干部到民族干部学校轮训，选送优秀民族干部到各级各类大专院校学习深造。21 世纪以来，香格里拉认真贯彻《党政领导干部选拔任用工作条例》，规范干部选拔任用和管理工作，突出民族、区域结构的合理化，重视少数民族干部培养，提出了搭配合理、结构科学的干部选拔任用方针。总体来看，在选拔任用民族干部的具体措施上，主要做了以下几项工作。首先是强化培养。通过多途径、多形式，进行多层次、有计划的培训，大力培养少数民族干部。其次是采取“走出去学”“请进来教”等办法进行理论政策培训和实际能力锻炼。再次是加大挂职锻炼力度。把各行各业德才兼备、素质好、能力强，具有一定发展潜力的优秀少数民族干部选派到不同地区、不同行业、不同工种的岗位上进行挂职锻炼，使少数民族干部的知识得到更新，思想得到解放，视野得到开阔，见识得到增长，管理水平和业务能力得到显著提高。最后是注重少数民族后备干部队伍建设。采取民主推荐、广泛考察等方式，把政治素质过硬、工作业绩突出、群众信任的少数民族干部和专业技术人员选上来，按照“缺什么补什么”的原则，进行重点培养。

在保障措施上，香格里拉市积极创造干部人才成长的良好环境，制定实施少数民族干部人才培养计划，创新培养工作机制，全面提高少数民族干部综合素质和能力，大力培养少数民族党政人才、专业技术人才、企业经营管理人才、高技能人才和社会工作人才，争取实现少数民族干部人才占比与少数民族人口比例大体相当。同时，定向招录少数民族工作人员。全市各乡镇招录公务员、事业单位招聘工作人员时，可根据本乡镇主体民族情况，采取单设岗位等方式定向招录和招聘少数民族工作人员。探索在招录公务员和招聘事业单位人员时，实行特殊岗位加试藏文知识科目加分录取政策。法院、检察院、公安机关、民族宗教部门等可以采取定向培养等方式充实掌握少数民族语言的工作人员。

同时，香格里拉市加大配备少数民族干部力度。在各级领导干部选拔任用过程中，注重根据少数民族人口比例和民族成分等因素定向选拔，保证不同层次少数民族干部的梯次配备。全市机关事业单位、各乡（镇）党政领导班子中适当配备少数民族干部。注重培养使用熟悉民族工作的干部。通过多种渠道和方式，提高各级领导干部和基层干部的民族理论、民族政策、民族法规和民族知识水平，并作为干部提拔任用的重要依据，确保在香格里拉市工作的各族干部都能熟悉和做好民族工作。

调查显示，香格里拉少数民族干部数量不断增加，素质逐步提高，少数民族干部人才比例合理。1997—2002 年五年间，当地选拔了一大批少数民族干部，使他们走上了各级领导岗位，共吸收各条战线的 1115 名优秀分子加入党组织，提拔任用了副科级以上领导干部 277 人。2012 年底，香格里拉县共有乡科级干部 784 人，其中，正科干部 191 人，占 24.36%；副科级干部 344 人，占 43.88%；主任科员 91 人，占 11.61%；副主任科员 158 人，占 20.15%。少数民族干部 683 人，占 87.12%，其中藏族 334 人，占 42.60%；纳西族 213 人，占 27.17%；其他少数民族 9 个，共 136 人，占 17.35%。到 2013 年底，全市共有乡科级干部 769 人，其中正科干部 292 人，占 37.97%；副科级干部 477 人，占 62.03%；主任科员 96 人，占 12.48%；副主任科员 144 人，占 18.73%。少数民族干部 669 人，占 87%，其中藏族 323 人，占 42%；纳西族 209 人，占 27.18%；其他少数民族 9 个，共 137 人，占 17.82%。

实践证明，香格里拉市在党的建设上结合了当地改革和建设实际，坚持党要管党、从严治党的方针，按照民主集中制的组织原则，完善党委内部的议事和决策机制，符合广大人民群众的根本利益，促进了香格里拉市社会主义现代化建设。

第三节 制度建设

香格里拉市的前身中甸县成立于 1950 年 5 月，发展到今天的县级市香格里拉，已经走过了 70 多年的发展历程。香格里拉市 70 多年的民族区域自治实践充分证明了我国民族区域自治制度的正确性和优越性，得到了香格里拉市各族干部群众的欢迎和真心拥护，香格里拉市的各族人民在我国民族区域自治制度的伟大实践中享受着中国共产党领导下的中华民族伟大复兴和飞跃发展带来的丰硕成果。

一 人民代表大会制度

人民代表大会制度是国家根本政治制度，具有广泛的政治效应。充分发挥人民代表大会制度的政治效应，旨在促进党的领导、人民当家做主、依法治国的有机统一，完善国家治理体系、提升国家治理能力、实现国家治理现代化，稳定政治改革民主方向、稳固政治改革的基础制度。民族自治地方的人民代表大会作为该地方国家权力机关，除行使一般地方国家机关的职权外，还依照宪法和法律规定行使自治权，可根据本地方实际情况贯彻执行国家的法律、法规和政策。

1957 年以前，香格里拉尚无按国家选举法实施公民普选的条件。1958 年完成民主改革后，开始实行选举制度。始终坚持党的领导是人大工作必须遵循的基本原则。香格里拉市人大工作坚持重大事项向市委请示报告，定期向市委汇报，围绕市委工作大局，依法履行职责，保障和促进市委决策部署的落实，自觉服从服务于中心工作，充分发挥桥梁纽带作用，凝聚全市人民的力量为谱写好中国梦香格里拉新篇章作出努力。仅在第十三届（2008—2013 年）人民大代表大会期间，香格里拉人民代表大会就召开了人民代表大会 7 次，常委会 33 次，主任会议 67 次；选举产生了出席州第十二届人民代表大会代表 105 名，听取和审议了“一府两院”的工作报告 62 项，依法作出决定、决议 51 项；开展执法检查 5 次；组织代表进行视察 9 次，开展调研活动 57 次，形成各类视察、执法检查、调研报告 71 份；受理信访 157 件（其中来信 87 件、来访 70 批），接待来访 314 人次；收到代表建议、批评、意见 377 件；任免国家机关工作人员

270 人次，其中任命 173 人，免职 58 人，批准接受辞职 6 人，任命人民陪审员 33 人。

2016 年 1 月 19—22 日，香格里拉市第一届人民代表大会第一次会议胜利召开。香格里拉市人民代表大会常务委员会是人民代表大会的常设机关，对人民代表大会负责并报告工作。市人大常委会行使下列职权：

在本行政区域内，保证宪法、法律、行政法规和上级人民代表大会及其常委会决议的遵守和执行；领导、主持市人民代表大会代表的选举；召开市人民代表大会会议；讨论、决定本市内的政治、经济、教育、科学、文化、卫生、环境和资源保护、民政、民族等工作的重大事项；根据市人民政府的建议，决定对全市内的国民经济和社会发展计划、预算的部分进行变更；监督市人民政府、人民法院和人民检察院的工作，联系市人民代表大会代表，受理人民群众对上述机关和国家工作人员的申诉和意见；撤销乡镇人民代表大会及人大主席团的不适当的决议；撤销市人民政府的不适当的决议和命令；在市人民代表大会闭会期间，决定副市长的个别任免；在市长和人民法院院长、人民检察院检察长因故不能担任职务的时候，从市人民政府、人民法院、人民检察院副职领导人员中决定代理的人选。决定代理检察长，须报市人民检察院和人大常委会备案；根据市长的提名，决定市人民政府办公室主任、各序列局局长的任免；按照人民法院组织法和人民检察院组织法的规定，任免人民法院副院长、庭长、副庭长、审判委员会委员、审判员，任免人民检察院副检察长、检察委员会委员、检察员；在市人民代表大会闭会期间，决定撤销个别副市长；决定撤销由其任命的市人民政府其他组成人员和人民法院副院长、庭长、副庭长、审判委员会委员、审判员，人民检察院副检察长、检察委员会委员、检察员；在市人民代表大会闭会期间，补选市人民代表大会出缺的代表和罢免个别代表。

目前，香格里拉市人民代表大会常务委员会设农业与环境资源保护工作委员会、选举联络工作委员会、民族宗教工作委员会、教科文卫工作委员会、财政经济工作委员会、法制工作委员会和常委会办公室 7 个工作机构。主要职责及联系范围分别如下。

（一）农业与环境资源保护工作委员会

1. 主要职责：掌握全市农业、农村、环境、资源保护等工作情况，负责督促检查所联系部门对宪法、法律、行政法规的贯彻实施情况和上级、本级人大及其常委会的决议、决定、规定和审议意见在全市的贯彻执行情况，进行跟踪调查，并向市人大常委会或市人大常委会主任会议报告；为“三会”搞好相关服务；负责对常委会会议、主任会议与所联系部门有关的议题进行调查研究，以及相关的决定、决议和审议意见的草拟工作；督促有关部门办理常委会会议、主任会议形成的决定、决议和建议；对与委员会工作有关的规范性文件进行审查；参加或组织有关的调查、视察、执法检查、代表评议等监督活动；办理与委员会有关的人民群众来信来访，督办代表提出的议案、批评、意见和建议；承办州人大农业环境资源工作委员会和市人大常委会领导交办的其他工作，负责对口联系部门的联系工作。

2. 联系范围：农科局、环保局、国土资源管理局、林业局、住房和城乡建设局、城乡规划管理局、城市管理综合执法局、水务局、扶贫办、生物创新办、移民局、畜牧兽医局、供销社、康思水库管理局、南方电网香格里拉市供电局、供排水公司、州人大常委会农业环境资源保护工作委员会。

（二）选举联络工作委员会

1. 工作职责：负责督促检查所联系部门对宪法、法律、行政法规的贯彻实施情况和上级、本级人大及其常委会的决议、决定、规定和审议意见在全市的贯彻执行情况，进行跟踪调查，并向市人大常委会或市人大常委会主任会议报告；为“三会”搞好相关服务；负责联系指导 11 个乡镇人大及村（居）民委员会的换届选举工作，依法做好市人民代表大会选举和补选州、市人大代表的有关工作，承办州、市人大代表资格审查和代表罢免的有关工作；负责联系县人大代表、市选举的州人大代表和驻市的省人大代表，为代表执行代表职务提供服务，负责代表的接待工作；负责对常委会会议、主任会议与委员会工作有关的议题进行调查研究，以及相关的决定、决议和审议意见的草拟工作；对与委员会工作有关的规范性文件进行审查；负责市人大代表议案、批评、意见和建议的转办、督办工作；负责代表视察、调查、执法检查、评议等相关活动；办理和督办与委员会有关的人民群众的来信来访；承办州人大选举联络工作委员会和市人大常委会领导交办的其他工作，负责对口联系部门的联系工作。

2. 联系范围：市委组织部、人民武装部、市委政策研究室、人力资源和社会保障局、民政局、气象局、省州市人大代表、州人大常委会选举联络工作委员会。

（三）民族宗教工作委员会

1. 工作职责：掌握全市民族、宗教工作情况，负责督促检查所联系部门对宪法、法律、行政法规的贯彻实施情况和上级、本级人大及其常委会的决议、决定、规定和审议意见的贯彻执行情况，进行跟踪调查，并向本级人大常委会或人大常委会主任会议报告；为“三会”搞好相关服务；负责对常委会会议、主任会议与民族宗教工作有关的议题进行调查研究，以及相关的决定、决议和审议意见的草拟工作；督促有关部门办理与委员会工作有关的常委会会议、主任会议形成的决定、决议和建议；对与委员会工作有关的规范性文件进行审查；参加或组织有关的调查、视察、执法检查、代表评议等监督活动；办理与委员会有关的人民群众的来信来访，督办代表议案、批评、意见和建议；承办州人大民族宗教工作委员会和市人大常委会领导交办的其他工作；负责对口联系部门的联系工作。

2. 联系范围：市委统战部、民族事务局、宗教事务局、松赞林寺管理局、独克宗古城管委会、佛教协会、州人大常委会民族宗教工作委员会。

（四）教科文卫工作委员会

1. 工作职责：掌握全市教育、科学、文化、卫生、人口和计划生育、体育、广播电视等工作情况，负责督促检查所联系部门对宪法、法律、行政法规的贯彻实施情况和上级、本级人大及其常委会的决议、决定、规定和审议意见在全市的贯彻执行情况，进行跟踪调查，并向市人大常委会或市人大常委会主任会议报告；为“三会”搞好相关服务；负责对常委会会议、主任会议与教科文卫等工作有关的议题进行调查研究，以及相关的决定、决议和审议意见的草拟工作；督促有关部门办理常委会会议、主任会议形成的决定、决议和建议；对与委员会工作有关的规范性文件进行审查；参加或组织有关的调查、视察、执法检查、代表评议等监督活动；办理与委员会有关的人民群众来信来访，督办代表提出的议案、批评、意见和建议；承办州人大教科文卫工作委员会和市人大常委会领导交办的其他工作；负责对口联系部门的联系工作。

2. 联系范围：市委宣传部、市委党校、教育局及所属各类学校、文化体育广电局、卫生局及所属部门、工商联、人口和计划生育局、食品药品监督管理局、团市委、妇联、总工会、科学技术协会、残联、红十字会、州人大常委会教育科学文化卫生工作委员会。

（五）财政经济工作委员会

1. 工作职责：掌握本行政区域内财政、经济工作情况，负责督促检查所联系部门对宪法、法律、行政法规的贯彻实施情况和上级、本级人大及其常委会的决议、决定、规定和审议意见的贯彻执行情况，进行跟踪调查，并向市人大常委会或市人大常委会主任会议报告；为“三会”搞好相关服务；完成《中华人民共和国监督法》法定监督事项；对财政、经济运行情况进行监督；负责对常委会会议、主任会议与财政经济等工作有关的议题进行调查研究，以及相关的决定、决议和审议意见的草拟工作；督促有关部门办理常委会会议、主任会议形成的决定、决议和建议；对与委员会工作有关的规范性文件进行审查；参加或组织有关的调查、视察、执法检查、代表评议等监督活动；办理与委员会有关的人民群众的来信来访和督办代表提出的议案、批评、意见和建议；承办州人大财政经济委员会和市人大常委会领导交办的其他工作；负责对口联系部门的联系工作。

2. 联系范围：市发展和改革局、市工业经贸和信息化局、市审计局、市财政局、格咱工业园区管理局、市菁口特色产业片区管委会、市交通运输局、市统计局、市外事旅游局、市国家税务局、市地方税务局、市粮食局、市国投公司、市信用联社、市工商联、公路养护段、驻市的各通信网络公司、保险公司和金融机构、州人大常委会财政经济工作委员会。

（六）法制工作委员会

1. 工作职责：掌握、督促、审查本行政区域内遵守和执行宪法、法律、行政法规和上级、本级人大及其常委会决议的情况，负责办理法制宣传教育及依法治理的有关事宜，督促全市民主法制建设及依法治市的工作；为“三会”搞好相关服务；负责对常委会会议、主任会议与法制工作有关的议题进行调查研究以及相关的决定、决议和审议意见的草拟工作；督促有关部门办理常委会会议、主任会议形成的决定、决议和建议；作为规范性文件备案审查的接收登记机构，具体负责报送备案的规范性文件的接受、登记、分送和组织审查；参加或组织有关的调查、视察、执法检查、代表评议、个案监督等监督活动；办理与委员会有关的人民群众来信来访和督办代表提出议案、批评、意见和建议；承办州人大法制工作委员会和市人大常委会领导交办的其他工作；负责对口联系部门的联系工作。

2. 联系范围：市委政法委、市人民法院、市人民检察院、市公安局、市防范与处理邪教问题办公室、市司法局、市监察局、市工商行政管理局、市安全生产监督管理局、市政府法制办、市政府人防办、市质量技术监督局、市森林公安局、武警市中队、森警市中队、市公安消防大队、市路政管理大队、市交通运政管理所、州人大常委会法制工作委员会。

（七）常委会办公室

1. 工作职责：负责承办市人民代表大会会议、常务委员会会议、主任会议（以下简称“三会”）和其他会议的相关工作；起草常务委员会工作报告、年度工作计划、年终总结和其他文件。负责编辑代表大会和常务委员会会议《会编会刊》《公报》和其他编发工作；处理市人大常委会机关的日常事务，协调常委会各工作委员会的工作关系和常委会机关的对外关系；负责办理市人大常委会安排的视察、调查、执法检查等有关事宜；负责与市人大常委会委员和11个乡镇人大主席团的联系，参与指导联系乡镇人大的换届选举工作；跟踪、督促“一府两院”及其工作部门对代表大会、常委会会议、主任会议形成的决定、决议和建议的办理，反馈办理情况；负责接待人民群众来信来访工作，参与对人大代表提出的议案、批评、建议和意见的转办、督办工作；办理市人大常务委员会会议决定任免和批准任免的国家机关工作人员的有关工作；负责市人大常务委员会机关的人事管理工作，为机关干部职工的学习、工作和生活提供服务；负责机关文书运转、立卷归档、档案管理和保密工作；负责机关的财务管理、车辆管理、实物管理、安全保卫、生活福利、老干部管理服务、接待工作、后勤服务和其他行政事务工作；负责同对口联系部门的联系工作；承办市人大常务委员会会议、主任会议以及上级人大交办的其他事项和市人大常委会领导交办的其他工作。

2. 联系范围：市委办、市政府办、市政协办、市纪委办、市委老干局、市委机构编制办、市委机要局、市委保密委、市史志办、市政府接待办、市政府信访局、市政府落实办、市档案局、市政府驻昆办事处、市政务管理局、市直属机关工委、市委督查室、市信息管理中心、州人大常委会办公室及各乡（镇）人大主席团办公室。

香格里拉市人民代表大会常务委员会非常注重通过发挥人大职能来构建和谐法治环境。2013年9月，香格里拉市人大常委会在其官网对此问题进行了专题探讨，认为要发挥人大职能构建和谐法治环境应立足依法履行宪法和法律赋予的职权，着力做好四个方面的工作：

一是加大执法检查力度，保证法律的有效实施。在执法检查中，应突出改进检查方式、运用监督手段、落实整改效果三个重点，努力实现执法检查与执法评议的有机结合；实现由程序性的“弹性”监督向实质性的“刚性”监督转变；通过实行执法检查整改目标承诺制、整改方案公示制、整改落实责任制、整改跟踪督办制以及整改建议限时办理制等，确保执法检查取得实实在在的成效。同时加大个案监督力度，健全完善个案监督机制，重点针对投资者、建设者、创业者反映强烈以及人大代表和人民群众举报的重大典型违法案例，采取调查、核实、审议、转办、督办以及适时作出决议、决定等方式，有效实施个案监督，推动法治环境改善，为投资者、建设者和干事创业者创造一个平等、公平、有序的法治环境。

二是强化对“一府两院”贯彻落实依法治市及实行执法责任制情况的调研检查通报，从宏观上督促行政、司法机关依法履行职责，健全完善执法制度和内部监督制约机制，推进执法行为的程序化、规范化和制度化。加强对政府行政执法部门特别是经济执法部门的执法公开及司法机关司法公正的情况进行测评，推进建立透明、责任、服务、竞争的政府。监督和支持“一府两院”抓好执法队伍建设，严肃查办处处卡壳、处处梗阻、处处掣肘而影响“三个环境”的典型人、典型事，使“一府两院”在执法的严格、公开、公正与效率上有明显进步。

三是围绕当前社会信用和公民道德建设中出现的新情况、新问题，加强对《公民道德建设实施纲要》落实进展情况的调查，推动公民基本道德规范的宣传与普及，促进法治与德治的有机结合，推进良好人文环境的形成。

四是有效督促解决政府职能的“缺位”“越位”和“错位”问题，促进政府职能逐步向经济调节、市场监管、社会管理、公共服务方面转变；督促政府加大行政审批制度改革力度，最大限度地压缩和减少行政审批事项，提高行政审批的规范化、程序化和公开化程度；督促政府彻底清理规范性文件，建立和完善政府规范性文件备案审查制度，加强对政府抽象行政行为的监督，为经济社会发展创造良好的宏观环境和服务环境。

二　政治协商制度的实践

人民政协是中国共产党把马克思列宁主义统一战线理论、政党理论和民主政治理论同中国具体实践相结合的伟大创造。人民政协是我国政党制度有效运作的重要载体，是多党合作的重要机构，是发扬社会主义民主的重要形式。政治协商是人民政协的首要职能，也是人民政协存在与发展的重要依据。人民政协的政治协商是中国共产党领导的多党合作的重要体现，是党和国家科学民主决策的重要环节，是党提高执政能力的重要途径，是我国实现社会主义民主的重要方式。必须要坚持好、完善好、落实好人民政协政治协商这一独具中国特色的协商民主形式，推进人民政协政治协商的制度化、规范化和程序化，确保人民政协政治协商有制可依、有规可守、有序可循。

随着香格里拉解放，政治协商制度开始在这里生根发芽。1950 年 5 月 10 日，中国人民解放军 42 师廖运周师长率领 125 团进驻中甸县城，中甸县和平解放。5 月 12 日，通告宣布中甸县人民政府成立。7 月，召开了中甸县第一届各族各界人民代表会议，成立县政务委员会。根据中共云南省委、云南省人民政府“慎重稳进”“团结上层，联系群众，化阻力为助力”的方针和《接管中甸的计划》，将原中甸县的营官刘恩和陈延年安置为政务委员会副主任。在区、乡政权建设时采取过渡的办法，把原各境千总委任为各区区长。增设东旺办事处，委任藏族头人桑察阿间为办事处主任。设三坝纳西族乡，委任回族头人杨振华为乡长。其他原各境的把总按原辖区分别安置为副区长或区干事；原县政府旧职员和一些有文化能力的知名人士，分别安排到县区乡或办事处政府机关中任职。10 月，丽江专区联合政府成立，中甸噶丹・松赞林寺主寺活佛松谋・昂翁洛桑丹增嘉措被安置为联合政府副主席，后又任丽江专员公署副专员。1951 年 8 月，经中共中甸县工委与县第二届各族各界人民代表大会协商，成立中甸县各族人民协商委员会，至 1956 年历任 4 届。

1957 年 7 月 25 日至 8 月 8 日，中甸县第二届各族各界人民代表会议召开，并发布公告。经各阶层代表协商选举，宣布成立中甸县各族人民政协委员会（简称中甸县协商委员会）和中甸县各族人民政府委员会（简称中甸县政府委员会），分别把各寺活佛、有名望的老僧、各乡村有威望的村民等都基本安置为协商委员和政府委员，并积极化解历史上各界民族宗教上层人士之间的矛盾。这一系列积极有效的统战措施，基本上消除了大多数民族宗教上层人士的思想疑虑，争取他们站到中国共产党和人民政府一边，在协助县委、县人民政府宣传党在少数民族地区的各项方针政策，稳定社会秩序，推动社会进步，促进生产发展，繁荣民族经济，改善人民生活做了大量的工作，为新中国成立后中甸县的社会稳定进步、生产和经济繁荣发展创造了条件。

从中甸县第一届政治协商委员会成立到现在，中甸县政协已经经历了半个多世纪，其历程大致可分为如下几个阶段：

第一阶段（1951—1957 年）：这一段时间，中甸县虽然有政协组织，但没有政协自己独立的办事机构，历届会议由中共中甸县工委、中甸县人民政府召集和主持，日常工作和具体事务由县工委统战部办理。政协工作在这一时期内很好地贯彻执行了党的民族、宗教和统战政策，坚持“团结、生产、进步”的方针，政协工作受到各级党委、政府的重视和大力支持，得到全县各族各界各阶层人士的拥护，较好地团结了民族宗教上层人士，并充分调动了他们的积极性和工作热情，通过他们在各族群众中的影响，广泛宣传党的方针政策，协助政府开展工作。在动员、组织和团结全县各族人民支援人民解放军进军西藏，平息中甸先后发生的三次武装叛乱，进行和平协商民主改革，成立迪庆藏族自治州等工作过程中，政协委员及各界人士积极为社会主义革命和建设献计出力，认真开展民主协商活动，积极参政议政，充分地发挥了政协组织的职能作用。

第二阶段（1958—1983 年）：1958 年，中甸县各族人民协商委员会改称中国人民政治协商会议中甸县委员会，至 1965 年历任两届。中甸县和平协商民主改革基本完成以后，由于从中央到地方都“以阶级斗争为纲”，在极“左”路线干扰下，党在少数民族地区的工作路线、方针和政策，脱离了少数民族地区的实际，统一战线工作被忽视和放松，人民政协组织虽然存在，但已逐渐被冷落。尤其是 1966—1976 年的“文化大革命”时期，人民政协工作的路线、方针和政策受到批判，政协组织被取消，大多数政协委员受到冲击、遭到冤屈，有的甚至被迫害致死，1966 年到 1984 年 3 月，中甸县政协工作完全陷于停顿状态。1976 年 10 月，党中央领导全国人民一举粉碎了林彪及“四人帮”，1978 年 12 月，中共中央召开十一届三中全会，确定了党在新时期的总路线、总任务，拨乱反正，落实政策，为恢复政协组织、开展政协工作创造了条件，铺平了道路。

第三阶段（1984 年至今）：1982 年 12 月，中国人民政治协商会议第五届第五次全体会议通过了新的《政协章程》，地方各级政协组织逐步恢复。1984年3月1日，中共中甸县委发出《关于成立中甸县政协筹备组的通知》，着手筹备恢复县政协的工作，恢复了原政协委员中健在的委员职务，增补了一批新的政协委员。1984年7月31日至8月6日，召开县政协七届一次全体会议，民主选举产生了县政协七届常务委员会委员、主席和副主席，恢复了县政协组织，并设立了专门的办事机构。从此，中甸县政协在中共中甸县委的直接领导下，按照新的政协章程，坚持党的四项基本原则，坚持共产党与各民主党派、无党派各阶层人士“长期共存、互相监督、肝胆相照、荣辱与共”的方针，加强统一战线，独立自主地开展政协工作。30多年来，香格里拉市的政治协商工作在不断加强和完善自身建设的基础上，认真履行“政治协商、民主监督、参政议政”的职能，积极协助党委、政府的工作，在落实政策、加强民主法制建设、维护社会稳定、民族团结、促进改革开放、培育和发展社会主义市场经济等各个方面的实践中发挥了人民政协的作用，提高了人民政协的地位。

2015年4月29日，中国共产党香格里拉市第十一届委员会第十次全体（扩大）会议通过，中国人民政治协商会议香格里拉市第十四届委员会为中国人民政治协商会议香格里拉市第一届委员会，中国人民政治协商会议香格里拉市第十四届委员会、常务委员会组成人员为中国人民政治协商会议香格里拉市第一届委员会委员、常务委员会组成人员。2016年1月21日，中国人民政治协商会议香格里拉市第一届委员会第一次会议召开。

1. 历届各族人民协商委员会

第一届各族人民协商委员会。1951年7月25日至8月8日，中甸县第二届第一次各族各界代表会议在中甸县城举行，会议经协商推荐由更觉·昂翁洛桑扎巴江参等28人组成中甸县第一届各族人民协商委员会。委员中，宗教人士4人，民族人士21人，中共党员2人，特邀人士1人；藏族14人，汉族4人，彝族2人，纳西族5人，白族1人，回族1人，傈僳族1人。会议协商订立了《爱国团结公约》，协商通过了《消灭杨振华平息叛乱的决议》。1952年5月13—14日，召开中甸县政府委员、协商委员会议，协商讨论调解大中甸和小中甸武装冲突问题。1952年6月30日至7月5日，召开中甸县政府委员、协商委员扩大会议，协商讨论汪学鼎叛乱平息后的善后工作。

第二届各族人民协商委员会。1952年9月30日至10月11日，在中甸县城召开了中甸县各族各界第三届第一次代表会议，会议主要宣传贯彻“团结、生产、进步”的方针，并协商选举刘恩等29人组成中甸县第二届各族人民协商委员会。其中党政代表4人，占委员总数的13.79%；民主人士21人，占委员总数的72.42%；宗教人士4人，占委员总数的13.79%。藏族16人，占委员总数的55.17%；汉族5人，占委员总数的17.24%；纳西族4人，占委员总数的13.79%；彝族3人，占委员总数的10.35%；傈僳族1人，回族1人，均占委员总数的3.45%。共产党员1人，妇女1人。1953年1月23—30日，召开了中甸县第三届第二次各族各界人民代表会议，协商讨论团结生产的具体措施，发放了国家给群众的寒衣、棉衣。5月3—13日，召开第三届第三次各族各界人民代表会议，会上传达了更觉·昂翁洛桑旦增嘉措活佛、汪学鼎赴北京等地学习的情况与体会，对进一步团结民族宗教上层爱国人士，推进团结、生产起了较好的作用。1954年7月，召开了中甸各族各界三届四次人民代表会议，主要学习了《中华人民共和国宪法（草案）》和《社会主义过渡时期总路线》。1955年3月10—20日，召开中甸县政府委员、政协委员扩大会议，传达中华人民共和国第一次全国人民代表大会精神，宣传解释了《民族区域自治法》和中共中央关于在少数民族地区实行和平协商土地改革的政策。

第三届各族人民协商委员会。1956年11月5—11日，在中甸县城召开中甸县首届一次人民代表大会。会议宣传讨论了实行民族区域自治的意义及在民族地区实行和平协商民主改革的政策原则，酝酿州县人民委员会和协商委员会组成人员候选人，最后选举了由67人组成的中甸县第三届各族人民协商委员会。其中，党政代表1人，占委员总数的1.49%。宗教人士7人，占委员总数的10.45%；民族人士47人，占委员总数的70.15%；农村代表12人，占委员总数的17.91%。藏族51人，占委员总数的76.12%；彝族7人，占委员总数的10.45%；汉族3人，占委员总数的4.48%；纳西族3人，占委员总数的4.48%；傈僳族2人，占委员总数的3.00%；回族1人，占委员总数的1.49%。妇女1人，占委员总数的1.49%；共产党员2人，占委员总数的3.00%。1957年4月19—27日，召开中甸县协商委员会扩大会议，重点讨论了平息中甸县第三次武装叛乱的问题，通过了《关于平息中甸叛乱的七条协议》，并组成了平叛委员会。1957年8月1—7日，召开中甸县协商委员会扩大会议，听取了《金江区和平协商土地改革的总结报告》，协商讨论了《关于三坝实行和平协商土地改革的政策（草案）》。10 月 15—20 日，再次召开中甸县协商委员会扩大会议，主要协商讨论通过了《中甸县藏彝地区实行和平协商改革的意见》《划分阶级成分的办法》等草案，并协商选举成立了中甸县和平协商土地改革委员会。

第四届各族人民协商委员会。1958 年 5 月 29 日至 6 月 3 日，召开了中甸县第一届第二次人民代表大会。会议期间，经中共中甸县工委报请丽江地委批准，组成了 30 人的中甸县第四届各族人民协商委员会，由县工委书记黄河任主任。委员中，党政代表 4 人，占委员总数的 13. 33%；宗教人士 4 人，占委员总数的 13. 33%；民族人士 15 人，占委员总数的 50%；农村代表人士 4 人，占委员总数的 13. 33%；特邀人士 3 人，占委员总数的 10%。藏族 23 人，占委员总数的 77%；汉族 3 人，占委员总数的 10%；纳西族、彝族、傈僳族、回族各 1 人，各占委员总数的 3. 3%。妇女 1 人，占委员总数的 3%。共产党员 5 人，占委员总数的 17%。1961 年 8 月 11—22 日，召开州县协商委员会议，共同学习毛泽东同志《关于正确处理人民内部矛盾问题》、中共中央统战部长李维汉同志在全国人大民族委员会议上的讲话和《农村人民公社的 60 条修正草案》。

2. 历届政协委员会

第五届政协委员会。1963 年 7 月 8—13 日，召开中甸县第三届第一次人民代表大会。经中共中甸县工委报请丽江地委批准，组成了 18 人的中甸县第五届政协委员会，由江奎任主席。18 名委员中，党政代表 5 人，占委员总数的 28%；宗教人士 2 人，占委员总数的 11%；民族人士 9 人，占委员总数的 50%；小手工业者 1 人，占委员总数的 5. 6%；医务工作者 1 人，占委员总数的 5. 5%。藏族 15 人，占委员总数的 83%；汉族 2 人，占委员总数的 11%；回族 1 人，占委员总数的 5. 6%，妇女 1 人，占委员总数的 5. 6%。共产党员 5 人，占委员总数的 27. 8%。

第六届政协委员会。1965 年 10 月 16—21 日，召开中甸县第四届第一次人民代表大会。会议期间，中共中甸县工委报请丽江地委于 10 月 19 日批准，由江奎等 25 人组成中甸县第六届政协委员会，并首次设立由 7 人组成的政协常务委员会，由江奎任主席。委员中，党政代表 5 人，占委员总数的 20%；宗教人士 2 人，占委员总数的 8%；民族人士 14 人，占委员总数的 56%；手工业者、医务工作者、教育工作者、文化工作者各 1

人，各占委员总数的4%。藏族17人，占委员总数的68%；汉族5人，占委员总数的20%；纳西族、白族、回族各1人，各占委员总数的4%。共产党员5人，占委员总数的20%。1966—1983年，由于“文化大革命”的影响，香格里拉市的政协组织瘫痪，未能召开政协会议。

第七届政协委员会。1984年7月31日至8月6日，中甸县政协第七届第一次全体委员会议在中甸县城举行，政协委员82人。其中党政代表5人，占委员总数的6.1%；工青妇10人，占委员总数的12.2%；农民代表13人，占委员总数的15.85%；科教文卫27人，占委员总数的32.93%；财贸金融6人，占委员总数的7.32%；宗教人士5人，占委员总数的6.1%；在外藏胞亲属2人，占委员总数的2.44%；特邀代表11人，占委员总数的13.4%。藏族43人，占委员总数的52.44%；汉族12人，占委员总数的14.63%；纳西族16人，占委员总数的19.51%；白族7人，占委员总数的8.54%；彝族2人，占委员总数的2.44%；傈僳族、苗族各1人，各占委员总数的1.22%。妇女10人，占委员总数的12.2%。共产党员33人，占委员总数的40.24%。出席会议委员75人。此次会议的召开标志着香格里拉市的爱国统一战线已经进入一个新的阶段，会议号召全县政协委员和爱国人士在中国共产党的领导下与共产党“长期共存、互相监督、肝胆相照、荣誉与共”，充分发挥政治协商、民主监督的作用，同心同德，共同开创社会主义现代化建设的新局面。会议民主选举产生了中甸县第七届政协常务委员会委员13人，主席张金灿。1985年7月30日至8月3日，中甸县政协第七届第二次全体委员会议举行，到会委员59人。会议听取和讨论了中共中甸县委统战部关于落实政协人员及其有关统战政策的报告，审议了县政协第七届第二次以来提案工作的有关情况，并围绕政府及其他工作报告，就农村致富、发展商品生产、推进城镇经济体制改革等进行了坦诚建言。1986年8月20—27日，中甸县政协第七届第三次全体委员会议举行，出席会议委员54人。会议审议通过了政协常委会的工作报告、提案工作报告，作出了相应的决议。

第八届政协委员会。1987年5月9—18日，中甸县政协第八届第一次全体会议举行，出席会议的政协委员123人，按界别划分，其中，党政代表3人，占委员总数的2.44%；工青妇代表10人，占委员总数的8.1%；农村代表14人，占委员总数的11.4%；科教文卫32人，占委员总数的26.02%；财贸金融8人，占委员总数的6.50%；公交企业4人，占委员总数的3.3%；政法公安5人，占委员总数的4.07%；宗教人士11人，占委员总数的8.9%；民族人士7人，占委员总数的5.69%；特邀人士20人，占委员总数的16.26%。藏族57人，占委员总数的46.34%；汉族23人，占委员总数的18.70%；纳西族29人，占委员总数的23.58%；彝族5人，占委员总数的4.07%；白族4人，占委员总数的3.25%；回族3人，占委员总数的2.44%；傈僳族、苗族各1人，各占委员总数的0.8%。妇女14人，占委员总数的11.4%。共产党员48人，占委员总数的39.0%。会议听取并审议了政协常委会工作报告，首次作出政协全体会议政治决议，强调要坚持党的四项基本原则，反对资产阶级自由化，为改革开放、搞活经济出力，认真做好民族、宗教和统战工作，维护安定团结。会议选举产生了第八届政协常务委员会委员10人，主席陈学文。1988年7月10—16日，中甸县政协第八届第二次全体委员会议召开，出席会议委员90人，会议审议通过了政协常务委员会工作报告、提案工作情况报告；与会全体委员列席了同期召开的第八届第二次人民代表大会，听取讨论了政府工作报告。1988年7月，中甸县政协召开了第八届第三次全体委员会议。

第九届政协委员会。中甸县政协于1990—1992年，分别召开了中甸县政协第九届第一次、二次和三次全体会议。

第十届政协委员会。1993年4月，中甸县政协第十届第一次全体会议举行，会议选举产生了第十届政协常务委员会委员20人，主席彭真祥。1994年4月19—24日，中甸县政协第十届第二次全体委员会议召开，出席会议委员109名。会议审议通过了政协常务委员会工作报告、提案办理情况报告。1995年4月17—21日，中甸县政协第十届第三次会议召开，出席会议委员127人，会议以邓小平同志建设中国特色社会主义理论和党的基本路线为指导，根据县委第七届第二次全会精神，紧紧围绕中甸县改革开放、经济发展、政治稳定和社会进步，认真履行政治协商、民主监督、参政议政职能，在充分发扬民主的基础上，统一了思想，增进了共识，加强了团结，振奋了精神。1996年3月24—29日，中甸县政协第十届第四次全体委员会议召开，参加会议委员110人，会议审议通过了政协中甸县委员会常务委员会工作报告、提案工作报告，提出了一些积极的意见和建议，增进了共识，明确了任务，鼓舞了斗志，增强了信心。会议要求政协要努力做好以下几个方面的工作：一是搞好学习，进一步提高参政议政水平；二是围绕县委、县政府的中心工作，认真履行政治协商、民主监督的职能；三是继续高举爱国主义和社会主义伟大旗帜，坚定不移地维护祖国统一、民族团结和社会稳定；四是加强自身建设，发挥各专门委员会的作用；五是开展形式多样的政治协商活动，认真履行人民政协的职能。1997 年 4 月 15—19 日，中甸县政协第十届第五次全体委员会议召开，到会委员 124 人。会议就人民群众比较关注的热点、难点问题提出了一些建设性的建议和意见：一是精神文明建设势在必行，必须采取强有力的措施常抓不懈，像抓经济建设一样，从投入等方面予以保障；二是社会治安不稳定因素依然存在，民族宗教问题不容忽视，“严打”斗争要继续深入；三是基础设施建设计划管理失调，重复性建设过多，要引起高度重视；四是培育五大支柱产业要因地制宜，特别是具体项目开发应做到跟踪管理；五是县委、县政府决策到位，但基层落实不到位的现象比较突出，应加强干部教育，特别是村干部的教育，切实转变机关工作作风，加强党风廉政建设。

第十一届政协委员会。1998 年 4 月 14—18 日，中甸县政协第十一届第一次全体委员会议召开，出席会议委员 146 人。按界别划分，党政代表 3 人，占委员总数的 2. 1%；工青妇 8 人，占委员总数的 5. 5%；教育 10 人，占委员总数的 6. 9%；科技 18 人，占委员总数的 12. 3%；卫生 7 人，占委员总数的 4. 8%；文化 4 人，占委员总数的 2. 7%；经济部门 28 人，占委员总数的 19. 3%；工商 15 人，占委员总数的 10. 3%；宗教人士 16 人，占委员总数的 11. 0%；民族人士 4 人，占委员总数的 2. 7%；特邀人士 25 人，占委员总数的 17. 1%。藏族 73 人，占委员总数的 50%；纳西族 28 人，占委员总数的 19. 2%；汉族 24 人，占委员总数的 16. 4%；白族 6 人，占委员总数的 4. 1%；傈僳族 4 人，占委员总数的 2. 7%；彝族 6 人，占委员总数的 4. 1%；苗、回、黎、傣等民族各 1 人，分别占委员总数的 0. 7%。妇女 27 人，占委员总数的 18. 5%；中共党员 57 人，占委员总数的 39. 0%。会议审议通过了县政协十届常务委员会工作报告和提案工作报告，并就如何贯彻实施中国共产党中甸县第八次代表大会提出的“高举一面旗帜，确立一个目标，实施两大战略，突出三个重点”的基本工作思路，提出了建设性的意见和建议。会议选举产生常委会委员 21 人，主席彭真祥。1999 年 3 月 14—20 日，中甸县政协十一届二次委员会议召开，会议应到委员 145 人，实到 110 人，列席 20 人，会议审议通过了政协常委会工作报告和提案工作报告。2000 年 3 月 14—18 日，中甸县政协十一届三次委员会议召开，会议应到委员 142 人，实到 112 人，列席 18 人。会议审议通过了政协常委会工作报告、提案工作报告和政治决议。2001 年 5 月 29 日至 6 月 3 日，中甸县政协第十一届第四次委员会议召开，到会委员 105 人。会议号召全体政协委员、各人民团体、各族各界人士更加紧密地团结在以江泽民同志为核心的党中央周围，继续高举邓小平理论伟大旗帜，以“三个代表”重要思想为指导，为早日实现全国藏区第一强县的目标努力奋斗。

2001 年 12 月 17 日，中甸县更名为香格里拉县。2002 年 4 月 6—11 日，政协中甸县第十一届第五次全体会议举行，到会委员 122 人。会议审议通过了政协常委会工作报告和提案工作情况报告，作出了政治决议，充分肯定了政府、检察院、法院一年的工作，有力地促进了地方经济社会的发展，保持了经济发展、社会稳定、民族团结、宗教有序、社会文明进步的良好局面。2014 年 12 月 16 日，香格里拉撤县建市获得国务院批准，以原香格里拉县的行政区域为香格里拉市的行政区域，香格里拉市人民政府驻建塘镇。中国人民政治协商会议香格里拉市第一届委员会第一次会议，于 2016 年 1 月 18—21 日在香格里拉市城区召开。会议期间，全体委员以高度的政治责任感和求真务实精神，围绕全市政治、经济、文化、社会、生态各领域，积极参政议政，建言献策。会议审议通过了政协香格里拉市第一届委员会常务委员会的工作报告及提案工作情况报告。

2012—2016 年五年间，香格里拉市政协围绕实施“十二五”规划、编制“十三五”规划、转变经济发展方式、生态环境保护、促进民族团结进步等事关全州发展大局的问题，先后组织召开了 5 次全体会议、35 次主席会议、19 次常委会议、10 次专题协商会议，提出有针对性的意见与建议 615 条，对迪庆藏族自治州委员会、人民政府工作报告和出台的 208 份文件提出协商意见，很多意见、建议被州委、州政府及相关职能部门在决策过程中采纳，得到有效运用。围绕全州教育综合改革、农村垃圾处理、乡村卫生服务、移民安置、新型工业化发展、宗教活动场所地震灾后恢复重建情况等问题开展专题调研，提交调研报告 16 篇，提出意见建议 108 条。采用州内调研与外出考察相结合的方法，州政协领导带领部分省州政协委员和州级有关部门负责人先后赴西藏、四川、青海、甘肃、江苏等地，学习考察民族宗教、旅游文化融合发展、全民健身运动、政协自身建设等工作，向州委、州政府提交了6篇调研报告，促进了相关工作。

香格里拉市的政治协商工作立足藏区实际，坚持知大局、议大事、务本行的工作导向，坚持协商、监督、参与、合作于一体，充分发挥政协职能和优势，大力促进社会和谐、民族和睦、宗教和顺。在具体实施上，香格里拉市的政治协商工作探索出了一些较为成熟的路径。

一是将法治元素有机融入宗教文化阵地建设，围绕“法律进寺庙”开展专题调研和研究，在宗教人士中普及法律知识，增强法治观念，取得了很好效果。同时，做好联系寺庙和藏传佛教代表人士工作，深入寺庙和信教群众开展宣传教育，帮助解决实际困难，增进了互信和共识。

二是以提案为平台，充分运用提案履行职能，促进问题解决。香格里拉市政协第一届委员会第一次会议以来，广大政协委员和政协机关各专门委员会共提出提案293件，办复率、面商率达100%。经审查，293件提案中，立案292件，立案率为99.7%。其中，委员个人提案282件，占97%；十人以上联名提案10件，占3.4%。从提案落实率看，已解决和正在解决的（A类）122件，占41.6%；已纳入计划解决的（B类）124件，占42.3%；由于受政策限制暂时不能解决的（C类）46件，占15.7%。从委员对提案办理结果反馈意见看，满意率达95%，基本满意5%。总体来看，提案内容涉及国民经济和社会发展的方方面面，反映了广大人民群众的愿望和诉求。通过提案办理，许多意见和建议被采纳，落实或体现到市委、市政府相关政策、发展规划和部门工作中，取得良好的效果，为推动市域各项事业发展发挥了积极作用，体现了政协委员协商议政、建言献策的能力和水平。

三是注重聚焦地方改革、发展和稳定的重大问题，建言献策，推动地方经济社会发展。丽香（丽江至香格里拉）铁路是首个落户香格里拉的项目，其穿越的地区既是香格里拉旅游、生物、矿产、水电资源最为丰富、最为独特的区域，也是香格里拉藏族、纳西族、彝族、傈僳族、普米族、白族等少数民族聚居地。丽香铁路完全贯通，不仅将丽江、香格里拉两个旅游热点地区紧紧连接起来，还提升了从昆明到楚雄、大理、丽江、香格里拉的旅游大通道建设，对滇西北旅游资源的联动开发带来便捷条件，并进一步提升“大香格里拉”旅游内环线的品质，对实现香格里拉与全国同步建成小康社会具有重要意义。为此，市政协常委会组织调研组进行了深入调研。在肯定建设成绩的同时，也找出了在建设丽香铁路过程中存在的倾倒弃土废渣问题严重、环境卫生问题突出、水源地人饮设施破坏严重、耕地征用后的农民保障、地质灾害防范问题、办理手续及交纳费用不到位六方面的问题。提出要宣传丽香铁路建设的重大意义和作用；要大力弘扬“敢于担当、主动作为、创新克难、勇争一流”的精神；要发扬“白加黑”的精神，继续全程服务好各项目，全力做好征地拆迁、矛盾调解等工作；征地拆迁队伍继续进一步提高认识，加强学习，强化纪律约束；各级各有关部门要进一步做好协调沟通服务工作；全面调查了解因施工造成的山体断裂、房屋受震、饮水受影响等情况，尽量避免引起泥石流等地质灾害；在铁路建设中保护生态环境等建议。

我国的政治协商制度具有协商主体多元、智力密集、内容广泛、视角多维的特点，是社会主义协商民主的重要组成部分。实践证明，香格里拉市在政治协商制度的实践中始终将坚持正确政治方向作为前提，团结一切可以团结的力量，在政治协商制度发展过程中始终坚持民主化进程，为推进政治协商民主发展凝聚强大正能量，取得了很好的成绩。

第三章

传统经济向现代经济的转型

第一节　产业结构演进

一　产业结构的转型

产业结构是区域经济增长的载体，区域产业的类型与结构决定着区域经济发展方式转变的目标与方向。[①] 产业结构转型是指为适应社会经济发展要求，产业结构在与外界的能量交换中不断改变自身状态，实现产业结构内部重心和产业发展方式的转变，促进产业结构合理化、高级化和生态化的过程。具体来说，其内涵主要包括：一是产业结构转型是产业结构的整体性转变，包括产业之间的转型和产业内部的转型；二是产业结构转型是一个动态变化、持续变动的过程；三是产业结构转型的重点是转变产业结构内部重心和产业发展方式；四是产业结构转型的目标是产业结构合理化、高级化和生态化。“十二五”期间香格里拉市生产总值年均增长24.9%；人均GDP达到17252元，年均增长23.1%，是“十一五”规划目标的2.8倍；农业总产值年均增长7.4%；累计完成固定资产投资174.3亿元，是“十五”期间的6.9倍，发展基础更加牢固。产业结构调整成效显著。三次产业增加值分别年均增长5.2%、24.0%、28.0%[②]。实现了“三二一”型结构的转型。

---

① 参见王德强、廖乐焕《香格里拉区域经济发展方式转变研究》，人民出版社2011年版，第73页。

② 《中共香格里拉县委关于制定国民经济和社会发展第十二个五年规划的建议》，2011年。

（一）第一产业结构的转型

农业是香格里拉市最古老的产业，长期以来，农业在经济结构中占据了绝对的优势地位，是区域劳动者的衣食之源，在香格里拉区域发展中具有十分重要的地位和作用。21 世纪初，香格里拉市按照高产、优质、高效、生态、安全的要求，积极推广先进适用技术，大力发展特色现代农业，加快转变农业发展方式，提高农业综合生产能力、抗风险能力、市场竞争能力，努力建设特色产业基地，积极培育龙头企业，使特色产业开发得到了长足的发展。

2015 年，香格里拉市实现农业总产值 72617 万元，按可比价计算，同比增长 3.7%。其中农业产值 30778 万元，增长 4.0%；林业产值 6816 万元，同比增长 2.6%；畜牧业产值 24124 万元，增长 3.7%；渔业产值 454 万元，增长 47.0%；农、林、牧、渔服务业产值为 10445 万元，同比增长 2.0%。粮食产量有增有减，2015 年，全市实现粮食总产量 73786 吨，增长 0.04%；其中谷物产量 61307 吨，增长 1.2%；豆类产量 3152 吨，同比下降 0.03%；薯类产量 9327 吨，同比下降 7.0%。全市主要作物中青稞产量为 10896 吨，下降 3.6%；油料产量为 2758 吨，下降 7.2%；烤烟产量为 1442 吨，同比下降 19.1%。畜牧业生产存栏减少，出栏增加，大牲畜、猪、牛、羊和家禽存栏数分别为：16910 头、229499 头、120254 头、69301 只和 65944 只，分别下降 2.5%、0.9%、2.7%、2.1% 和 0.3%。大牲畜、猪、羊、家禽和牛出栏数分别为：4127 头、153891 头、30121 只、407783 只和 17905 头分别增长 4.5%、6.3%、14.9%、6.6%和下降 0.9%。牛奶产量为 8534 吨，增长 2.7%。肉类总产量为 16578 吨，增长 11.8%。在大项目和大企业的推动下，香格里拉市产业结构呈现第一产业下降、第二产业稳步上升、第三产业继续发展的态势，“三二一”型结构得到进一步巩固优化，为香格里拉市实现跨越式发展提供了有力支撑。

（二）第二产业结构的转型

进入 21 世纪，香格里拉市的工业发展迈入新阶段。“十五”初期相继建成投产螺丝湾电站、云南迪庆香格里拉酒业股份有限公司、云南迪庆香格里拉藏药股份有限责任公司等一批龙头企业。依托特色产业，香格里拉市经济保持两位数增长速率，经济水平快速上升。截至 2010 年底，地区生产总值达到 28.88 亿元，是“十五”末的 3.1 倍，年均增长 24.9%；工业增加值从“十五”末的 1.1 亿元增长到 3.7 亿元，是“十五”末的 3.4 倍，工业经济在县域经济中的比重大幅提高，“工业强县”战略初现成效。

2015 年，第二产业增加值完成 34.3 亿元，同比增长 11.7%，增速比全州低 0.6 个百分点，占 GDP 比重 34.5%，拉动全市经济增长 4.2 点，对 GDP 的贡献率是44.8%。（1）工业：全部工业增加值 12.8 亿元，增长 5.9%，占 GDP 比重 12.9%，比重较去年有所下滑。拉动全市经济增长 0.9 点，对 GDP 的贡献率是 9.8%。其中规模以上工业增加值完成 11.3 亿元，同比增长 4.9%。（2）建筑业：建筑业增加值完成 21.5 亿元，增长 16.3%，占 GDP 比重 21.7%，拉动全市经济增长 3.3 个百分点，对 GDP 的贡献率是 35.0%，为实现全年经济增长目标奠定了基础。

（三）第三产业结构的转型

香格里拉市坚持把加快新型工业化、推进农业产业化、发展特色优势产业结合起来，加快经济发展方式转变，大力发展特色优势产业。多年以来，香格里拉紧紧围绕“旅游兴县”主题，大力发展以旅游业为重点的第三产业，以及现代物流、金融保险、中介服务等生产性服务业，“香格里拉”品牌内涵得到进一步深化。生物产业在基地建设和产品深加工方面都有了新进展，为县域经济增长注入新的活力。

2015 年第三产业增加值完成 60.9 亿元，同比增长 8.2%，增速比全州低 0.9 个百分点，占 GDP 比重 61.4%，拉动全市经济增长 4.9 个百分点，对 GDP 的贡献率是 52.2%。（1）交通运输、仓储和邮政业增加值完成 4.4 亿元，同比增长 4.1%。（2）批发和零售业增加值完成 9.7 亿元，同比增长 9.4%。（3）住宿和餐饮业增加值完成 5.8 亿元，同比增长 8.0%。（4）金融业增加值完成 4.7 亿元，同比增长 10.1%。（5）房地产业增加值完成 1.6 亿元，同比增长 7.2%。（6）其他服务业增加值完成 34.0 亿元，同比增长 8.2%。其中，营利性服务业（包括租赁和商务服务业；居民服务、修理和其他服务业；文化、体育和娱乐业）增加值完成 11.3 万元，同比增长 2.5%。非营利性服务业增加值完成 22.7 亿元，同比增长 11.4%。“十二五”期间，香格里拉投资环境进一步优化，招商引资服务质量明显提高，旅游业的强劲发展带动了交通运输业、批发和零售业、金融业等其他第三产业的发展。同时，新一轮上海对口帮扶和迪昆合作得到稳步推进并取得积极成效，第三产业基本实现了从传统到现代的转型发展。

（四）香格里拉产业结构演进中的有效组织形式与发展要素

产业结构演进的有效组织形式是产业结构演进的具体路径与形式，是影响产业结构演进的重要因素。依托优势，要实现现代产业在香格里拉这块古老而特殊的土地上生根发芽、茁壮成长，关键是要因地制宜找出适于自身发展的产业结构演进的有效组织形式。组织形式的成功模式是多种多样的，但真正的成功模式要立足以下原则：资源综合利用、深度开发的原则；立足特色优势的产业开发原则；坚持以人为本的开发原则；坚持以市场为导向的原则；坚持以创新为动力的原则；坚持可持续发展的原则。

1. 科技引领型产业结构演进组织形式

科技引领型产业结构演进组织形式是指以科技创新为先导，立足优势资源，通过工艺创新、产品创新拓展市场，提高效益，来促进产业结构演进的路径。香格里拉在农牧业资源方面有许多特色与优势，但长期以来未能转化为区域的产业优势、竞争优势。其中最重要的原因是生产技术落后，产品科技含量低。

2000 年以来，香格里拉高度重视科技引领的作用发挥，不断规范科技管理，强化科技服务与创新，有力地促进了农村科技进步。围绕藏医药开发、特色野生食用菌开发、花卉产业化开发、地方名特优产品开发等，组织实施了“优质青稞良种选育及高效栽培示范”等科技攻关项目。实施了“香格里拉桑蚕产业化统一催青小蚕共育试验示范”“云南特色食用菌外销出口产品开发”“500 亩无公害蔬菜种植示范”等科技项目，优化了产业结构，培植了龙头企业，带动了相关产业的技术升级，培育了新的经济增长点，推动区域经济的发展。此外，“香格里拉优质核桃园改良技术推广”等项目的实施，引进了新技术、新成果，强化了基础研究，为进一步产业化开发做好了技术储备。

从以上经验来看，科技进步、科技推广是产业结构演进的重要动力之一；巨大的市场潜力是科技引领型产业结构演进的前提；资源基础是科技引领型产业结构演进的重要条件。在科技引领型产业结构演进组织形式中，目的是要实现对传统产业的现代技术改造，或推广普及具有巨大市场发展潜力的农牧产品生产技术，因此，必须有一大批掌握现代生产技术的农牧业科技人才和生产者，他们才是“科技引领”的主体。

2. 资源依托型产业结构演进组织形式

资源依托型产业结构演进组织形式是指立足特色资源优势，按照现代化生产的要求，通过技术创新、制度创新、市场创新来促进产业结构演进的路径。香格里拉是一个资源富集而经济社会发展相对落后的民族边疆区域，香格里拉的产业开发要依托其资源优势，构筑高原特色产业体系，在特色上下足功夫、在优势上做足文章。

近些年，香格里拉以农民增收为核心，以加快转变发展方式为重点，在开发优势资源构建特色产业方面取得了一定的成效，通过积极发展资源丰富、市场前景广阔、发展潜力大、经济效益高的高原特色优质农产品，集中打造青稞、葡萄、核桃、药材、蚕桑和烟叶“六大优势产业”，着力培育牦牛、藏猪和玛咖“三大新的特色产业”，重点建设青稞、核桃、药材、蚕桑、烟叶、蔬菜、油菜、马铃薯、玛咖、油橄榄、牦牛和藏猪等“原料基地”，努力提高农民的组织化程度和农业产业化经营水平，在特色中实现传统农业向现代农业的“华丽转身”。

资源依托型产业结构演进组织形式有很多成功的案例，但是对资源优中选优是资源依托型产业结构演进的重要基础，市场需求、技术支撑、合作开发、生态保护是资源依托型产业结构演进的重要条件。

3. 品牌塑造型产业结构演进组织形式

品牌是产业发展的载体，是对产品信誉的承诺，强有力的品牌可以在消费者心中创造出更多的信任感和更佳的品质形象。品牌塑造型产业结构演进组织形式是指以打造品牌为突破口，不断巩固、开拓市场来促进产业结构演进的路径。

香格里拉是一个集丰富的人文资源与自然资源为一体的区域，这里既有以藏族文化为主体的丰富多样的民族文化积淀，又有丰富多样的生物资源和生态类型。长期以来由于缺乏有效的品牌载体，国内外游客对这一区域的旅游资源知之甚少，丰富的旅游资源得不到有效开发。为此，香格里拉通过对历史上藏汉“茶马互市”所遗留下的“茶马古道”的研究，诠释了香格里拉文化的多样性、开放性、适度性及和谐性，阐释了茶马古道所造就的香格里拉文化与经济生活的传统联系及其在当代成为一种“文化商品”的现实可能性，提出了打造“大香格里拉”文化旅游产品的大思路。紧紧围绕香格里拉品牌进行产业布局，通过旅游业的跨越式发展带动工商业、农牧业、文化娱乐业、电信通信业、交通运输业、饭店餐饮业、建筑业、旅游消费品的快速发展。“迪庆寻找到了符合州情的发展路子，并已经显现出了巨大的发展生机与活力，香格里拉的品牌作用日益凸显，带给迪庆的是一种实实在在的效益和动力。”①

香格里拉旅游资源开发的成功案例表明，品牌是产业结构演进的重要载体，品牌经营是产业结构演进的有效途径，强化品牌意识对促进藏区产业结构演进有重要作用。鲜明的品牌定位和有特色的品牌形象能有效提升产业的市场竞争力。

4. 制度创新型产业结构演进组织形式

企业进行制度创新是企业发展的客观要求，创新是企业活力的源泉。企业是一个动态的开放的系统，其外部环境和内部条件都在不断变化，企业为了寻求发展和适应市场变化，就必然需要设计出一些新的制度或对企业内部已有的、在实际操作中存在弊端的制度进行重新设计。

近年来，香格里拉充分利用区域内外市场，坚持制度创新与资源整合相结合，通过引进区域外大型企业，使得优势资源向优势企业集中，高起点、高水平地开发优势资源，既实现了区域经济发展方式的转变，又促进了区域内企业的进一步发展。迪庆州先后与昆钢集团、云铜集团、云锡集团、云南冶金集团、云南白药集团、云南工业投资集团6个省属企业签署了《战略合作协议》，充分提高了资源利用效率、产品附加值和资源产业对地方经济的贡献率，实现了区域发展与企业发展的双赢。

此外，香格里拉在农牧区实行“公司+农户”的农业产业化发展形式，提高了农村经济的组织化程度和农产品的品质及商品率，增强了农民参与市场竞争和抵御市场风险的能力，将农产品在加工、销售环节实现的增值向农民部分返还，提高了农业效益，切实解决了农村深层次的矛盾，实现了农牧民、企业与政府三方利益共赢，农牧民增加了生产与收益预期，企业稳定了原料来源，实现了规模经济，政府也实现了农牧民增收、区域发展和农业产业化等目标。

实践表明，产业结构演进过程中，除了具有市场优势和必要的要素供给条件外，还需要通过制度创新整合资源，激活内部要素，进而拓展发展空间。市场、要素赋存只是产业结构演进的外部条件，制度创新才是产业结构演进的内在动力。

对以上各产业结构演进组织形式的分析表明，产业结构演进的过程是某一因素的创新并引起其他因素的适应性变化或创新的过程。因此，产业

① 齐扎拉：《建设香格里拉》，见迪庆藏族自治州地方志编纂委员会编《迪庆藏族自治州志》（上），云南民族出版社2003年版，第23页。

结构演进的关键是要不断地培育和积累创新因素，并促成创新因素的扩散与产业创新。此外，香格里拉产业开发必须坚持保护和改善区域生态环境原则。香格里拉和我国其他藏区一样，是一个生态环境资源价值高，却又极其脆弱的双重矛盾区域，因此，有效地保护和改善区域生态环境既是区域产业持续成长的前提和基础，也是区域产业结构演进的重要途径。同时，香格里拉产业开发还要坚持以人为本的原则。人是技术创新、制度创新、产业开发的主体，高素质的人才队伍是各种创新的根本动力。因此，培养高素质的人才队伍是实现香格里拉可持续发展的根本。

二　经济增长的格局

“十一五”以来，香格里拉紧紧围绕“十一五”经济社会发展各项目标任务，全市经济实力得到大幅提升。“十一五”末市级国内生产总值完成28.88亿元，是“十五”末的3.12倍，年均增长24.9%；市级全社会固定资产投资完成53.5亿元，是“十五”末的5.2倍，年均增长39.3%。市级一般预算收入完成20988万元，是“十五”末的3.7倍，年均递增29.7%；城镇居民人均可支配收入完成17393元，是“十五”末的1.6倍，年均增长10.4%；农民人均纯收入3398元，是“十五”末的2.2倍，年均增长16.9%。经过多年的艰辛探索和实践，基础相对薄弱、发展相对滞后的香格里拉发生了广泛而深刻的变化，各个领域焕发出蓬勃生机和旺盛活力，为香格里拉“十二五”乃至更长一个时期的加快发展奠定了基础。

2013年全市生产总值与2012年相比增长13.6%，达81.45亿元。第一产业、第二产业和第三产业对GDP增量的贡献率分别为：2.7%、59.0%、38.3%，发挥了显著的推动和拉动作用。产业结构经过调整从2012年的5.4∶41.9∶52.7变为5.4∶42.9∶51.7，结构更加合理。2004—2013年香格里拉市的人均GDP和农民人均纯收入呈持续增长的趋势，2013年同2004年相比，人均GDP增长率为367.0%，农民人均纯收入增长率为221.3%。总体上看，香格里拉的经济发展呈现出持续增长和结构优化的趋势，第三产业对当地经济发挥着巨大的作用（见图3-1）。

2015年，香格里拉实现市域生产总值992758万元，按可比价计算，比上年增长9.4%，圆满完成了全年增长9%的目标任务。第一产业增加值40475万元，增长6.0%，对GDP增量的贡献率为2.99%，对市域经济

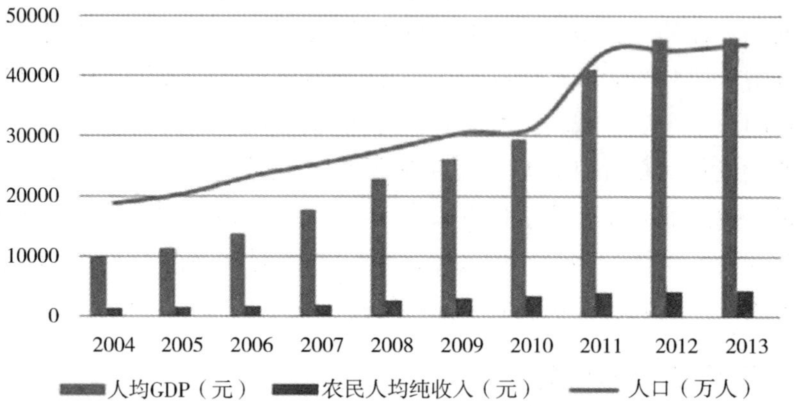

图 3-1　2004—2013 年香格里拉经济变化趋势

增长的拉动力为 0.28 个百分点；第二产业增加值 342836 万元，增长 11.7%，对 GDP 增量的贡献率为 44.8%，对市域经济增长的拉动力为 4.2 个百分点，其中：工业增加值 127838 万元，增长 5.9%，对 GDP 增量的贡献率为 9.82%，对市域经济增长的拉动力为 0.92 个百分点；建筑业增加值 214998 万元，增长 16.3%，对 GDP 增量的贡献率为 35.0%，对市域经济增长的拉动力为 3.29 个百分点；第三产业增加值 609447 万元，增长 8.2%，对 GDP 增量的贡献率为 52.2%，对市域经济增长的拉动力为 4.9 个百分点。具体表现为：

（1）工业生产持续低迷。市域工业总产值完成 370399 万元，同比下降 13.6%，其中全市规模以上工业总产值 316606 万元，同比下降 16.1%。全市规模以上工业企业增加值完成 112834 万元，同比增长 4.9%。工业产品产量有增有减：白酒产量 3926 千升，同比增长 0.6%；水泥完成 901832 吨，同比下降 5.9%；铜金属含量完成 5461 吨，同比下降 65.9%；自来水产量完成 510 万立方米，同比增长 9.9%。

（2）固定资产投资快速增长。市域 500 万元以上固定资产投资总额完成 1479108 万元，较上年同期增长 18.6%，圆满完成增长 18%的目标任务。不含开发区投资完成 1407058 万元，增长 18.8%。

（3）建筑业、房地产市场仍显疲软。全市实现建筑业总产值 105575 万元，同比下降 24.0%；房地产投资完成 33848 万元，同比下降 53.5%。

（4）消费品市场平稳增长。全市市域社会消费品零售总额为 301164

万元，增长8.1%，其中批发业销售额为850176万元，增长18.8%；零售额销售额为265633万元，增长9.2%；住宿业营业额为25253万元，下降12.4%；餐饮业营业额为32974万元，下降15.8%。

（5）财政收支稳步增长。全市市域地方财政总收入为163409万元，同比增长14.6%，其中市级地方财政总收入为93856万元，增长11.5%。地方公共财政预算收入为110104万元，增长10.3%，其中市级地方公共财政预算收入为55049万元，增长9.1%。公共财政预算支出607387万元，增长2.3%，其中市级地方公共财政预算支出350825万元，增长5.9%。

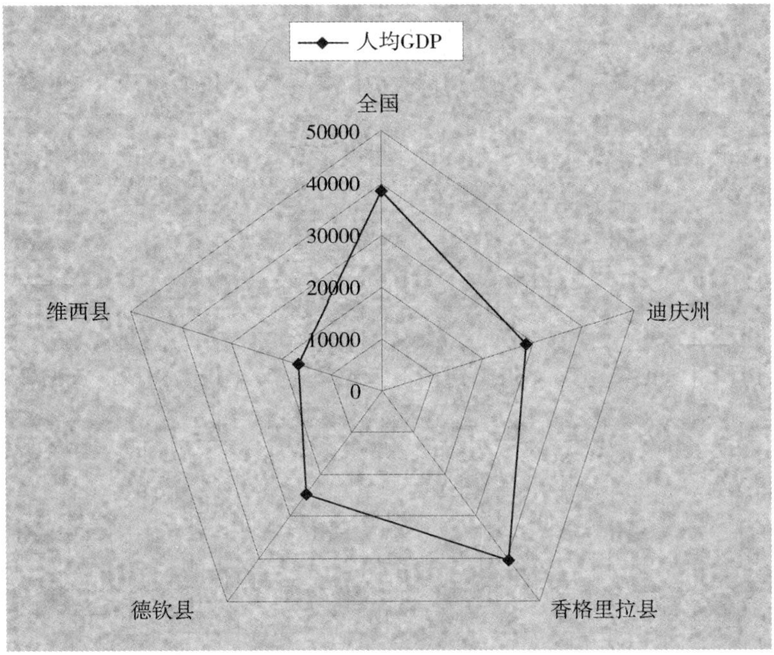

图3-2　2012年全国及香格里拉人均GDP比较（单位：元）

（6）金融业高位运行。2015年，全市金融机构各项存款余额为2157401万元，增长11.5%；金融机构各项贷款余额为1260548万元，增长7.5%。

（7）城乡居民收入持续增加。2015年，全市实现农村常住居民人均可支配收入6557元，同比增长10.7%；城镇常住居民人均可支配收入27544元，同比增长8.4%。

（8）旅游业提速发展。2015年，全市实现旅游总收入1156269万元，增长19%，其中国内旅游总收入为945130万元，增长23.8%；旅游总人数达到1268.34万人次，同比增长17.4%，其中国内旅游总人数达到1193.32万人次，增长18.8%；完成旅游门票收入5.8亿元，同比增长10.3%。

香格里拉地处我国西南边疆，经济发展总体水平落后于东部省区，又远离省区的经济中心，受历史、自然环境等因素的影响，其经济发展水平不高的现状就更加明显。

从全国及全省层面来看，2012年香格里拉人均GDP略高于云南省平均水平，但也只是全国水平的74.05%，总体经济发展在全国仍属于相对落后水平。从人均GDP图来看，香格里拉县人均GDP为40461元，是全国人均GDP的105%，略高于全国水平，维西县人均GDP为24535元，德钦县人均GDP为16415元，三者同属一个地区，但经济发展水平差异却非常明显，维西县人均GDP仅为香格里拉县人均GDP的60.6%。

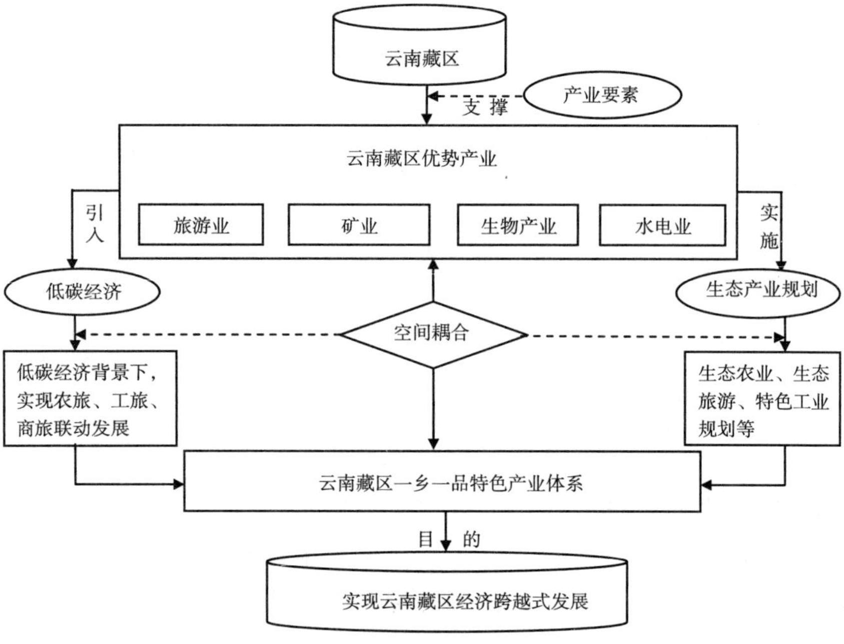

图3-3　香格里拉优势产业体系实践路径框架图

三　区域经济发展走向

香格里拉经济发展要追赶全国发展的步伐，实现自身的跨越，关键是要加快产业结构调整和优化升级。从产业发展现状来看，各优势产业发展都面临可持续发展问题，同时，目前香格里拉各产业的发展多为粗放型经济，高投入、高消耗、高排放的发展模式给资源环境带来了很大压力，因此香格里拉要实现特色产业持续发展，就必须对资源实行保护性开发。通过以优势产业为支撑，以生态立州、文化兴州、工业强州、旅游富州为载体，以生态产业规划为龙头，通过引入低碳经济理念，构建香格里拉一乡一品特色产业体系，实现产业融合和资源互补。如图 3-3、表 3-1 所示。

表 3-1　香格里拉一乡一品与特色产业

	一乡一品	优势产业模式
建塘镇	香格里拉腹地，藏文化、藏传佛教展示	民俗文化展示模式
虎跳峡镇	虎跳峡景区	核心景区带动模式
小中甸镇	进入香格里拉南大门，拥有中甸雪山，藏族文化和国道 214 香格里拉黄金旅游线	自然风光旅游模式
金江镇	生物产业发展、铅锌矿产业发展、文化产业、生态旅游业，打造原生态的民俗旅游及金江大龙潭原生态旅游度假村	创意产业模式
格咱乡	铁矿开采	矿业转型开发模式
上江乡	木香、当归、川芎、桔梗等药材种植	特色生物产业化模式
三坝纳西族乡	纳西族东巴文化的发祥地，有“仙人遗田”白水台，哈巴雪山等	民俗旅游观光模式
洛吉乡	有洛吉岩画、普达措国家森林公园、碧塔海、洛吉峡口、南宝牧场、硕贡牧场、七彩瀑布、帕姆乃仙人洞、纳波八圣湖等	生态山水体验模式
尼西乡	拥有特色农产品业（尼西鸡、反季蔬菜）、文化生态旅游业（巴拉格宗、民族工艺品、尼西情舞）、水电产业、个体民营产业等四大支柱产业	多产业综合发展模式
东旺乡	广阔的高山草场和原始森林，以及世居的藏族，具有传统藏族文化特色	自然文化观光旅游模式
五镜乡	羊肚菌培育	生物产业化发展模式

第二节　传统农业的改造

一　农业结构调整与产业化

21 世纪以来，香格里拉大力调整农业产业结构，重点培植农业特色产业，加快推进农业产业化进程。通过抓规划、引项目、强龙头，不断加快农业规模化、产业化发展步伐。积极发展高原特色农业，在种植业上，结合山多地少的实际，走高原特色农业发展之路，“十一五”期间，香格里拉以推进跨越发展和长治久安示范区为目标，努力建设特色产业基地，积极培育龙头企业，使特色产业开发得到了长足的发展。在“十二五”期间，按照全市农业产业化现场推进会上提出的“优布局，建基地，拓市场，创品牌，扶龙头”的农业产业发展十五字方针，进一步加大农业产业结构调整力度，走差别化、特色化的高原特色农业发展道路。在建塘、小中甸、格咱、尼西等乡镇，以“公司+基地+农户”的方式，重点种油菜；在高半山区重点扶持药材产业，并形成一定规模。在沿江河谷的金江、上江、虎跳峡、五境四个乡镇重点发展冬青稞和烤烟产业；三坝、洛吉以核桃、花椒等经济林木种植为主，扶持建立核桃、花椒为原料的深加工龙头企业，逐步形成“一乡一特”或“几乡一特”的农业产业发展布局。在畜牧业上，重点扶持尼西鸡、牦牛、藏香猪及生猪养殖大户，逐步形成大户养殖为主、辐射群众的养殖模式，并引进以养殖业为原料的深加工企业。其取得的成绩主要体现在：

（一）特色农牧产业化发展取得新成绩

2015 年，香格里拉市实现农业总产值为 72617 万元，按可比价计算，同比增长 3.7%。其中农业产值 30778 万元，增长 4.0%；林业产值 6816 万元，同比增长 2.6%；畜牧业产值 24124 万元，增长 3.7%；渔业产值 454 万元，增长 47.0%；农林牧渔服务业产值为 10445 万元，同比增长 2.0%。粮食产量有增有减，2015 年，全市实现粮食总产量 73786 吨，增长 0.04%；其中谷物产量 61307 吨，增长 1.2%；豆类产量 3152 吨，同比下降 0.03%；薯类产量 9327 吨，同比下降 7.0%。全市主要作物中青稞产量为 10896 吨，下降 3.6%；油料产量为 2758 吨，下降 7.2%；烤烟产量为 1442 吨，同比下降 19.1%。畜牧业生产存栏减少出栏增加，大牲畜、猪、牛、羊和家禽存栏数分别为：16910 头、229499 头、120254 头、69301 只和 65944 只，分别下降 2.5%、0.9%、2.7%、2.1%和 0.3%。大牲畜、猪、羊、家禽和牛出栏数分别为：4127 头、153891 头、30121 只、407783 只和 17905 头，分别增长 4.5%、6.3%、14.9%、6.6%和下降 0.9%。牛奶产量为 8534 吨，增长 2.7%。肉类总产量为 16578 吨，增长 11.8%。

（二）培育农业龙头企业和发展农民专业合作组织相结合

近些年，香格里拉全面加大农业产业化龙头企业培育力度，大力发展农产品精深加工，延伸农产品产业链，提高农产品附加值，推动了高原特色农业产业化快速发展。截至 2015 年，全市农业产业化重点龙头企业有 16 家，如香格里拉酒业股份有限公司、藏龙生物、舒达等多家龙头企业。

（三）农牧业产业化布局不断优化

核桃生产区域。以集体林权制度改革为契机，对香格里拉“两江”流域峡谷地区传统核桃主产区进行重点开发，对次产区和一般产区进行统筹兼顾和逐步发展，使香格里拉成为云南省核桃加工原料基地之一。

优质酿酒葡萄和水果葡萄生产区域。在海拔 1700—2800 米“两江”沿岸干热河谷地区，发展优质酿酒葡萄和水果葡萄种植基地 5 万亩。

中药材 GAP 种植生产区域。加快以当归、秦艽、木香、白术等大宗传统中药材为主的中藏药材 GAP 种植基地建设。

青稞生产区域。在高原坝区、半山区、“两江”沿岸河谷地区，推广高产栽培技术，逐年提高青稞单产，建设十多万亩高稳产青稞基地。

特优畜禽生产区域。以牦牛（牦犏牛）、藏猪、尼西鸡、生猪为重点。其中：牦牛（牦犏牛）和藏猪生产区域重点规划在高寒山区，尼西鸡、黄牛生产区域重点规划在半山区，生猪生产区域重点规划在“两江”河谷地区。通过加强标准化圈舍建设、良种繁育、防疫以及开展科学化、专业化养殖，从而提高畜禽出栏率和商品率。

同时，香格里拉为实现传统农业向现代农业转型，完善农村发展的体制机制。坚持和完善农牧区基本经营制度，现有农牧区土地、草场承包关系保持稳定。加快健全农牧业社会化服务体系，提高农牧业经营组织化程度，允许农民以转包、出租、互换、转让、股份合作等形式流转土地承包经营权。加快形成统筹城乡发展的体制机制，力争在城乡建设规划、产业布局、基础设施建设、公共服务一体化方面取得突破。完善金融机构为“三农”服务的机制，强化银行为农服务的责任和作用。大力发展小额信贷，继续扩大农户小额信用贷款、扶贫贷款和农户联保贷款。加快发展农牧区保险事业。深化农村综合改革，全面完成集体林权制度改革。加强农业农村基础设施建设。加强中小型农田水利、山区“五小水利”工程、农村饮水安全等项目建设，扎实推进中低产田、中低产林改造，严格落实耕地保护责任制。以“小康村”建设为重点，改善农村交通、电网等基础设施，推进农村新能源建设，支持和引导农牧民开展农业农村基础设施建设，进一步改善农村生产生活条件。完善现代农业产业体系，促进园艺产品、畜产品规模种养，加快发展农业设施和农产品加工业、流通业，促进农业生产经营专业化、标准化、规模化、集约化。着力推进青稞、高原油菜、马铃薯、药材、花卉、食用菌、果蔬等优质农产品生产基地建设，实现农产品加工原料生产基地化，农产品及其加工制成品优质、安全化，产加销经营一体化，形成一批拥有自主知识产权和知名品牌、国际竞争力较强的优势企业，推进现代农业示范区建设。①

二 新农村建设及城镇化的推进

近些年，香格里拉先后投入 5221 万元资金，实施新农村省级重点村建设项目 51 个，有力地推进了新农村建设。

在新农村建设中，香格里拉市委、市政府灵活运用“以县为平台，重点建设村为纽带”的资源整合投入机制，充分整合涉及新农村建设不同渠道的资金，有效建立新农村建设的资金投入系统，使上级补助资金发挥了“1+1>2”的系统效应。2013 年度，仅省级重点建设村的实施，就整合投入资金 1500 万元（包括生态移民资金），切实加大了资源整合力度。充分尊重农民意愿，广泛发动群众参与新农村建设。2013 年度，仅实施省级重点村项目，就发动项目点群众自愿投工投劳折资 322 万元，相当于政府补助投入 1 元，群众自愿投入 1 元。

通过实施村内道路硬化、“五位一体”等主要项目建设，有效解决了项目村组的水、电、路等问题，极大地改善了群众的生产生活条件。市委、市政府在注重经济发展的同时，以新农村建设为载体，全面加快了社会各项事业的建设步伐，农村教育、医疗卫生、广播电视、科学技术、文化体育等各项社会事业得到了蓬勃发展，群众物质、精神生活水平明显提高，呈现出一派欣欣向荣的喜人景象。通过实施村内户外环境整治，以及以村庄绿化、亮化、美化，保护环境、石漠化治理为主的新农村建设，使农村突出的“脏乱差”现象得到有效整治，一些村庄“垃圾靠风刮、粪便靠雨刷、污水靠蒸发”的不良局面得以改善。同时，香格里拉市结合新农村建设，不断规范和完善村规民约，把新农村建设后续管理等工作纳

① 中国共产党香格里拉县第十届委员会第十次全体会议通过的《中共香格里拉县委关于制定国民经济和社会发展第十二个五年规划的建议》，2011 年。

入村规民约，基层组织和各项规章制度不断建立和完善，增强了农村党组织的凝聚力和战斗力，有效激发了各级干部的工作热情，形成了干部身先士卒作表率、党员深入一线亮身份、村组干部和农村群众积极参与的良好局面，进一步巩固和加强了党在农村的执政基础。①

经济发展规律证明，在工业初期、中期，一个地区的快速发展，无一不是工业化和城镇化推进的结果。特别是城镇化为地区的经济发展提供平台和空间，有利于产业和人口聚集，是统筹城乡发展的重要途径。香格里拉市作为云南藏区主要经济增长区域，迪庆州的城镇化数据在一定程度上说明了香格里拉市的城镇化建设水平。

2005—2014 年，迪庆州城市规划区面积从 42.46 平方公里增加到 149.45 平方公里；城镇建成区面积从 17.75 平方公里增加到 36.25 平方公里；城镇人口从 6.325 万人发展到 11.43702 万人，城市人均住宅建筑面积从 25 平方米增加到 45 平方米。至今，建设发展形成 1 个小城市（香格里拉）、2 个县城（维西、德钦）、1 个开发区、6 个建制镇和 20 个乡组成的城镇体系。城镇化水平从 17.6%提高到 28.17%，提高将近 11 个百分点，平均每年提高 1.2 个百分点，是改革开放以来迪庆州城镇化水平提高最快的时期。城镇化进程的加快和城市经济的发展，促进了农村富余劳动力向城市和非农产业的转移。同时，累计完成全州城乡基础设施建设投资 158.365 亿元，2014 年完成城乡建设固定资产投资 32.66 亿元，固定资产交付使用率达到 90%。全州县城以上污水生活垃圾处理设施基本实现全覆盖，污水处理率达 85%，生活垃圾处理率 96%，生活垃圾无害化处理率 95%；燃气普及率达 95%，供水普及率达 86%；建成区绿地率达 16.3%，绿化覆盖率 18.14%；城市公共绿地面积 34 公顷，人均绿地面积 3.6 平方米，建成区绿地率 16.3%，建成城市道路 358.89 公里；城市公共汽车 50 辆，出租汽车 300 辆。

加大城镇建设固定资产投资力度，完善城镇功能，增强城镇承载产业、服务生活、带动城乡一体化的能力。通过实施香格里拉市集中供热工程、香格里拉市环境综合治理项目、香格里拉生态旅游文化城、德钦县城整治与拓展、维西县城市政综合基础设施建设等一批辐射面广，带动作用强的城镇道路、桥梁、供排水、绿化、垃圾、污水处理等城镇基础设施项

① 香格里拉网：《香格里拉县新农村建设成效喜人》，http：//www.xgll.com.cn/xwzx/2014-11/06/content_156911.htm。2014.11。

目和城市绿化、美化、亮化工程。进一步挖掘城市文化内涵、塑造城市特色。城镇结构日趋合理，城镇功能逐步完善，城镇品位明显提升，城市综合功能显著增强，城市发展加快，人口增量和城镇化重心呈现向城市倾斜的趋势，小城镇健康发展，城镇规模不断扩大，非农就业比重增加。

三 农村经济发展的趋势

香格里拉未来应按照“突出特色、优化结构、提高效益”的原则，加大特色优势资源开发，加强特色产业基地建设和特色农产品开发，走产业化经营发展的路子。培育产业基地，提高产品精深加工程度。

（一）生态畜牧业。围绕“生态得保护，产业得发展，农民得实惠”的目标，走“收缩转移，优化布局，集中发展”的畜牧业可持续发展路子，把香格里拉建设成为云南省草地畜牧业的重要基地。

（二）特色经济林产业。按照“生态建设产业化、产业建设生态化”的要求，加快推进特色经济林基地建设、优质松茸及野生蔬菜产业开发建设，提高林产品的深加工程度，延长产业链，提升经济价值。

（三）绿色食品产业。充分发挥香格里拉生物资源和生态环境优势，打造以绿色、有机食品为主体优势的特色品牌。

（四）花卉园艺产业。加快花卉新品种引进与选育、野生花卉资源保护与开发步伐，积极培育具有自主知识产权的地方特色花卉新品种，继续巩固和提升具有一定规模和水平的香格里拉高山植物园，加大对高山野生花卉引种驯化繁育力度。

第三节 现代工业的兴起

一 工业强县

工业是经济发展的主动力，是财政收入的主来源，是群众就业的主渠道。香格里拉大力推进工业强县战略，是顺应经济发展规律的客观要求，是贯彻落实云南省推进跨越式发展战略的具体体现，是解决香格里拉经济社会发展体制性、结构性矛盾的路径选择，是有效改善民生、构建和谐社会、顺利实现全面小康的重要举措。

2011—2015 年，全州累计工业产值 264.05 亿元，工业增加值 125.38

亿元，分别是“十一五”同期的2.1倍、2.9倍。工业经济主要指标增速放缓，但总体保持在合理区间。工业投资大幅增长，进一步增强了工业经济持续发展后劲。民营经济健康发展，在区域经济中的地位更加突出。互联网通信基础设施建设加快步伐，无线电维稳安全保障功能充分发挥。

近年来，随着国家环保政策和市场调整，香格里拉的传统产业面临巨大挑战。尤其是在云南省提出加快转型跨越发展战略，培育壮大工业产业，加快工业突破，推动跨越发展的大背景下，香格里拉市根据工业的实际和特点，提出今后总体要求：一要狠抓稳增长，努力扭转工业经济颓势。全力抓好企业复产达产工作，认真抓好各项政策措施落实，高度重视企业生产要素保障，全力抓好企业生产要素保障。摒弃“等、靠、要”思想，抓好市场布局和产品订单，新品研发和管理升级；提前谋划好企业入规入统工作，指导符合条件企业及时申报纳税。二要狠抓园区建设，提升园区发展质量。要进一步完善园区产业规划布局，增强园区聚集效应和辐射作用，要高标准规划、高质量建设园区基础设施，加大园区引资力度，策划园区发展项目。三要狠抓重点项目建设，确保工业投资增速。要严格落实重点项目工作机制，加强项目建设的调度管理，健全项目工作机制，创新工作方法，提高工作效率，抓实推进重点项目建设。四要狠抓经济运行监控，牢牢把握工作主动权。要强化运行服务和运行分析，帮助企业走出困难；抓好经济运行定期分析工作，解决主要发展瓶颈，抓好节能、减排、降耗工作。五要狠抓信息化发展，提升“两化融合”水平。六要狠抓作风建设，提升服务水平推动发展。

二　工业经济的发展与突破

香格里拉以工业园区格咱片区等为主战场，以培植龙头和拉长、延伸产业链为重点，不断提升集群产业竞争力，紧紧抓住云南省把该县列为工业强县试点县的契机，依托旅游、矿产、水电和生物四大支柱产业，以园区建设为载体，按照香格里拉工业园区的总体规划和布局，重点抓好格咱有色金属片区，香格里拉松茸农林产业片区，香格里拉特色食品、药品、旅游商品加工片区项目建设，工业经济迅速发展。

香格里拉工业园区格咱有色金属片区管委会完成了格咱有色金属片区总体规划。按照集群发展、集聚发展、集约发展的方针，因地制宜、科学规划，编制完成了《香格里拉县工业强县规划纲要》《香格里拉县“十二五”新型工业化发展规划》。香格里拉工业园区格咱有色金属片区拥有丰富的矿产资源，金属矿产铜资源储量居云南省首位，辖区内矿点、矿化点分布广，现已探明铜、铁、金、钼、钨、铅、锌、锑等25个矿种，323个矿点，其中铜的探明资源储量为600万吨以上，远景储量可达1000万吨。规划把片区建设成以铜为主，集采、选、冶、深加工为一体的西南重要有色金属生产加工基地，同时园区道路、供电、通信、供排水、垃圾处理、污水处理等基础设施建设启动。小中甸工业园区也在积极推进当中。

2014年，市域规模以上工业总产值完成36.86亿元，同比增长3.4%。其中市级规模以上工业企业完成工业总产值17.42亿元，同比增长0.5%；开发区规模以上工业企业完成工业总产值14.47亿元，同比增长9.2%；州级规模以上工业企业完成工业总产值4.97亿元，同比下降2.0%。

2014年，市级工业总产值达22.4亿元，同比增长3%；其中规模以上工业企业11户，完成总产值17.4亿元，同比增长0.5%。

（一）非电工业固定资产投资保持快速增长

2014年，全市非电工业固定资产投资完成23.18亿元，超额完成州级下达的22亿元的工业投资目标任务。

做好企业技术改造工作，促进产业升级。2014年，共有8个技术改造备案项目，备案项目投资建设总额达2.1亿元。为认真贯彻落实省委、省政府开展“产业建设年”的决策部署，紧紧围绕工业跨越发展计划，抓好2014年“五个一批”项目工作。即“上报在建一批、投产一批、签约一批、在谈一批、策划一批”，具体分别是鼎立公司、天丽斯生物科技发展有限公司、普朗铜矿、富一方有限责任公司、诺斯盾农业发展有限公司、康美乳业公司。

（二）工业片区建设稳步推进

按照香格里拉工业园区发展规划，先后创建了以松茸等野生菌类加工为主的五凤山松茸加工片区，以食品、药品、旅游商品生产为主的箐口特色产业片区和以铜等有色金属采选冶为主的格咱有色金属工业片区三个工业发展平台。根据资源优势、产业优势，对各片区分别进行了产业规划。五凤山松茸加工片区已完成基础设施建设，现有入园企业4户，格咱有色金属片区初具规模。箐口特色产业片区紧紧围绕“政府引导、规划先行、多元投入、滚动发展”的方针，全力加快推进完善水、电、路等基础设施建设，给企业提供便利的建设、生产、生活条件。2014 年，已基本完成一期 2.1 公里道路建设；开工园区应急供电供水建设、综合服务中心业务楼建设；有序开展园区二期道路和标准厂房建设项目前期工作；服务和督促 6 家开工企业加快建设。2014 年固定资产投资任务是 11440 万元，全年完成 15727 万元。具体为：园区三条市政道路建设投资 6996 万元，现已基本完成管道敷设和油路建设，完成投资 3100 万元；企业投资完成 10056 万元，其中天丽斯生物科技发展有限责任公司 1680 万元，高原精酿工艺啤酒有限公司 2720 万元，康美乳业公司 1656 万元，迪庆高原集中制氧供氧公司 4000 万元。2014 年，箐口特色产业片区坚持“以地招商、以商建园”原则，不断创新招商形式，并注重择商选商，招商工作成效显著。园区现已有 16 个企业签订入园协议，共供地 450 亩。

（三）节能降耗工作有序开展

2014 年，全市规模以上工业企业能源消费总量 140052 吨标准煤，同比下降 10.0%。全市单位 GDP 能耗下降 1.7%，圆满完成节能降耗目标任务。一是推进企业能源管理体系建设。根据省工信委的安排部署，为推动千家节能企业建立健全能源管理体系，不断提高能源利用效率。香格里拉市神川矿业公司入选云南省千家节能企业，按要求认真报送能耗情况并报送自查自检报告。二是积极推广高效节能照明产品。完成了 2014 年度财政补贴高效照明产品（节能灯）的推广任务，积极组织企业上报高效照明产品推广情况。三是认真统计并上报 2013 年工业固体废物综合利用情况。2013 年尾矿产生量 230 万吨，综合利用量达 118.9 万吨，利用率达 51.7%，利用产值达 3830 万元，减少固废排放量 118.9 万吨。

三　新型城镇化中的工业推动器

香格里拉市把推动新型工业化和新型城镇化作为突破口和主攻方向，坚持“两化”融合发展，以新型城镇化带动工业化，以工业化促进新型城镇化。在“两化”融合的基础上深化集约、智能、绿色、低碳的新型城镇化理念，实现香格里拉转型发展，建设美丽香格里拉。

香格里拉市通过政府政策引导、坚持规划先行、实现城乡统筹发展，努力走城乡一体建设、产城互动、节约集约、生态宜居的新型城镇化发展道路。通过中心城区建设，增强中心城区的承载能力和辐射带动能力，将棚户区改造建设和中心城区综合整治建设、城区基础设施完善建设、古城提质扩容建设相结合，分重点、分步骤完成新型城镇化建设。按照香格里拉市新型城镇化工作思路，2016 年全市将实施三个项目，主要包括城区北郊片区、北门片区、建塘社区的棚户区改造项目，南片区项目和东部物流集散中心前期工作，预计总投资为 26 亿元。

2017 年将全面推进东部物流集散中心建设，预计新型城镇化建设的总投入资金在 20 亿元左右。通过三年左右的时间，以白塔片区门户形象、东部物流集散中心、城镇基础设施配套建设、改善交通体系、提升老城区环境和传统风貌改造为重点，利用国家城镇棚户区和城乡危房改造及配套建设等政策，在项目策划、包装、融资担保、建设等方面与企业和金融机构开展深入合作，全面提升全市城镇化水平，推动香格里拉市向高原特色生态园林城市和智慧旅游城市迈进。

第四节　旅游业的突飞猛进

一　香格里拉旅游业发展区位优势

（一）地理区位优势

香格里拉市位于东经 99°20′—100°19′，北纬 26°52′—28°52′，地处中国西南部，青藏高原东南部，位于云南省西北部，迪庆藏族自治州东部，是迪庆州府和市政府所在地。东接四川省的木里县、稻城县，西邻德钦县、维西县，南连丽江的玉龙县，北靠四川省得荣县、乡城县。县城距昆明 706 千米，距丽江 180 千米，距四川攀枝花 420 千米，具有连接川滇藏三省区的中心地优势。

（二）交通区位优势

香格里拉自古就是茶马古道、滇藏通道上的要冲枢纽，发挥着承东启西、南接北连的功能，经过发展现已形成了以公路为主、航空为支撑、水路为辅助的立体交通网络体系，成为滇藏公路上重要的节点城市，是川滇藏地区的交通咽喉和物资集散中心。陆路上有国道 214 穿境而过，航空上已建成云南省重要的支线机场，辐射范围广阔，东可到贵州、广东、深圳，北可达四川、上海、北京，西可抵西藏，南可至昆明、西双版纳。丽香铁路的修建及大丽高速的竣工，令香格里拉市的交通运输状况和区域间旅游资源的联动开发迎来新一轮的重大发展契机，将大力提升优化香格里拉市旅游交通的通达性，客源市场空间将进一步拓展，自驾游市场会进一步扩大。

（三）文化区位优势

香格里拉市位于滇川藏文化三角区的核心区，是藏族文化荟萃地和天然博物馆，是三江并流世界自然遗产地和金沙江自然文化景观带的腹地。由于历史上是茶马古道的重要驿站，承载了浓厚的马帮文化、茶马互市文化，香格里拉市作为民族文化、宗教文化、历史文化的交汇地，是“大香格里拉区域”的文化中心和西南边疆以藏族为主体、多民族杂居的少数民族活态文化馆。

（四）经济区位优势

在省际层面，香格里拉市在康藏方向发挥着200—300公里半径范围的经济吸引力，是滇藏经济走廊的重要节点，同西藏、四川经济联系紧密，是沟通川、滇、藏的重要经济枢纽，有利于融入川渝经济圈，实现区域间合作；在省域层面，香格里拉是滇西北城镇群的重要增长极，是昆明—丽江—迪庆—滇川藏大香格里拉区域对内开放经济走廊上的重要节点，滇西北高原特色农产品及绿色食品工业原料基地。在滇西北经济发展中有着龙头地位，能够优先发展，实现经济崛起，同时有利于加快工业化、城镇化，区域之间实现合作，促进优势互补。在州域层面，香格里拉是迪庆州的政治、经济、文化中心，有利于发挥中心城市集聚效应和辐射带动周边区域发展的作用，推动地方的经济建设（见表3-2）。

表3-2　香格里拉市经济区位分析表

层级	区位	优势简述
省际	香格里拉市在康藏方向产生着200—300千米半径范围的经济吸引力，是滇藏经济走廊的重要节点	同西藏、四川经济联系紧密，是沟通川、滇、藏的重要经济枢纽，有利于融入川渝经济圈，实现区域间合作
省域	滇西北城镇群的重要增长极	在滇西北经济发展中有着龙头地位，能够优先发展，实现经济崛起
	昆明—丽江—迪庆—滇川藏大香格里拉区域对内开放经济走廊上的重要节点	有利于加快工业化、城镇化，区域之间实现合作，促进优势互补
	滇西北高原特色农产品及绿色食品工业原料基地	推动当地畜牧、天然药物、特色花卉等实现经济价值
州域	迪庆州的政治、经济、文化中心	有利于发挥中心城市集聚效应和辐射带动周边区域发展的作用，加快地方的经济建设

（五）旅游区位优势

从国家层面来看，香格里拉市是世界知名的旅游城市，是中国西南部重要的旅游区，以及中国大香格里拉旅游区的核心区和综合旅游服务中心。位于全国黄金旅游线路上，是内外旅游道路交通与航空交通的组织中心。从云南省的层面看，是滇西北“香格里拉生态旅游区”的重要旅游目的地和旅游接待中心，是迪庆州的旅游接待中心和集散中心，旅游产业是当地重要的经济增长点。

二 香格里拉市旅游业的发展布局

20世纪80年代香格里拉市旅游发展拉开了序幕，经过30多年的发展，取得了突飞猛进的发展，主要表现在三个方面。

（一）连续增长的游客规模

根据2004—2013年香格里拉县旅游人次情况来看，旅游接待人次和旅游收入都是持续增长的趋势，至2013年接待游客人次已突破900万，年均增长26.4%，接待海外游客90.7万人次，平均增长25.1%，实现旅游收入86.1亿元，年均增长22.9%，整体旅游发展势头良好。

表3-3 2004—2013年香格里拉县游客规模情况表

	总接待游客人次（万人次）	增长率（%）	海外游客（万人次）	增长率（%）	旅游总收入（亿元）	增长率（%）
2004年	114.80	26.0	10.70	1.0	—	—
2005年	145.80	27.0	16.30	52.3	16.6	—
2006年	231.07	58.5	25.80	58.3	20.3	22.2
2007年	286.29	23.9	30.73	19.1	24.6	19.7
2008年	328.75	14.8	41.50	35.0	30.6	25.8
2009年	394.59	20.0	49.18	18.5	42.0	37.4
2010年	452.2	14.6	54.6	11.0	46.2	10.0
2011年	613.2	35.6	64.9	18.9	58.1	25.9
2012年	757.2	23.5	75.7	16.6	70.4	21.2
2013年	907.2	19.8	90.7	19.8	86.1	22.2

（二）不断完善的基础设施

香格里拉市作为迪庆州的政治、经济、文化中心，基础设施建设正在不断完善中。交通网络体系已有一定规模，市际、县乡间公路的完善、丽香铁路、大丽高速的建设以及香格里拉机场的运营为香格里拉发挥辐射效应提供了前提。移动通信网络也已覆盖全县乡镇所在地、主要旅游景点景区和214国道沿线，城市环境和容貌不断地得到优化。

旅游接待设施能够满足游客“食、住、行、游、购、娱”的需要，为旅游业的发展提供了保障。至2013年底，香格里拉县已拥有各类宾馆、饭店、招待所365家，包括五星级酒店2家、4家四星级酒店、6家三星级酒店和9家二星级酒店。拥有旅行社22家、旅游车公司4家、旅游购物店21家、24家藏民家访经营单位和导游1400余人，三条旅游环线基本形成。饭店业、交通业、旅行社业、商品购物服务等行业构成了完整的旅游综合产业体系，旅游业已成为香格里拉的支柱产业。

（三）持续强化的景区景点数量和质量

香格里拉从20世纪80年代开始旅游资源初步开发，经过30多年的发展，许多景区的经营已初见成效，如普达措国家公园、松赞林寺、香格里拉大峡谷、虎跳峡国家公园、蓝月山谷等。哈巴雪山、尼汝村、千湖山等也吸引了一批户外徒步者。截至2013年底，全县共有A级景区14个，包括：1个5A级景区，4个4A级景区，2个3A级景区和7个2A级景区。数量、类型众多的景区景点丰富了香格里拉的旅游产品样式，有利于多条旅游线路的设计，扩大游客的选择空间，增强香格里拉的吸引力和竞争力。除了A级景区，香格里拉还有许多潜力巨大、尚待开发的资源，这些资源通过发挥后发优势推动香格里拉旅游业持续、稳定增长。

三　旅游品牌的建立与宣传

1997年“香格里拉”被确定在迪庆州，当地抓住这个机遇加大对旅游业的开发。自2001年中甸县更名为香格里拉县以来，当地充分利用“香格里拉”这一享誉世界的国际品牌借势造势，并先后获得“中国最值得外国人去的50个地方”“中国旅游业十大影响力品牌”“中国青年喜爱的旅游目的地”等美誉，这些荣誉增加了香格里拉市的知名度和影响力，吸引力得到迅速提升，经过多年的品牌营销，香格里拉市的旅游业正处于蓬勃发展中。

"一带一路"倡议背景下，香格里拉应采取"四个战略目标"和"四个发展基本理念"推动旅游业转型升级，引领滇西北国际旅游、休闲城镇旅游产业又好又快发展。

四 新形势下香格里拉市旅游业发展的战略目标

（一）打造多主体互动共生的区域治理模式战略目标

调整现行限于官产（即政府+企业）合作的旅游区域治理体制，扩大区域治理的主体范围，将"民"（社区民众）、"学"（研究机构）、"媒"（大众传媒）纳入治理结构系统，五力驱动，创新完善香格里拉市旅游发展的区域治理机制，建立健全"官产学民媒"合力兴旅的区域治理结构，营造"大旅游"的态势。要由大企业垄断资源开发的单一模式向企业与地方社区互动模式转型，建成旅游区块开发与社区进步相协调的发展格局，共同营造和谐香格里拉的发展环境。构建协调政府、企业、社区与旅游者之间的合理利益机制，切实改变景区繁华与社区落后的反差格局，引导社区居民按照世界一流、安全卫生、友好朴实、地方特色的原则，在不断提升社区居民生活水平和质量的基础上，建设高等级的休闲健康度假旅游目的地。

（二）积极提高旅游业品质效益战略目标

香格里拉市未来旅游业的发展必须实现从数量速度型向品质效益型转变。转型增效必须改变传统的片面强调数量和发展速度的发展模式，把旅游发展的品质和效益放在优先位置，探索香格里拉市旅游效益增长的方式，实行规模化经营，提升旅游产业素质，挖掘市场潜力，提高经营利润率，从以数量及速度型为特征的粗放型增长过渡到以品质及效益为核心的集约型增长。

强化产业政策调控，通过科学的产业政策，引导企业正确投资，指导产业健康发展。改变现有旅游企业数量多，规模小、散、弱的现状，着重培育品牌龙头企业，尤其要解决酒店业、旅馆业接待能力过剩而导致的新一轮恶性削价竞争问题和旅游房产等过度进入问题，并坚决杜绝旅游项目开发建设的随意性和盲目性，制止旅游资源低水准开发、重复性建设，严格控制低档酒店建设和一般性旅游产品开发。以效益为核心，以品牌为依托，全面提升旅游产业素质。

（三）迈向休闲度假发展战略目标

香格里拉市的旅游产品结构应从观光度假到度假观光转型，改变长期依靠低端观光产品主打市场的状况，适应国际上大众度假旅游时代来临的趋势，开发与国际、国内度假市场需求相适应的休闲度假产品。从挖掘现有观光产品度假内涵、全力创新度假产品以及大力发展“常居型度假”旅游产品三个层面，构建多主题、多元化、多层次的香格里拉独特的旅游度假产品体系，形成以精品品牌度假文化为特色的核心竞争力。

（四）全面提升三大效益的战略目标

转型增效不仅体现在经济效益的显著改善，还更多地表现为旅游整体形象的提升，经济、社会与生态环境等综合效益的实现，度假休闲观光旅游目的地服务品质的全面提升以及城市旅游综合竞争实力的全面提高。

香格里拉市应坚持以人为本，协调发展，树立全面可持续的发展观，以转型增效战略为统领，解决旅游业发展过程中存在的不全面、不协调的问题，尤其要注重旅游资源开发的可持续性，兼顾近期旅游开发与后代未来收益之间的发展关系，促进发展的良性循环，实现产业、经济、社会及生态的协调发展。

第四章

社会事业的发展与进步

第一节　民族教育事业的发展与进步

一　香格里拉教育沿革

（一）从传统到现代：清末至民国香格里拉教育发展沿革

历史上香格里拉文化教育受藏传佛教影响较大，教育的主要形式是寺院的佛学教育，其次是散布于各地的私塾学堂，境内没有一所中学。清雍正十三年（1735 年），州判辜文元在中甸（今香格里拉）设立义学五馆，这是香格里拉境内最早开办的汉语学校。① 在此之前，当地系统传承知识的主要方式为藏传佛教寺院对入寺僧尼使用藏文及藏语进行的宗教文化传承教育。乾隆二十二年（1757 年），裁撤尼西、格咱二馆，仅留三馆：一在大中甸境，一在小中甸境，一在江边境，各就其地以课该地民间子弟。②

光绪末年，清政府在川边推行新政，香格里拉才开始兴办现代学校。但清末至民国时期，香格里拉仅有小学教育，没有中学教育和学前教育。光绪三十年（1904 年），清政府在江边开办蒙养小学堂，光绪三十三年（1907 年），蒙养小学堂改为初等小学堂。同年，中甸同知阮大定在中甸

---

① 云南省中甸县地方志编纂委员会编纂：《中甸县志》，云南民族出版社 1997 年版，第 856、866 页。

② 云南省中甸县地方志编纂委员会编纂：《中甸县志》，云南民族出版社 1997 年版，第 869 页；光绪十年（1884 年）吴自修《新修中甸县志稿本》，见中甸县志编纂委员会办公室编印《中甸县志资料汇编》（二），1990 年，第 48 页。

县城创办蒙养古宗学堂，宣统二年（1910年）改办为小学校。民国元年（1912年）3月，知县冯舜生创办高、初两级小学，至民国八年（1919年），全县共有小学14所，其中高、初两级小学2所，初级小学12所，共有学生130人，教员19人。民国十九年（1930年），开始实施义务教育，民国二十四年（1935年）行政院颁布《实施义务教育暂行办法》，次年成立义务教育委员会，由各区乡保校董会代替，查实各区12—16周岁失学儿童数，强迫入学。至民国三十七年（1948年）全县有学校36所，学生1040名，教师59名。民国三十八年（1949年）下半年，多数学校停课。①

（二）中华人民共和国成立后香格里拉各类教育的发展沿革

1950年5月，新成立的人民政府设立文教科专门主管文化教育工作，除了恢复原有高、初两级小学，还在部分乡村新开设初级小学，全境学校总数达到55所，在校学生2071名。至1965年，公办、民办小学增至167所，有365个教学班，313名教师，在校学生达7646人，适龄儿童入学率高达94%。②

“文化大革命”期间，和全国其他地区一样，香格里拉也出现了师生“停课闹革命”等，影响了教学质量，直到1979年才得以逐渐恢复。

1981年，香格里拉创办了第一所民族小学，共招收2个班100名学生，同时在东旺、尼西、小中甸和县民族小学办了4个藏文教学试点班。学制逐步由“五年制”改为“六年制”。1984年9月，全境开设全寄宿制高小班35个班级，每班50人，共1750人。政府为每个寄宿学生补助衣服、被盖各一套，每月补助伙食费12元。当年，全市小学调整至297所，共有675个教学班，在校学生13073名。至1990年，全境共有小学300所，教职工963人，704个教学班，在校学生14232人，入学率达86.5%，巩固率达92.1%，毕业率达93.6%，普及率达82.7%。1981—1990年，开设课程包括思想品德、语文、数学、自然常识、体育、音乐、美术。③

中华人民共和国成立前，香格里拉无一所中学，当地学生小学毕业后

① 云南省中甸县地方志编纂委员会编纂：《中甸县志》，云南民族出版社1997年版，第856页。

② 云南省中甸县地方志编纂委员会编纂：《中甸县志》，云南民族出版社1997年版，第856—858页。

③ 云南省中甸县地方志编纂委员会编纂：《中甸县志》，云南民族出版社1997年版，第858、859页。

必须到丽江、鹤庆或剑川等地就读初中，到1949年，全县受过初中以上教育的仅有232人。1956年9月，中甸县第一中学建立，有教师2名，学生53名，学制三年。1959年，在金江吾竹建立中甸中学分校。1971年，又建立了2所中学，全县在校生达到910名。当年开始招收高中学生40名，学制二年。1975年，在三坝纳西族乡建立第四中学。1978年起，初、高中学制均为三年。至1990年，全县有完全中学1所（中甸一中），初级中学5所，共62个教学班，在校学生达3301人，教职工341人，其中专任教师215人。开设课程包括：政治、语文、数学、历史、物理、化学、农基、音乐、美术、体育、劳动，1978年后取消农基课，又增设了生物、生理卫生和地理课。①

1958年，香格里拉首次创办托儿所（中甸县托儿所），设所长1名，保育员2名，开设1个小班，1个中班，主要接纳州及县级机关干部职工子女入托。1963年，中心镇省立小学开设1个学前班，招收学生50名。1983年民办中心镇幼儿园建立，有教师2人，幼儿96人。1985年后，金江吾竹完小等一批中心完小都开始开办学前班。1987年，虎跳峡托儿所创办，有教师2人，入托幼儿14人。②

（三）香格里拉教育管理机构、师资及经费的发展沿革

香格里拉于民国年间才开始设立机关对教育进行管理。民国三年（1914年）设劝学总董一员。民国五年（1916年）改为劝学所，设所长一员、视学三员。民国十七年（1928年）改为教育局，设局长一员、县督学一员。③ 民国二十六年（1937年）加设教育委员一员。④

雍正年间创办的中甸义学五馆，从大理、鹤庆、丽江聘入馆师。⑤ 乾隆义

---

① 云南省中甸县地方志编纂委员会编纂：《中甸县志》，云南民族出版社1997年版，第860、862、863页。

② 云南省中甸县地方志编纂委员会编纂：《中甸县志》，云南民族出版社1997年版，第855页。

③ 民国二十一年（1932年）和清远《中甸县纂修县志材料》，见，中甸县志编纂委员会办公室编印《中甸县志资料汇编》（四），1991年，第59页。

④ 民国二十八年（1939年）段绥滋《中甸县志》，见，中甸县志编纂委员会办公室编印《中甸县志资料汇编》（三），1991年，第96页。

⑤ 云南省中甸县地方志编纂委员会编纂：《中甸县志》，云南民族出版社1997年版，第856、866页。

学三馆，馆师不拘何方何人，凡有品行端方、学业精萃者，即可延请。① 但直至民国初期，香格里拉的教师仍以鹤庆、丽江籍占多数。民国二十一年（1932 年），全县有初、高两级小学 31 所，34 班，学生 740 人，校长、教师大多从本籍高、初小毕业生或由外地毕业回县的师范生、初中生中聘任，共有教师 57 人。1950 年底至 1951 年，各级人民政府着手恢复学校，当年有教师 72 名。以后，丽江专署从内地调配给一批支边教师，至 1957 年，有教师 139 人。1958—1960 年，从中甸中学初师班毕业生中择优吸收一部分作公办或民办教师。1958 年，选送一批初中毕业生到丽江师范学习，1962 年后陆续回县任教。1965 年，又从历届初中、高中毕业生中选用一批民办教师。1966 年，全县有小学教师 319 人。1980 年起，迪庆师范先后有 375 名本籍毕业生充实到各学校。1982 年后，逐年有大专毕业生分配到各中学任教。至 1990 年，全县共有小学教师 898 人，中学专任教师 215 人。②

雍正义学五馆，设束脩银每馆 13 两 9 分，向中甸厅请领。乾隆义学三馆，每馆年束脩银 24 两，至光绪二十九年（1903 年），学馆束脩多为县官、地方士绅捐赠田亩出租，收取谷租维持义学教读。清末新政后，教育经费主要来自义学款及牲屠捐。民国时期，教育经费严重不足，多由各校自筹，向乡民或学生摊派。民国三十年（1941 年），各校经费开支有校产者由校产收支，校产收支不足者，每年由县教育局适当补助。民国三十六年、三十七年（1947 年、1948 年），除由县政府拨交专款外，还由教育局直接征收各乡牲屠税和酒税，然后下拨各校开支。1950 年后，教育经费纳入国家财政预算，每年由财政统一拨款核销。1956 年起，对山区少数民族子女入学者，免收学杂费，并设立人民助学金。1951—1967 年，教育支出占全县财政支出的比例从 1.2 增加到了 24.2%。“文化大革命”期间，比例略有下降，1975 年为 15.6%。1980 年，教育支出占全县财政支出的比例又增加到 20.1%。1988 年，教育经费支出占县财政支出的 26.8%，为历史最高年。③

---

① 云南省中甸县地方志编纂委员会编纂：《中甸县志》，云南民族出版社 1997 年版，第 869 页；（清）光绪十年（1884 年）吴自修《新修中甸志书稿本》，见中甸县志编纂委员会办公室编印《中甸县志资料汇编》（二），1990 年，第 48 页。

② 云南省中甸县地方志编纂委员会编纂：《中甸县志》，云南民族出版社 1997 年版，第 867 页。

③ 云南省中甸县地方志编纂委员会编纂：《中甸县志》，云南民族出版社 1997 年版，第 869 页。

二　21 世纪以来香格里拉教育发展状况

中华人民共和国成立后，香格里拉教育事业由小到大，由弱转强，不断健康成长，尤其是十一届三中全会以后，香格里拉教育事业更是呈现一派勃勃生机。21 世纪以来，随着社会经济飞速发展，国家推行教育综合改革和西部大开发，香格里拉的教育领域发生了翻天覆地的变化，教育基础设施得到了全面改善，教育综合改革结出了累累果实，香格里拉的教育历史又开始谱写新的篇章。随着教育改革不断深化，教育基础设施和办学条件明显改善，教学规模逐年扩大，教学结构、学校布局进一步优化，学校管理有效加强，教师队伍整体素质得到提高，办学水平有效提升，集中办学取得初步成效。

（一）“两基”工程有效推进

“两基”攻坚计划旨在使西部地区基本普及九年义务教育、基本扫除青壮年文盲，是 21 世纪初国家为提高国民素质，缩小东西部差距，促进当地经济发展和社会进步而制定的一项重大举措。中华人民共和国成立前，香格里拉儿童入学率极低，文盲率高达 90%以上，至 1949 年全县受过初中以上教育的仅有 232 人。自 1998 年基本实现“普及六年义务教育”工作目标，2000 年基本扫除青壮年文盲，2005 年以后文盲率已低于 1%（见表 4-1）。2005 年香格里拉初中阶段毛入学率达 99.5%，小学适龄儿童入学率达 99.5%，初中辍学率控制在 0.8%，小学辍学率控制在 0.3%（见表 4-2），“普及九年义务教育”工作经云南省人民政府验收通过，实现了基本普及义务教育目标，成为香格里拉教育史上里程碑式的一页，为进一步深化教育改革和教育发展奠定了良好基础。2010 年香格里拉“普九”工作通过了教育部、国家教育督导委员会“两基”国检验收，并获得云南省人民政府授予的“基本普及九年义务教育、基本扫除青壮年文盲先进单位”。2010—2014 年，香格里拉初中阶段毛入学率平均值达 108.22%，小学适龄儿童入学率平均值达 99.5%（见表 4-3）。

表 4-1　　2004—2006 年香格里拉扫除青壮年文盲情况统计表

	文盲数（人）	文盲率（%）	非文盲率（%）
2004 年	747	1.6	98.4
2005 年	965	0.8	99.2
2006 年	602	0.7	99.3

资料来源：香格里拉市教育局统计资料。

表 4-2　**2005 年香格里拉教育普及程度统计表**

小学入学率（%）	小学辍学率（%）	初中毛入学率（%）	中学辍学率（%）
99.5	0.3	99.5	0.8

资料来源：香格里拉市教育局统计资料。

表 4-3　**2010—2014 年香格里拉教育普及程度统计表**

	小学		初中	
	入学率（%）	辍学率（%）	入学率（%）	辍学率（%）
2010 年	99.2	0.4	102.1	2.3
2011 年	99.2	1.0	104.4	3.2
2012 年	99.6	0.5	107.8	3.1
2013 年	99.7	0.4	113.7	2.3
2014 年	99.7	0.3	113.1	2.0
最大值	99.7	1.0	113.7	3.2
最小值	99.2	100.2	101.2	102.2
平均值	99.5	0.5	108.2	2.6

资料来源：香格里拉市教育局统计资料。

（二）基础教育稳步发展，学校布局逐步优化

21 世纪以来，随着国家教育综合改革的全面推行，迪庆州于“十一五”期间提出了“州办高中，县办初中，乡镇办小学”的教育综合改革方案，随之进行了一场大刀阔斧的改革。为优化教育资源，实现公平教育，开始进行集中办学，对中小学采取了“撤、并、建”等措施。2006 年香格里拉共有学校 327 所，其中高中 2 所，普通初级中学 5 所，小学 316 所，幼儿园 4 所。2007 年共有学校 317 所，其中高中 2 所，普通初级中学 5 所，小学 306 所，幼儿园 4 所。2013 年全面实现了集中办学，学校总数撤并为 22 所，其中初中 3 所，小学 18 所，幼儿园 6 所；8 所小学成立了附属幼儿园（学前班）（见表 4-4）。①

表 4-4　**2006—2013 年香格里拉各类学校数量统计表**　单位：所

	幼儿园	小学	初中	高中	合计
2006 年	4	316	5	2	327
2007 年	4	306	5	2	317

① 香格里拉教育局：《香格里拉教育年鉴》，2014 年。

续表

	幼儿园	小学	初中	高中	合计
2008 年					255
2009 年	5	182	5	2	194
2010 年	5	60	5	2	72
2011 年	5	49	3		57
2012 年	5	33	3		41
2013 年	6	18	3		22

资料来源：香格里拉市教育局统计资料。2011 年起香市实行集中办学停办高中，州办高中。

2009 年香格里拉开始全面实施教改工程，通过向上级各部门和社会各界积极争取教改资金，教育基础设施得到了全面的改善。到 2015 年，香格里拉先后投入资金 71860.72 万元，完成了 176132.37 平方米的基础设施建设。全市义务教育阶段在校学生共有 17920 人，其中初中在校生 5438 人，共 108 个教学班，初中毛入学率 108.0%，巩固率为 98.6%；小学在校生 12482 人，共 333 个教学班，小学入学率为 99.7%，巩固率为 99.9%。全市共有教职工 1911 人，其中初中 518 人，专任教师 383 人，小学 1173 人，专任教师 1040 人。①

（三）推动“双语”教育发展，促进民族团结

香格里拉是一个多民族团结聚居的地方，境内居住有 9 个世居民族和 16 个其他少数民族，是一个以藏族为主体，多民族杂居的市，其中少数民族占全市人口数的 85.8%。在悠久的历史长河中香格里拉各族人民用自己的聪明才智，创造了光辉灿烂的民族文化，并用多种民族语言文字，交流信息，传播知识，发展经济。

香格里拉“十一五”规划提出“积极发展民族教育，弘扬民族文化”。至 2015 年，香格里拉开展藏文教学的已有 6 个乡镇，7 所学校，36 个教学班，受教学生达 1344 人。全市有藏文教师 12 人，现有的双语教师数基本能够满足教学需要。着力创造条件，创办其他少数民族语言双语教学，为保护和传承民族语言文字工作发挥积极的作用。2014 年 9 月，虎跳峡小学开设了彝文课。2015 年 9 月，三坝纳西族乡白水台小学开设了东巴文化课，下一步在其他有条件的学校也将陆续开设民族

① 相关数据由香格里拉市教育局办公室提供。

语文课。通过各方面的不懈努力，“十二五”规划所确立的“双语”教育发展目标已基本实现。为进一步促进民族地区“双语”教育教学质量的提高，香格里拉还十分重视加强双语教学教材建设，为与迪庆州藏文中学的教材相衔接，选用青海民族出版社出版的五省区协作藏文教材。从三年级开始开设藏汉双语课，将藏文课程的开设排入课表，每周开设4—6节课，保证每学期至少80—120课时。每学年由教育局组织专家对藏文课的开设情况进行督查，并由教育中心开展学年末藏文质量检测工作。香格里拉重视加强双语教师队伍建设，采取校本培训及组织教师参加省级培训等方式，开展对双语教师的培训工作。

（四）扎实推进学前教育发展

学前教育在教育领域中占据着基础地位，香格里拉为了提高学前教育质量，在进行科学规划和合理布局的前提下进行政府投资和社会资源的整合，一方面改善办园条件，一方面规范办园行为。认真制定学前教育发展规划，按成熟一家办一家的方法，在全市铺开学前教育，努力扩大学前教育的社会影响，提高人们对学前教育的正确认识，使全社会共同为学前教育事业奋斗。2005年，香格里拉幼儿园办园水平达云南省一级示范幼儿园标准，建塘镇幼儿园办园水平达云南省二级示范幼儿园标准。“3—6岁”幼儿入园率达18.9%。2006年，香格里拉共有幼儿园4所，2010年有5所，在园幼儿1271人。2013年，幼儿园数量增加到6所，在园幼儿数增加到1406人。2014年，幼儿园数量增加到7所。至2015年9月，香格里拉有1所市级幼儿园（下辖两个分园），民办幼儿园5所，乡（镇）、村办幼儿园32所，县级幼儿园教职工总计88人，在园儿童1037人；乡镇、村办幼儿园在园儿童1287人，民办幼儿园教职工总计59人，在园儿童622人。全市学前教育教职工总计147人（不含临时工人员），在园儿童总计2996人。全市开设学前班的有8所小学、8所幼儿园、在班儿童有1674人，学前班一年毛入学率为81.06%，比2001年提高75.02%，学前三年毛入学率为51.36%，比2001年提高45.34%。[①]

（五）切实加强师资队伍建设

教育以教师为本，教师是教育发展的基础，香格里拉历来注重教师队伍的建设。为了提高教师队伍的工作积极性和责任心，实施教师聘任制、

① 相关数据由香格里拉市教育局办公室提供。

校长轮岗制、末位淘汰制。为了提高教师道德素养和业务水平，香格里拉教育局非常重视教师的进修培训工作，认真实施省教育厅制定的“国培计划”和“省培计划”，每年暑假组织全市教师进行履职晋级培训、参加网上学习，每年选派一定数量的校长到上海等地培训学习。从2002—2015年，共有9865人次参加了培训，共派出36人次到外地挂职培训学习，共982人次参加了“国培计划”和“省培计划”。此外，香格里拉还积极创建名师工作室，邀请外地的名师、专家和学者切实加强教师队伍建设到本市各个学校举行讲座和培训，到2015年，已有12000多名教师参加了各类讲座和培训，创建6个中小学生工作室，共计60个工作室成员和300个学员。香格里拉建立了优良奖励机制，每年进行评选工作，包括骨干教师“学科带头人”“优秀校长”“优秀教师”“优秀班主任”“先进教育工作者”和“教育希望之星”，进行表彰鼓励。以上各项措施，在提高教师业务水平的同时也激发了他们的工作积极性，教学质量得到不断提高，教育环境得以良好循环发展。

（六）认真实施教育惠民政策

香格里拉从2004年开始实施“两免一补”政策，到2014年止，共免除教科书费和杂费8061.3万元，其中小学免费发放教科书233582套，初中免费发放教科书116538套，共计350120套。2004—2006年，共下达半寄宿制学校学生生活补助260.5万元。①

2007年开始实施高原农牧民子女学生生活补助，2011年发放“高原农牧民子女学生生活补助”2457万元。② 2012年发放“高原农牧民子女学生生活补助”3143万元。③ 2013年，春季享受高原农牧民生活补助的中小学学生共14310人，秋季享受高原农牧民生活补助的学生有14087人，全年共拨付补助资金3490.8万元。④ 到2014年止，共下达资金19381.38万元。⑤

---

① 相关数据由香格里拉市教育局办公室提供。

② 中共香格里拉县委员党史研究室、香格里拉县地方志编纂委员会办公室编：《香格里拉统计年鉴》，云南科技出版社2012年版。

③ 中共香格里拉县委员党史研究室、香格里拉县地方志编纂委员会办公室编：《香格里拉统计年鉴》，云南科技出版社2013年版。

④ 中共香格里拉县委员党史研究室、香格里拉县地方志编纂委员会办公室编：《香格里拉统计年鉴》，云南科技出版社2014年版。

⑤ 相关数据由香格里拉市教育局办公室提供。

2011年开始实施学生营养餐改善计划，到2014年共下达资金2358.44万元。截至2014年，上级对全县义务教育阶段的学生共投入了30061.68万元的资金，香格里拉教育实现了“不让一个学生因贫困而失学”的预期目标。①

生源地大学生助学贷款。2008年，香格里拉开始实施“国家开发银行生源地信用助学贷款”。2010年共受理生源地学生助学贷款321人，贷款总金额172.11万元。② 2012年共受理生源地学生助学贷款494人，贷款总金额273.967万元。③ 2013年共受理生源地学生助学贷款439人，贷款总金额252.129万元。④ 截至2015年，共发放助学贷款11743210元，受助学生达2098人。⑤

“贫困大学生救助”工程。从2007年开始，每年对考上大学的贫困学生资助30万元，已连续资助了8年，资助金达240万元，受助学生1522人。

教育惠民政策的实施，帮助农村贫困家庭解决了孩子上学的困难，使许多面临失学的孩子得以继续留在学校学习，由此，既解决了学校面临的生源流失问题，又让贫困的农村孩子获得了通过学习改变命运的机会。

（七）全面推进教育信息化建设

2003年，香格里拉中小学共投入322.2万元进行教育信息化建设，农村初中基本具备计算机教室，农村小学基本具备卫星教学收视点，农村小学教学点具备教学光盘播放设备和成套教学光盘。香格里拉教育从此开始走向信息化，现代远程教育成为当时最高配置的主流。2010年开始实施“班班通”工程建设，共建立了120套“班班通”工程，全市中小学进一步普及了信息技术教育。2012—2013年，共完成13个学校392.5万元的教育技术装备资金，同时完成176套电子白板的建设。为加快教育信息化建设，让每一个孩子都能受到优质教育，共享优质教育资源，香格里

① 相关数据由香格里拉市教育局办公室提供。

② 中共香格里拉县委员党史研究室、香格里拉县地方志编纂委员会办公室编：《香格里拉统计年鉴》，云南科技出版社2012年版。

③ 中共香格里拉县委员党史研究室、香格里拉县地方志编纂委员会办公室编：《香格里拉统计年鉴》，云南科技出版社2013年版。

④ 中共香格里拉县委员党史研究室、香格里拉县地方志编纂委员会办公室编：《香格里拉统计年鉴》，云南科技出版社2014年版。

⑤ 相关数据由香格里拉市教育局办公室提供。

拉市委、市政府领导在财政极为困难的情况下，下定决心推进教育信息化建设，2014 年 12 月 18 日与北京中国教学仪器设备有限公司达成教育信息化融资项目建设协议，项目内容为三年内投入 1500 万元，采购先进、高端的教育信息化设备，在全市中小学、幼儿园全面推进教育信息化建设。目前，所有设备已到位安装完毕，香格里拉教育信息化建设得到了飞速发展。如今，香格里拉教育系统有标准的教育服务器群，建设有控制中心兼视频会议主会场，有全自动高清录播室，有十大软件平台，有一流的阳光心理咨询室，有 180 多套覆盖全县四到九年级的智慧云教室，有 PAD 实验班，有云计算机教室。教育信息化建设项目的实施，将会为香格里拉的教育提供更多优质的服务，使香格里拉教育教学质量得到全面的提高。①

（八）以研导教，以教促研，全面提高教育教学质量

香格里拉重视教研工作，实施“以教带研，以研促教”的做法，在全市的教育机构定期开展教研和教学竞赛活动。名师工作室的主持人和成员还进行送教下乡活动。鼓励全市的教师参加各种教学竞赛，编写教学论文、教案，上公开课和示范课，积极申报课题研究。通过全体教育工作者的共同努力，开展了一系列的教研活动，使得香格里拉的教育改革稳步前进，教学质量有很大的提高。2014 年，香格里拉小学升学率为 97. 5%，初中毛升学率为 122. 5%，三所初中中考学生人数总计为 1444 人，其中 600 分以上的有 129 人。考入高中的人有 837 人，录取率为 57. 9%。②

三 存在的问题及思考

21 世纪进行教育综合改革后，随着集中办学的成功，香格里拉优化整合了教育资源，逐步形成了各具特色的学校。随着教育信息化建设的全面铺开，香格里拉的教育生态得到进一步优化，教育内涵品质得到明显提升。但同时，香格里拉教育的发展依旧存在着诸多的困难和挑战。

一是集中办学改革中的“村办学前教育”发展目标的实现依旧任重道远。全市 56 个村委会中 23 所村级幼儿园仍待筹资建设，缺乏学前教育专业教师，全市增校不增编的现象严重，学前教育覆盖全市的任务目标还

① 相关数据由香格里拉教育局办公室提供。

② 相关数据由香格里拉教育局办公室提供。

很艰巨。2015年，香格里拉乡（镇）、村办的32个幼儿园（学前教育办学点）中，只有9名学校下派的幼儿园管理员，无一位专业的幼师，也没有学前教育教师编制，教师都是从社会待业人员中聘请来的。有校舍，有生源，但无教师及教师编制，是目前香格里拉学前教育发展的最大困难。

二是部分专业教师和后勤人员严重不足。随着教育的不断深化改革，要求学校要具备各种专业教师，过去因为学校布点较为分散，一些专业教师紧缺，由其他专业教师兼任，严重影响了学生的全面发展，特别是专业性较强的音乐、美术和心理健康教师，很多学校都求而不得。实现集中办学后，全市22所学校中，有16所是寄宿学校，占72.7%，寄宿学生占全市学生总数的71.9%，因此学校后勤用工需求量增大。加上学生“营养餐”的实施及部分原在编后勤人员退休自然减员等原因，学校后勤用工紧缺问题越来越突出。同时，在聘临时工工资偏低，无力支付规定的“五险一金”，导致学校出现“留不住人，进不来人”的尴尬局面。后勤人员不稳定，特别是炊事员的不稳定，不仅增加了新上岗工作人员的培训成本，而且给学校餐饮安全管理带来隐患。但香格里拉教育除财政拨款外，并无其他资金来源，因而无力解决这些问题。

三是教师队伍素质整体亟待提高。随着社会的飞速发展，知识亦不断更新，但香格里拉地处边疆，教师队伍的思想、理念更新始终跟不上社会发展的步伐，必须进一步加强教师专业知识培训，加强教师的“国培计划”培训工作，加强与各高校的对口支持教育培训工作，以尽快构建一支综合素质高、能胜任现代教育发展需求，具有正确的教育理念、良好的职业形象、多元的知识结构、完善的能力结构、健康的心理素质的教师队伍。

四是学校基础设施建设亟待完善。在实施集中办学后，尽管香格里拉投入大量资金用于改善学校硬件设施，但还有少数设施不完善，如运动场、图书室、阅览室、实验室等设施较为简陋或缺乏。多数学校均缺乏供暖设施（目前仅有纳赤塘小学具备供暖设施），更不具备学生洗澡设施，学生洗脸洗脚都用冷水。香格里拉大部分学校地处高海拔地区，冬季较漫长，严寒的气候导致学校水管冻裂缺水，学生生冻疮等情况。这些不仅影响了正常的教育教学秩序，还不利于培养学生良好卫生行为习惯。

五是学校的课程教学改革有待持续深化。香格里拉目前在教育观念、课程设置、教学方法和质量评价等方面与素质教育要求还有差距。

六是教育信息化建设有待提高。虽然香格里拉的教育信息化建设已较完善，但信息技术在教育教学中的运用还不够充分，教育管理和服务效能评价、课堂教学评价、教师专业成长评价等方面信息化程度有待提升。在设备的正常使用等方面还需加强培训工作，才能让教育信息化真正起到应有的效应。

此外，香格里拉还应加快改革力度，健全机制，努力促进城乡教育均衡协调发展，最大限度地实现教育公平，缩短地区间教育水平的差距；增强学校的现代管理制度建设，构建民主、科学、法制的现代教育管理体系，全面提高学校现代管理能力，消除“千校一面”的现象。切实转变“素质教育轰轰烈烈、应试教育扎扎实实”的现状，从根源转变教育观念，改变传统教育评价方式，切实推动素质教育进程，减轻学生负担，促进学生的全面健康发展。

第二节 医疗卫生事业的发展与进步

新中国成立前，香格里拉的医疗卫生事业发展缓慢，基础薄弱。民国三十三年（1944 年），香格里拉才首次设立卫生院。[①] 中华人民共和国成立后，经过近半个世纪的逐步发展，香格里拉的医疗卫生能力和人民健康水平日益提高。截至 1990 年，香格里拉总共设有 15 个医疗卫生机构，全系统有职工 320 人，其中卫技人员 257 人；全县设有村级医疗点 51 个，有村医 47 人，基本形成了初具规模的农村卫生保健网。[②] 进入 21 世纪以后，香格里拉的医疗卫生事业得到了更大的发展，初步形成多层次、多类型和不同特色的医疗卫生服务体系，人民群众的健康水平得到了进一步的提高。

一 医药事业的发展

（一）新型农村合作医疗制度的实施与成效

新型农村合作医疗制度的实施，无疑是 21 世纪以来香格里拉医疗事业发展中最富有成效和影响力的工作。2002 年 10 月，《中共中央国务院

① 云南省中甸县地方志编纂委员会编纂：《中甸县志》，云南民族出版社 1997 年版，第 871 页。

② 云南省中甸县地方志编纂委员会编纂：《中甸县志》，云南民族出版社 1997 年版，第 873、875 页。

关于进一步加强农村卫生工作的决定》明确指出："逐步建立以大病统筹为主的新型农村合作医疗制度""到2010年，新型农村合作医疗制度要基本覆盖农村居民"。

新型农村合作医疗是一项真正的惠农工程、民心工程。香格里拉为开展新型农村合作医疗制度做了很多努力。首先，建立了由市、乡（镇）两级政府领导，卫生部门主管，相关部门配合，经办机构运作，医疗机构服务，农民群众参与的管理运行机制。其次，广泛宣传，积极营造自愿参与的氛围，并形成了符合实际的统筹补偿方案和现场结报办法。再次，建立起了与新农合制度相互衔接、互为补充的大病医疗保险制度。最后，认真开展系列新型农村合作医疗惠民工作，把经济效益与社会效益相统一，把人民群众利益放在首位，切实提高服务质量，降低医药费用，让群众满意，让广大农民群众感受到党和政府对农民群众身体健康的关心，有效控制农民群众"因病致贫、因病返贫"。

2001年，香格里拉小中甸镇率先启动农村合作医疗试点工作，每年各级政府对参合农民人均补助40元，个人集资10元。① 到2002年底，有24个行政村开展了农村合作医疗。② 2003年8月，香格里拉全县启动新型农村合作医疗试点工作。随着新型农村合作医疗工作的全面开展，参合农民群众在新型农村合作医疗中得到更多的补偿。2008年，提高了各级政府补助资金，从人均补助40元增加到人均补助90元，个人集资仍为10元。根据新农合资金每年补偿情况，地方政府仍会不断提高门诊及住院补偿比例。③ 2016年，新型农村合作医疗参合标准调整为：每人每年缴纳30元（其中县级政府5元），中央财政每人每年补助60元、省级财政每人每年补助60元。④

2012年，香格里拉卫生局制定下发了《关于做好2012年乡镇新型农村合作医疗有关工作的通知》《关于认真做好新农合定点医疗机构即时结报工作的通知》，明确了乡镇合管办、定点医疗机构的工作要求及职责，并对县域内定点医疗机构实行现场结报，从而简化报销程序、方便群众报销。

---

① 香格里拉县小中甸镇人民政府编印：《香格里拉县小中甸镇志》，2010年，第258页。

② 胡守敬、罗家洪等：《云南香格里拉县新型农村合作医疗初步研究》，《中国新医药》2004年第1期。

③ 香格里拉县小中甸镇人民政府编印：《香格里拉县小中甸镇志》，2010年，第258页。

④ 联合村委会公告栏，2016年8月。

2013 年人均筹资标准 340 元，2014 年筹资水平提高到 380 元，其中中央、省财政给每人补助 320 元，剩余的 60 元，如果没有参与新农合，则由农民自己支付，参与新农合后，由香格里拉市民政局每人补助 50 元，市政府补助 10 元。政府部门的大力资助，极大地提高了农民参加新农合的积极性。据统计，截至 2014 年 12 月 30 日，香格里拉市应参加新农合的农业人口有 113421 人，实际有 113421 人参加新农合，参合率达到了 100%。①

除了给予筹资的补助，在医疗报销中实行“以大病补偿为主，小病补偿为辅”的原则。截至 2014 年 10 月 20 日，新农合资金共减免 3596.4 万元门诊及住院医药费用。其中门诊减免 15.47 万人次，减免金额总计达到 428.2 万元，每次平均减免 27.7 元；住院补偿 9727 人次，补偿金额达到 3065.9 万元，每次平均补偿 3152.0 元；住院分娩补偿 969 人次，补偿费用总计 102.2 万元，每次平均补偿 1055.2 元。当年资金使用率为 83.4%，门诊资金占 14.0%。②

（二）医疗设施加强建设，人才队伍逐步培养

21 世纪以来，随着新型农村合作医疗制度的实施，香格里拉的医疗基础设施建设和人才培养也得到了加强。截至 2013 年 10 月，香格里拉设有 15 个医疗卫生机构，营利性诊所 38 个，学校医务室 3 个，共有职工 362 人，其中卫技人员 298 人。卫技人员中具有高级职称的人数占 13%，中级职称占 26%。此外，香格里拉市还设了 51 个村级卫生室和 203 个农家卫生室，共有 63 名村医和 203 名农家卫生员。乡镇卫生院共有病床 149 张，平均每千人拥有病床 1.2 张，农村卫生保健网已初具规模。

香格里拉的医疗设施建设，一方面是增建新的医疗机构和采购新的医疗设备，另一方面则是对已有的医疗机构进行搬迁、扩建或改造。2012 年，投资 100 万元用于香格里拉卫生监督所（建筑面积 1000 平方米）整体搬迁；洛吉乡卫生院医技楼（建筑面积 800 平方米）、五境乡卫生院住院楼（建筑面积 500 平方米）、上江乡业务用房（建筑面积 600 平方米）开工建设；完成虎跳峡镇红旗村、上江乡福库村、三坝纳西族乡安南村村卫生室建设项目；采购医疗器械 305 万元。2014 年，投资 1035.00

① 相关数据由香格里拉市卫计局办公室提供。

② 相关数据由香格里拉市卫计局办公室提供。

万元完成了香格里拉疾控中心（建筑面积共 3146.5 平方米）整体搬迁；投资 125 万元，完成东旺乡卫生院门诊综合楼的主体工程建设；投资 86 万元建设村级卫生室 7 个，总面积达 630 平方米。全市投资 169.0 万元购置了新的医疗设备。

在加强硬件设施建设的基础上，香格里拉还注重人才队伍的培养和建设。一是优化人才队伍建设，分层次引进、充实卫生专业技术人员；二是有计划加强培训，提高现有人员综合素质；三是积极稳妥的深化卫生体制、卫生人事制度改革，严格实行绩效考核制度。

首先，进入 21 世纪后香格里拉的医疗从业人员数实现了成倍增长，从 2002 年的 512 人增加到了 2014 年的 1253 人（见表 4-5）。其次，香格里拉还对乡镇卫生院和村卫生室人员开展各种培训，同时包括对基层医疗卫生机构开展人才招聘和培养。2014 年，迪庆州卫生局和香格里拉市卫生局联合举办了三期对村卫生人员的技术培训，为期两周，一共培训 107 人次，包括对药学、能西会中和其他一些适用的技术培训。还组织 47 人次参加急诊急救知识培训一期，59 人次参加国家基本药物临床应用培训一期。组织包括中医全科 1 人共 4 人次参加全市全科医师转岗培训，4 人次参加全科医师师资培训，3 人次完成中医药业务骨干到省级学习适宜技术培训。30 人次贫困地区乡镇卫生院儿科医生、儿童保健人员到州外进行短期的理论和临床实践培训。20 人次参加乡镇卫生院能西会中人才培养，11 人次参加乡镇卫生院药学人员培训。1 人次参加贫困地区儿童听力筛查师资培训。共招聘 2 名特岗全科医生，分别到格咱和洛吉卫生院扶持业务工作。2014 年卫生系统事业单位共招聘 46 名医生技术人员，包括 1 名中医学本科生、12 名五年制大学专科生。市卫计局还和 10 名国家级和省级定向培养免费医学生签订了培养合同。市妇幼保健院和市疾病预防控制中心还对上江、格咱、五境、金江、洛吉卫生院的业务工作给予支援和考核。最后，香格里拉建立健全激励机制和绩效考核，重新核定了基层医疗机构人员编制，全员实行聘用制度和岗位管理制度，科学的设置岗位，包括管理岗位、专业技术岗位、工勤技能岗位三种类别，实现了岗位、责任、目标、管理的统一。香格里拉存在着基层医疗单位人员流动大、专业技术难留的情况，针对这种困境，一方面加强基层医疗单位硬件设施建设，一方面增加对基层工作人员的激励和保障力度。为促进医务人员的工作积极性，让基层医疗单位不再人才流失，制定实施了《香格里拉医务工作人员绩效考核激励机制》和《香格里拉医疗风险互助基金机制试行办法》，建立医疗风险互助基金，实行了二次绩效制度；同时，为了能留得住患者，构建了医疗纠纷调解机制。①

表 4-5　　2002—2014 年香格里拉医疗卫生情况统计表

	计量单位	2002 年	2006 年	2007 年	2008 年	2009 年	2010 年	2011 年	2012 年	2013 年	2014 年
一、机构数	个	88	97		100	99	110	116	118	117	114
1. 医院	个						3	8	5	6	6
综合医院	个						3	7	4	5	5
民族医院	个							1	1	1	
专科医院	个										
2. 基层医疗卫生机构	个	85	94		97	96	53	105	107	103	100
乡镇卫生院	个	11	11	11	11	11	12	12	12	12	12
村卫生室	个	54	52		52	52	51	53	53	53	53
门诊部	个							1	42	1	34
诊所卫生所医务室护理站	个	20	31		34	33	41	39		36	
3. 公共卫生机构	个	3	3	3	3	3	3	6	6	7	7
疾病预防控制中心（防疫站）	个	1	1	1	1	1	1	2	2	2	2
妇幼保健院（所、站）	个	1	1	1	1	1	1	1	1	1	1
急救中心（站）	个										
采供血结构	个							1	1	1	
卫生监督所	个	1	1	1	1	1	1	2	2	2	2
计划生育技术服务机构	个									1	
二、床位数	张						219	471	528	631	688
1. 医院	张						60	310	367	470	526
综合医院	张						60	280	317	410	426

① 相关数据由香格里拉市卫生局办公室提供。

续表

	计量单位	2002 年	2006 年	2007 年	2008 年	2009 年	2010 年	2011 年	2012 年	2013 年	2014 年
2. 基层卫生机构	张						147	149	149	155	156
乡镇卫生院	张						147	149	149	149	150
3. 公共卫生机构	张						12	12	12	6	6
妇幼保健院(所、站)	张						12	12	12	6	6
三、从业人员数	人	512	338		346	351	608	932	1067	1202	1253
1. 卫生技术人员	人	376	277	285	276	289	351	844	870	932	1006
执业（助理医师）	人						240	410	422	470	468
执业医师	人						195	352	350	387	397
注册护士	人						114	215	222	261	283
药师（士）	人						11	31	30	25	28
技师（士）	人						19	29	49	51	51
检验师（士）	人							23	39	38	39
其他	人						121	159	147	125	176
2. 乡村医生和卫生员	人							7	5	41	30
3. 其他技术人员	人							48	49	66	44
4. 管理人员	人							21	21	32	42
5. 工勤技能人员	人							12	122	131	131

资料来源：《香格里拉年鉴》（2003 年、2007—2015 年）。

（三）整合医疗资源，完善医疗服务体系

为完善医疗服务体系，香格里拉对医疗资源进行整合。一方面，鼓励和引导社会资本办医，探索公司合作办医模式。建塘镇卫生院和大理民族医院在 2014 年初步达成合作经营意向，将民间资本和医疗资源引进公立医院。香格里拉根据《香格里拉卫生区域规划》《香格里拉医疗机构设置规划》和 2013 年 4 月 28 日市人民政府常委会议纪要第三期的精神，利用现有卫生技术人员资源设置了 1 家企业医务室和 2 家社会资本举办的医疗机构。因为乡镇卫生院缺人，科室建设滞后，乡村一体化管理工作难度

大，市卫生局经过认真研究，制定出台《香格里拉村卫生室管理改革实施方案》，实行公办私营改革，增加村医资格考试，鼓励有经验的退休医技人员和未取得执业资格的闲置人员办医，提高基层医疗服务水平，有效利用资源。另一方面，对现有的医疗设备、人员和技术资源进行整合。香格里拉金江镇卫生院和上江乡卫生院的资源已获得有效整合，共同开展正常分娩、剖腹产及一般普外科手术工作。现在这两家卫生院之间实现了设备和人才共享，已联合开展1台剖腹产手术和3例阑尾手术。香格里拉还推行了执业医师多点执业试点工作，多点执业将进一步缓解基层人员紧缺和资源分布不均的情况，解决部分地方群众看病难的问题。

医疗服务体系的完善还体现在医务人员服务意识的提高以及服务方式的改进上。在加强培养业务素质的同时，香格里拉还在医疗从业人员中深入开展医德医风教育活动。还开展了“群众路线”主题实践教育活动，将教育活动与实际工作紧密结合，以提高医疗服务质量，服务好人民群众，提高满意度和信任度。

香格里拉还积极推行基层医疗机构主动服务、上门服务方式，为辖区居民提供基本药物、基本医疗和公共卫生服务，方便群众就医。市妇幼保健院对城市社区卫生服务中心进行保健包服务项目工作的全方位帮扶，包括技术支持、人员培训、经营管理等方面，实行托管。到2014年末，市妇幼保健院4名医务人员及300多万设备投入到城市社区卫生服务中心，完善了社区卫生服务中心内部运行基础，建立了以“医疗、预防、保健、康复、健康教育”五位一体的社区卫生服务中心。同时通过强化内部管理，增强了工作人员的服务意识，提高了诊疗能力，通过实施一体化管理，建立上下级医院双向转诊，从而形成了科学、合理、完善、有序的市域医疗体系。实行技术双向流动和患者双向转诊制度，有效整合市域医疗服务资源，解决了群众看病不方便的问题，满足了人民群众医疗保健需求。

（四）药物制度的落实和推进

香格里拉从2010年11月开始实施基本药物试点工作，先后制定了《香格里拉县国家基本药物制度实施方案》《香格里拉县实施基本药物制度工作方案》，到2011年基本完成了药物制度改革的相关培训、规范和宣传工作。（1）组织全市相关单位领导及业务人员参加了医改知识培训，共有301名卫技人员参加了网上医改知识培训。（2）对卫生院进药渠道进行了规范，对库存的非目录药品进行限时销售。（3）各医疗机构采取形式多样的方式（包括召开职工大会、问卷测试、标语、宣传栏、公示栏、宣传资料等）进行医改政策宣传，形成人人知晓医改，人人参与医改的良好局面。2012年以后，香格里拉药物工作得到进一步的落实和推动。（1）加强监管，将基本药物采购、配送、使用纳入卫生院综合考核目标，考核结果与卫生院补偿资金兑付、绩效工资总额挂钩。将实施基本药物的面扩大至农家卫生室一级。2012年，全市11个乡（镇）卫生院52个村卫生室配备和使用率均达到100%；市妇幼保健院基药采购使用率达30%以上。（2）卫生局统一制作《云南省基本药物目录》公示栏进行公示，让基本药物价格做到公开透明，方便群众选择用药。基本药物制度的逐步有效推进，极大减轻群众医药费用负担。（3）规范药品集中采购，从2012年5月起，市卫生局设立基药采购办，配备专用电脑及网线，专人负责药品集中采购。市财政安排300万元药品周转资金，确保网上集中采购基本药物工作顺利实施，从而规范完善了基层医疗机构基本药物的采购、储备、使用等管理机制，截至12月25日，全市网上集中统一采购药品452万元，1—11月药品销售638.4万元。[①]

2013年，香格里拉制定并下发了《香格里拉基层医疗卫生机构基本药物和补充药品使用和采购试行办法》，基层医疗机构的药物采购销售行为严格执行国家基本药物采购及零差率销售政策，同时设置卫生局集中审批权限，有效地控制了采购限购药品和补充药品的比例，加大了采购、使用基本药物的监督和检查力度，并将基本药物目录药品全部纳入医保和新农合范围。至2014年根据云南省卫生厅、云南省药品集中采购招标局的要求，全市各医疗卫生机构执行国家基本药物集中采购、统一配送的原则，全面在网络平台进行集中采购，并实行国家基本药物点对点采购，基本药物集中采购配备和使用率达到了100%，国家基本药物的平台采购统计达670个品种（含省补品种），全市基层卫生院进行行业零差率销售。2013年12月至2014年11月25日，全市基层卫生院、社区中心年在平台集中采购国家基层药物总金额为1126.5万元。[②]

（五）积极开展专项医疗和公益医疗活动

香格里拉从2012年开始开展“光明工程”，积极创建“白内障无障

① 相关数据由香格里拉市卫生局办公室提供。

② 相关数据由香格里拉市卫生局办公室提供。

碍县”。香格里拉卫生局认真开展白内障病人筛查工作，与相关部门配合深入到虎跳峡镇、开发区、金江镇、五境乡、上江乡等五个乡镇免费进行白内障康复复明手术。2012 年，对近千名白内障疑似患者进行了筛查，最终筛查出 500 人，其中有 230 名患者符合手术要求。2012 年 8 月 18 日，在上江乡卫生院对这些患者集中进行手术，此次共完成 200 例手术。2013 年共完成 112 例白内障复明手术。

2013 年 8 月 28 日和 31 日香格里拉发生地震，当地医务人员充分发扬人道主义精神，积极参与抗震救灾。地震发生后，各医疗卫生单位第一时间组织医护人员赶往灾区一线开展抗震救灾医疗救治和卫生防疫工作，同时组织了抗震救灾医疗预备队随时待命。救灾期间，往一线灾区共安排救护车辆 287 车次，派出医护人员 1615 人次，对 81 个临时安置点的临时安置人口 11204 人开展医疗救治、健康知识宣传、卫生防疫等工作。派出防疫人员现场消杀，累计面积为 108 万平方米。并统一采购、调配抗震救灾药品至一线灾区，采购金额共计 155481.0 元，其中诊疗药品 134942.0 元，消杀药品 20569.0 元。此外，香格里拉人民医院亦接收诊治了由灾区转运的 22 名伤员，以及其他灾区人员 7392 人，并对灾区群众开展心理疏导，共计 745 人次。①

2014 年 7 月，香格里拉开展了“同心共铸中国心”大型公益活动。首先进行了“红十团”义诊，共有 25 名专家和 155 名志愿者参加此次活动，他们分别前往香格里拉人民医院、香格里拉市的 7 个乡镇卫生院、1 个妇幼保健院、7 个村卫生室、1 个孤儿院及松赞林寺等进行义诊。最终接受义诊的人数达 15026 人，其中包括松赞林寺僧人 230 人。其间，因上江乡发生泥石流，义诊专家还参与了现场抢险，为受伤患者进行救治。在进行义诊活动期间，专家们还带教查房 160 人次；同时开展了两场知识大讲堂，共有 430 人参加；开展了 17 场知识培训讲座，共培训 1160 人。迪庆州卫生局、香格里拉市卫生局还根据义诊结果，将接受义诊的 35 名先心病、脑瘫、骨科患者转诊到北京接受治疗，共有 33 名患者得以康复。

（六）大力推动中医药、民族医药事业发展

香格里拉既有丰富的地理环境和自然资源、多样的气候生态系统和物种资源，又有多元的民族文化，这些民族文化的碰撞与融合孕育出了香格

① 相关数据由香格里拉市卫生局办公室提供。

里拉丰富的民族医药文化。香格里拉自古以来就有多个民族往来、迁徙，其文化逐渐形成以藏文化为主体，汉文化、纳西族文化、白族文化兼容并蓄的局面。其医学也随之形成了兼容并蓄的特点，藏医药、中医药、纳西族医药、白族医药等在此相互融合、共同发展。

2009 年，国务院先后下发了《中共中央国务院关于深化医疗卫生体制改革的意见》和《国务院关于扶持和促进中医药事业发展的若干意见》两份文件，提出要坚持中西医并重的方针，充分发挥中医药作用，并动员各方面力量共同促进中医药事业发展。2013 年，香格里拉卫生局根据本地实际情况制定出切实可行的发展规划，积极推进中医药、民族医药事业发展，推进中医药进乡村、进社区、进家庭，以提高人民群众健康水平。① 香格里拉的中草药资源十分丰富，有虫草、贝母、秦艽、大黄、丹参、雪莲花、红景天、藏红花和党参等。近年来，香格里拉市因地制宜，大力推广中药材种植，积极探索农业产业结构调整，很多乡镇已将中药材种植发展成了当地的特色产业之一。2013 年，全市种植玛咖 9580 亩、重楼 250 亩、秦艽 210 亩、木香 100 亩、党参 10 亩，有的乡镇还种植了白术、桔梗、川芎等中药材。小中甸镇还引进昆明康嘉乐生物科技有限公司，采取“公司+基地+农户”的发展模式，在和平村投资 2250 万元推广玛咖种植 4999. 8 亩。积极引导以香格里拉市忠浩野生中药材有限公司为典型的农村致富带头人，通过采取政府帮助协调和支持部分资金、企业投资和联系销售渠道、群众投劳和出租部分土地的方式探索重楼、秦艽等中药材种植。②

香格里拉的居民主要为藏族，除西医、中医外，他们还常会结合藏医治疗疾病。香格里拉藏医药既与传统藏医药有着一脉相承的关系，又因地制宜地发展出自身的特性。突出表现在香格里拉藏医在药物选择上多采用就地取材的方式，对于当地稀缺的传统藏医用植物，常常会用当地出产的类似植物替代。例如香格里拉藏医在绿绒蒿属植物的用药上就与传统的西藏、青海藏区有较大的差别。据《晶珠本草》记载，绿绒蒿是藏医特有的药物，其“味苦，功效为清骨热，为治头骨创伤最有疗效之药”。表 4-6为香格里拉传统藏医用植物与传藏医用植物绿绒蒿的比较，说明香

① 相关数据由香格里拉市卫生局办公室提供。

② 中共香格里拉县委员党史研究室、香格里拉县地方志编纂委员会办公室编：《香格里拉统计年鉴》，云南科技出版社 2014 年版。

格里拉藏医与传统藏医使用的绿绒蒿是同一属中的不同种。①

表 4-6　香格里拉藏医用植物与传统藏医用植物比较表

藏医用绿绒蒿类别	传统藏医用植物	香格里拉藏医用植物
“刺儿恩”	多刺绿绒蒿	总状绿绒蒿
“阿夏择哦 ”	川西绿绒蒿	美丽绿绒蒿
“欧贝玛保”	红花绿绒蒿	长叶绿绒蒿
“欧贝赛保 ”	全缘叶绿绒蒿	轮叶绿绒蒿

资料来源：罗艳秋、郑进：《论迪庆藏医学的特点》，《云南中医学院学报》2007 年第 4 期。

藏医技术具有浓郁的民族特色，如民间流行的“苯医”，主要有放血、火灸、涂擦三种疗法。放血疗法主治各种跌打损伤或久病成瘀的病症；火灸疗法主治寒性头痛，风寒湿邪阻滞经络的各种病症；涂擦疗法主治扭伤、关节脱位、骨折复位等外伤杂症。② 藏医的诊断方法为望、摸、问三法，其方式是：摸脉法（切诊），据脉候作诊断与治疗的依据；尿诊法，以观察病人尿液的色、味和漂浮物、絮状物等，作为施治的依据。③ 新中国成立前，藏医多集中于寺院，也有少数藏医开设家庭诊所。1962 年以后，许多医学专家专程到迪庆，与当地藏医合作，整理出藏药 200 多种，其中 10 种是珍藏多年的藏药样品。④

二　公共卫生服务的完善

（一）实施公共卫生服务均等化

香格里拉自 2009 年开始实施基本公共卫生服务逐步均等化。每年根据资金到位情况，结合各医疗机构的工作量及上年度工作完成情况，制定基本公共卫生服务项目资金预拨方案，实行年初预拨，年终追拨，年底结算的模式，做到足额下拨，专款专用。2012 年，香格里拉获得公共卫生专项资金 325 万元，其中 260 万元为中央补助资金，65 万元为云南省补助资金。2013 年和 2014 年，共获得公共卫生专项资金 847. 8 万元。

① 罗艳秋、郑进：《论迪庆藏医学的特点》，《云南中医学院学报》2007 年第 4 期。

② 云南省中甸县地方志编纂委员会编纂：《中甸县志》，云南民族出版社 1997 年版，第 887 页。

③ 李茂春主编：《新编迪庆风物志》，云南人民出版社 1994 年版，第 140 页。

④ 李茂春主编：《新编迪庆风物志》，云南人民出版社 1994 年版，第 139—140 页。

香格里拉按照规定认真组织实施 5 类 13 项国家基本公共卫生服务项目，进一步规范服务。一是建立居民健康电子档案。2012 年纸质建档人数为 105751 人，建档率为 61.1%，电子档案建档人数为 102237 人，建档率为 59.1%；2014 年建立居民健康电子档案 124681 人，建档率为 65.4。二是开展慢性病规范管理工作。2012 年高血压管理人数为 4213 人，糖尿病管理人数为 320 人，重性精神病管理人数为 124 人；2013 年管理高血压患者 5261 人，管理糖尿病患者 443 人，管理重性精神病人数为 526 人；2014 年管理高血压患者 5965 人，规范管理糖尿病患者 531 人，重性精神病管理人数为 568 人。三是认真按照老年人管理规范对 65 岁以上老年人进行管理。2012 年，65 岁以上老年人管理人数为 7630 人，管理率为 56.6%；2014 年，65 岁以上老年人管理人数为 10506 人，管理率为 51.4%。四是积极开展健康教育工作。各单位根据各自的情况开展了多种多样的健康教育活动，卫生局还统一制作了《公民健康素养 66 图解》下发至各乡镇卫生院和村卫生室。全市各医疗卫生单位及所有村卫生室均设立了健康教育宣传栏，每月定期更换健康教育内容。2012 年，设置健康教育宣传栏 107 个发放宣传资料 62126 份，开展公共健康教育咨询 756 次，举办健康教育知识讲座 271 次，播放 6 种音像资料 50 次；2013 年，设置健康教育宣传栏 108 个，更新宣传内容 434 期，开展公众健康咨询活动 89 次，健康教育知识讲座 381 次，发放健康宣传材料 51454 份；2014 年，设置健康教育宣传栏 82 个，更新宣传内容 12 期，开展公众健康咨询活动 90 次，健康教育知识讲座 358 次，发放健康宣传材料 358 份。五是认真贯彻“预防为主”的方针，严格落实传染病防治各项措施，做好结核、艾滋病、肝炎、手足口病等重大疾病防治工作，及时处理重大疫情。对全市 11 个乡（镇）卫生院计划免疫门诊进行规范管理。

（二）稳步推进妇幼健康计划

2012 年，云南省将“妇幼健康计划”列为十件实事之一，该计划以切实降低孕产妇死亡率、婴儿死亡率及新生儿出生缺陷率为目标。为实施好“妇幼健康计划”，香格里拉随即制定下发了《香格里拉县妇幼健康计划方案》《香格里拉县免费婚前医学检查实施方案》《香格里拉县农村孕产妇住院分娩项目实施方案》以及《香格里拉县新生儿疾病筛查实施方案》等，明确部门职责、细化工作方案、落实工作责任。2012 年 7 月 31 日，香格里拉市“妇幼健康计划”正式启动实施。

2012 年，婚前医学检查人数达 459 人，检查率为 39.3%，远远超出云南省 20%的要求；新生儿疾病筛查 230 人、听力筛查 251 人，筛查率分别为 18.3%和 20%；为 8423 名农村妇女做了宫颈癌筛查，完成率达 52.6%。2013 年，婚前医学检查数为 1302 人，检查率达 63.2%；筛查新生儿遗传代谢性疾病数为 1123 人，听力筛查 1248 人，筛查率分别达到 82.4%和 91.6%；为 5000 名农村妇女筛查宫颈癌，完成率为 100%。2014 年，婚前医学检查数为 986 人，检查率达 53.6%；为 1175 个新生儿进行疾病筛查，为 1063 个新生儿进行听力筛查，筛查率分别达到 99.3%和 89.9%；为 4222 名农村妇女进行宫颈癌检查，完成率达 100%。

2013 年，又实施了农村孕产妇住院分娩补助项目，并进一步加强对孕产妇和 7 岁以下儿童的健康管理。2013 年共有 1183 名农村孕产妇获得住院分娩补助，补助金额为 47 万元。孕产妇住院分娩率达到 98.5%，5 岁以下儿童死亡率 14.8‰，婴儿死亡率 13.5‰，新生儿破伤风死亡率为 0。2014 年共对 1242 名农村产妇给予住院分娩补助，补助金额为 45 万元。孕产妇住院分娩率为 99.87%（高危孕产妇住院分娩率 100%），死亡率为 0，婴儿死亡率 13.5‰，5 岁以下儿童死亡率 15.4‰，新生儿破伤风死亡率为 0。[①]

（三）抓好艾滋病防治工作

2009 年，为落实《艾滋病防治条例》和《中国遏制与防治艾滋病行动计划（2006—2010 年）》，推动全国艾滋病防治工作深入开展，卫生部决定启动第二轮示范区工作，工作周期五年（2009—2013 年）。[②] 香格里拉入选云南省第二轮示范区，按照《第二轮全国艾滋病综合防治示范区工作指导方案》的要求，开展了多种形式的动员、宣传、干预、治疗等工作。

1. 开展高危人群督导宣传教育和干预活动。2012 年，对城区 20 家娱乐场所艾滋病高危人群每月每个场所干预 1 次，共干预高危人群 2230 人次，发放安全套 22300 只；发放宣传资料 61000 多份；免费摆放安全套 52700 只，育龄人群免费发放避孕套 156350 只。

2. 落实监测、检测、干预和防治措施，提高防控能力。2012 年自愿

① 香格里拉卫生局：《香格里拉卫生局 2013 年度工作总结及 2014 年度工作计划》《香格里拉卫生局 2014 年度工作总结及 2015 年度工作计划》。

② 卫生部办公厅：《第二轮全国艾滋病综合防治示范区工作指导方案》，2009 年。

咨询检测 303 人，对看守所新入所拘押人员检测 95 人，完成 PITC 检测 2127 人。2014 年自愿咨询检测 452 人，监管场所羁押人员检测 185 人，婚姻登记人群检测 1246 人。

3. 全面实施母婴阻断传播工作。2012 年完成孕产妇检测 3621 人，婚姻登记检测 1286 人。

4. 加强抗病毒治疗。2012 年，对艾滋病病人进行规范抗病毒治疗 19 人。2013 年，在香格里拉市人民医院接受抗病毒治疗的有 28 人，在云南省关爱中心接受治疗的有 5 人。2014 年，在香格里拉人民医院接受抗病毒治疗的有 36 人，在云南省关爱中心接受治疗的有 6 人。

5. 贯彻执行国家对艾滋病病毒感染者和患者的“四免一关怀”政策①。2012 年，向 12 名生活困难的艾滋病感染者和病人发放补助 6768 元，向 1 名致孤儿童发放生活补助 6000 元，共 12768 元。2013 年，为生活困难的感染者和病人发放补助 51850 元。2014 年，为生活困难的感染者、病人以及致孤儿童共发放各类救助资金 8950 元。②

（四）广泛开展爱国卫生运动，大力创建国家卫生城市

国家卫生城市是由全国爱国卫生运动委员会办公室考核组验收鉴定而评选出的卫生优秀城市，其评选内容包括健康教育、市容环境卫生、环境保护、公共场所及生活饮用水卫生、食品卫生、传染病防治、城区除四害、单位和居民区卫生等。2011 年，云南省有四座城市荣获了国家卫生城市的称号，从而在该省掀起了开展“创卫”工作的一波高潮。香格里拉在开展国家卫生城市创建活动方面所做的工作包括：1. 与各单位及各乡镇政府签订《爱国卫生目标责任书》；2. 连同城市综合执法局与建塘镇各社区、街道、个体户签订《门前“三包”责任书》3000 份；3. 组织开

---

① “四免”分别是：（1）农村居民和城镇未参加基本医疗保险等医疗保障制度的经济困难人员中的艾滋病病人，可到当地卫生部门指定的传染病医院或设有传染病区（科）的综合医院服用免费的抗病毒药物，接受抗病毒治疗。（2）所有自愿接受艾滋病咨询和病毒检测的人员，都可在各级疾病预防控制中心和各级卫生行政部门指定的医疗等机构，得到免费咨询和艾滋病病毒抗体初筛检测。（3）对已感染艾滋病病毒的孕妇，由当地承担艾滋病抗病毒治疗任务的医院提供健康咨询、产前指导和分娩服务，及时免费提供母婴阻断药物和婴儿检测试剂。（4）地方各级人民政府要通过多种途径筹集经费，开展艾滋病遗孤的心理康复，为其提供免费义务教育。“一关怀”指的是国家对艾滋病病毒感染者和患者提供救治关怀，各级政府将经济困难的艾滋病患者及其家属，纳入政府补助范围，按有关社会救济政策的规定给予生活补助；扶助有生产能力的艾滋病病毒感染者和患者从事力所能及的生产活动，增加其收入。

② 相关数据由香格里拉市卫生局办公室提供。

展形式多样的、内容丰富的宣传活动；4. 结合实际，重新划定州、县各单位卫生责任区，明确职责，执行检查通报制度；5. 大力开展除“四害”工作；6. 加强宣传，营造人人参与爱国卫生的浓厚氛围；7. 医疗卫生单位率先垂范，努力营造无烟环境；8. 认真组织实施改厕项目；9. 加强健康教育，增强全民卫生防病意识。

（五）不断提高卫生监督执法工作水平

卫生监督职能由有偿服务转变为无偿服务，监督执法与疾病预防控制的分开，标志着我国公共卫生监督事业进一步走向规范化与法制化的轨道。香格里拉卫生监督执法工作以抓公共场所卫生监督和打击非法行医为重点，以开展专项整治行动为手段，全面推进卫生行政执法工作。在加强日常卫生监督的同时，以公共场所卫生为切入点，先后组织开展了公共场所卫生、餐具消毒企业、集中供水单位、食品安全等一系列卫生专项整治。

1. 公共场所卫生监督

2012 年，香格里拉全市公共场所经营户 420 户，从业人员体检 1724 人，办理健康合格证 1724 份，新办理许可证 143 份，审核 37 份；组织参加各级培训 35 期，共 1128 人次；全年出动卫生监督执法车辆 52 次，出动卫生监督人员 1560 人次。2012 年对集中式供水单位水质监测 4 次。①

2014 年，香格里拉卫生监督所在城区组织 7 期卫生知识培训，主要针对公共娱乐场所负责人，共计 443 人次，发放 443 份宣传资料，开展了 1 期职业病防治法、防治知识培训，共计 200 人次。为加强卫生执法队伍建设，对全所人员进行 10 期相关法律培训，共计 90 人次，还参加 11 期省级、州级业务学习培训，共计 31 人次。进行 737 户次对公共场所监督检查，采样餐饮具 15 份，对 3 户餐饮具消毒配送中心进行采样检查。共采集 38 份水样检测水源水、出厂水、末梢水、酒店二次供水、酒店自备水，对 13 所小学进行生活饮用水水质检测，两次开展城区学校周边食品安全的专项检查，两次乡镇食品安全检查。②

2. 对医疗机构的监督

2012 年，完成城区 29 家个体诊所的现场《医疗机构执业许可证》校

① 香格里拉卫生局：《香格里拉卫生局 2012 年度工作总结及 2013 年度工作计划》。

② 相关数据由香格里拉市卫生局办公室提供。

验登记，暂缓校验5家，完成护士执业注册20人，医师注册14人，医师变更注册14人，护士执业变更3人。共处理群众投诉举报7起，对33家违法单位实施了卫生行政处罚。对辖区内11家乡镇卫生院、11个村卫生室、1家县级疾病预防控制中心、1家妇幼保健院、36家个体医疗机构进行传染病防治监督检查。①

2014年，规范医疗机构执业行为和市场秩序，3次检查全市乡镇卫生院、村卫生室，派卫生监督员186人次。全市46家医疗机构完成《医疗机构执业许可证》换证、校验注销等工作，医师、护士注册，延续注册、变更注册63人。处理2起群众投诉，查处9家违法违纪的民营医疗机构。认真开展打击“两非”专项活动及整顿医疗秩序打击非法行医专项行动。清理和规范特殊诊疗技术活动。对于医疗机构违法发布医疗广告行为严肃查处，规范执业行为，保证广大人民群众的就医安全。

（六）深入推进食品安全监管工作

食品安全事关人民群众身体健康和生命安全，事关经济健康发展和社会和谐稳定。2009年我国制定出台了《食品安全法》，2015年又对其进行了修订。2012年，中央还专门下发了《国务院关于加强食品安全工作的决定》。同年，云南省和迪庆州下发了《云南省人民政府关于进一步加强食品安全监管工作的决定》及《迪庆州食品安全委员会关于印发2012年迪庆州开展食品安全8个专项整治行动方案的通知》等文件。为贯彻落实上述政策，香格里拉深入推进食品安全监管和专项整治工作，全年组织食品安全综合检查5次，在迪庆报社与香格里拉电视台发布食品安全预警1次，切实履行食品安全监管职责，完成了各项食品安全工作目标任务。

2013年，香格里拉召开食品安全工作会议，从以下四个方面对食品安全工作作了全面安排部署。1. 与17家成员单位签订了《责任书》，明确了各成员单位的工作职责。2. 加强宣传，增强人民群众食品安全意识。制定了《香格里拉县开展2013年食品安全宣传周活动工作方案》，发放宣传材料24000份，接待群众咨询300余人，展出食品安全宣传展板32余张。3. 把监督食品经营主体作为食品经营流通市场的主要监管任务，强化措施，开展打击违法添加非食用物质和滥用食品添加剂专项整治行

① 相关数据由香格里拉市卫生局办公室提供。

动。做好节日及重大活动期间食品安全监管，保障节日期间群众饮食安全。在节假日期间组织工商、质监、农业、食药监等部门联合开展了节前食品安全执法检查，共出动综合执法人员288人次，共检查216个单位，提出整改意见书36份，共446条。4. 根据《云南省人民政府食品安全委员会关于开展食品安全县市区创建活动的通知》的文件精神，制定了《香格里拉县创建食品安全示范县实施方案》，通过示范县的申报，并成功申报食品安全示范县。

三　存在的主要问题

总的来说，香格里拉五项重点改革稳步推进，基本医疗卫生服务的公平性和可及性有了明显提高，享受到医改实惠的群众也逐渐增多，得到了社会各界对改革的普遍支持和认同。然而，改革也面临不少矛盾和问题。

一是医改覆盖面广导致任务重，涉及的部门多，需要投入大量人力物资进行管理。二是部分乡镇新机制建设相对滞后，与人民群众的期盼存在较大差距，卫生院发展不平衡。三是广大卫生医疗体系工作人员对公共服务的公益性认识不足，存在重经济效益轻社会效益，重医疗服务轻公共卫生服务的现象。四是医院管理和医德医风建设工作需要巩固。五是建立合理人才梯队的工作进度缓慢，基层卫生部门缺乏必要的学科带头人，卫生专业技术人员的补充不及时，培训机制不健全。对于这些问题，需要进一步加大工作力度，以期取得突破和进展。

第三节　社会保障事业的发展与进步

新中国成立前，香格里拉仅有少量的社会救济和社会福利。新中国成立后，香格里拉的社会保障事业稳步发展，社会保险体系从无到有，不断完善，逐渐形成由社会救济、社会福利和社会保险三大体系构成的社会保障体系。进入21世纪后，香格里拉的社会保障事业更是取得了长足进步，三大体系相互结合及补充，成为保障全市城乡居民生产生活稳定及社会正常运行的重要组成部分。具体包括救灾救济、贫困救济、医疗救助、扶老助残、优抚安置、养老保险、医疗保险、职工保险等多项内容。

一　社会救济

清代，香格里拉“并无赈务之设，仅有蠲恤”。同治十三年（1874

年）差发银粮征七免三。光绪五年（1879年）改征八免二。民国时期，香格里拉除了曾多次因遭遇水灾、地震等天灾而蠲免钱粮外，政府还开始拨发赈恤。民国十年（1921年），西康定乡匪众入寇中甸抢掠，民众遭灾，云南省省长公署拨恤金4000元，县知事以工代赈，修筑县城。民国三十年（1941年），县政府成立了专门的赈济委员会。民国三十二年（1943年）旱涝虫灾并发，县政府赈济500元。民国三十三年（1944年）省拨款12万元（国币）。新中国成立后，针对香格里拉社会发展落后、自然灾害频繁的状况，政府将防灾、抗灾、救灾、扶弱济贫工作放在重要位置，实行生产自救、群众互助、政府辅以必要救济的方针，尤其注重春夏粮荒，寒冬季节及突发性灾害，及时发放救济粮款，妥善安排贫困农户和灾区灾民的生产生活。①

进入21世纪后，救济救灾工作既是全面建设小康社会进程中的一项重要内容，也是关系国计民生和社会稳定的大事。香格里拉处于贫困边远高寒地区，各方面条件差，人民的生产自救能力低，抵御自然灾害的能力弱。政府倡导并大力组织建设的社会救济体系主要以自然灾害救济和贫困救济为主。

（一）自然灾害救济

由于自然灾害频繁发生，香格里拉制定了救灾应急措施，全年坚持24小时值班制度。

1. 香格里拉“8·28”“8·31”地震

2013年，香格里拉先后遭受了旱灾、地震等自然灾害袭击，尤其“8·28”“8·31”地震共发生上千次，余震不断的持续，波及尼西乡、建塘镇、格咱乡、五境乡、东旺乡等乡镇，给人民群众的生命财产造成巨大的损失。地震发生后，香格里拉启动应急预案。救援人员兵分两路，一路深入灾区一线进行抗震救灾工作，一路在县城的救灾仓库负责接收、分发救灾物资，保证及时将救灾物资分发到灾区各地。救灾期间向尼西乡、格咱乡、东旺乡、五境乡和建塘镇5个受灾乡镇发放的各类救灾物资包括：救灾帐篷2773顶、折叠床2384张、棉被6680床、被套2560套、床垫50个、大衣1480件、火腿肠60件、大米145.5吨、

① 云南省中甸县地方志编纂委员会编纂：《中甸县志》，云南民族出版社1997年版，第371页。

面条16.2吨、面粉2吨、方便面765件、彩条布326包、矿泉水1650件、香油2.16吨、月饼4140盒、净水器52个、鞋子1973双、帽子296顶、袜子5040双、塑料管90捆、日用品21件、节能灯2000只、浴巾7条、毛毯12床、鸡蛋50件等。2013年，除社会各界捐赠的救灾款项138.9702万元外，上级民政部门还下拨了抗震救灾应急资金500万元和生活补助费300万元，全部下拨到灾民手中。此外，政府还筹集了7600万元的民房恢复重建专项资金。2014年，民政部门又下拨救灾救济粮食835吨、香油8900斤、棉被3750床、垫棉680床、大衣1260件、折叠床360张、彩棉布60包、救灾专用帐篷160顶。从而使灾区居民基本实现了有房住、有饭吃、有衣穿，有洁净水喝，并迅速恢复正常的生产生活。

2. 独克宗古城“1·11”火灾

2014年1月11日，香格里拉建塘镇独克宗古城发生火灾后，香格里拉及时开展救灾工作，转移群众2600余人，安排入住22间公租房，安置灾民21户68人。为妥善安置受灾群众，发放了300件棉大衣、300件矿泉水、500套洗漱工具，并在安置现场又给受灾户发放130件矿泉水、5件方便面、1件“瑞士卷”、5套保暖内衣裤；安置灾民的20间公租房里都分别配备了厨房操作台（1.2米）等生活用具。对投亲靠友分散的10户灾民，也发放了救济物资，包括10桶香油、30床棉被子及被套、500市斤大米、70市斤火腿、10件棉大衣。同时积极做好“1·11”火灾应急资金发放及慰问工作：按每户10000元的标准，紧急下达应急救助资金共400万元；认真做好群众安抚工作，按照每户3000元的标准，下拨慰问金100万元，深入三个社区入户开展了慰问工作；下拨火灾恢复重建补助资金3000万元；做好上级资金管理及捐赠工作，接收社会各界现金捐赠925.5498万元。①

3. “7·10”山洪泥石流地质灾害

2014年7月10日，香格里拉因连续降雨导致上江乡、金江镇、虎跳峡镇村相继发生严重山洪泥石流灾害，造成2人死亡，5人受重伤，大片农田被淹，多所房屋被冲毁。香格里拉紧急下达了《关于印发香格里拉“7·10”山洪泥石流地质灾害紧急转移安置生活救助工作方案的通知》，

① 相关数据由香格里拉市民政局办公室提供。

随即对受灾群众进行安置，确保其有房住、有饭吃、有水喝、有衣穿。随后向部分受灾群众发放了紧急转移安置生活补助资金 69.6 万元，向有重伤和死亡的受灾农户发放慰问金 3.5 万元，并下拨 120 万元用于灾后重建。①

（二）贫困救济

1. 城乡居民最低生活保障

居民最低生活保障是在城市已经建立了国有企业下岗职工基本生活保障、失业保险和城市居民最低生活保障等"三条保障线"制度的基础上，建立实行最低生活保障的制度。国家对家庭人均收入低于当地政府公告的最低生活标准的人口给予一定现金资助，以保证该家庭成员基本生活所需。居民最低生活保障是城乡社会救助体系的重要组成部分，可以加快社会保障建设的步伐，维护社会的稳定。

1997 年，国务院下发了《关于在全国建立城市居民最低生活保障制度的通知》，要求 1999 年年底前，县级以上城市和县政府所在镇都要建立城市居民最低生活保障制度。香格里拉严格遵守《城市居民最低生活保障条例》和《云南省城市居民最低生活保障实施规程》，对城市困难居民进行认真调查、核实，凡符合条件的及时纳入低保管理，对隐瞒经济收入的经入户调查后进行取缔，不断强化动态管理，实现应保尽保。（1）扩大了保障对象的范围，2013 年香格里拉享受城镇居民最低生活保障的对象，不仅包含民政救济对象、无业居民，还包括了企事业单位困难和失业人员、农村五保户、孤儿、麻风重病患者、60 岁以上僧尼等。（2）规范了发放程序，实现了保障对象凭证领取救济金。并制定了一系列规范的工作制度，包括收入申报、审批程序、资金核发、定期走访、数据统计、资金管理、资料归档等。2013 年，根据动态管理办法共取消低保 102 户 360 人。全县共有享受城镇最低生活保障金 3988 户 6768 人，月人均补差 232 元，每月共发放保障金 128 万元，全年累计发放城镇低保金 1541 万元。② 2014 年，共取消低保 195 户 508 人。全市共有享受城镇最低生活保障金 3331 户 4976 人，月人均补差 233 元，每月发放低保金 116 万元，全年累计发放城镇低保金 1539 万元。香格里拉的城镇居民最低生活保障工

① 相关数据由香格里拉市民政局办公室提供。

② 相关数据来源于《香格里拉民政局 2013 年度工作总结及 2014 年工作计划》。

作已走上了规范化、制度化的轨道，基本实现了“应保尽保”的目标。①

中国对农村低保制度的探索，实际上还早于城市。但由于受传统农村集体福利思维定式的束缚和农村税费改革的影响，此项制度建设一直进展缓慢。2003 年，在城市低保制度取得重大突破后，民政部开始重新部署农村低保制度的建设工作。其中一项重要举措是，在全面摸清农村特困户底数的基础上，决定在未开展农村低保制度的地区建立农村特困户救助制度，由此在中国广大的农村地区形成了农村低保制度和农村特困户救助制度“双轨并行”的局面。党的十六大以来，农村低保制度的建设步伐明显加快。根据国家全面实施农村低保的政策，香格里拉为保障本市农村特困居民家庭的基本生活，进一步加强农村低保的规范化管理，稳定、持久、有效的解决农村贫困人口基本生活问题，以推行“按标施保、核定收入、差额补助、应保尽保”为重点，完善家庭收入核定制度，加强动态管理和分类救助。2013 年，香格里拉农村低保对象共计 58956 人，拨付到各乡镇的农村低保保障金共计 4553.976 万元、一次性生活补助和临时价格补贴共计 943.184 万元（人均 160 元）。2014 年，全市农村低保对象共计 59005 人，其中 A 类保障 1714 户，6439 人；B 类 12152 户，52566 人。全年农村低保保障金共计 6091 万元（包含 2013 年提标每人每月人均 10 元，以及临时价格补贴人均 20 元）。② 2016 年，根据《香格里拉市社会保障精准扶贫行动计划方案》的相关规定，香格里拉对农村低保对象，严格按照 ABC 三类进行施保，A 类保障标准为每人每月 208 元，B 类保障标准为每人每月 72 元，C 类保障标准为每人每月 50 元，8 月份对 A 类 21343 人、B 类 19792 人、C 类 252 人三类共 41387 人，拨付资金 587.7 万元。③

2. 城乡困难家庭医疗救助

医疗救助是指国家和社会针对那些因为贫困而没有经济能力进行治病的公民实施专门的帮助和支持。它的产生和发展与我国社会保险中的医疗保险改革、社会救助制度的完善等密不可分。中国传统的医疗制度是城镇机关、企事业单位的职工和重点优抚对象实行国家、单位负责的公费医疗，农村实行以集体经济负担为主的合作医疗。改革后随着合作医疗制度

① 相关数据由香格里拉市民政局办公室提供。

② 相关数据由香格里拉市民政局办公室提供。

③ 香格里拉市委：《香格里拉市社会保障精准扶贫行动计划方案》，2016 年。

逐步瓦解、公费医疗向医疗保险的转变，社会上出现了城镇、农村贫困人群和重点优抚对象患病无力治疗的问题，这就产生了医疗专项救助的需求。21世纪后，中国通过推行最低生活保障制度，解决了城乡的贫困问题。但是因病致贫、无力救治、更加贫困的恶性循环仅靠生活救助的低保制度难以为继。据统计，在我国贫困人口中，因病致贫的大约占1/3甚至更多。

近年来，香格里拉开始实行城乡一体化的贫困医疗救助，城乡医疗救助实行专账核算，专账管理，专款专用。2013年，医疗救助支出共计1318.2万元。其中703.4万元为城乡医疗救助对象的住院救助资金，共计6127人次；614.7万元用于资助参与“新农合”的救助对象，共计102457人，每人60元。2014年，医疗救助支出共计1268.8万元。其中746.3万元为城乡医疗救助对象的住院救助资金，共计7373人次；522.5万元用于资助参与“新农合”的救助对象，共计104506人，每人50元。同时积极探索推进大病救助工作，对符合大病的22类病种进行救助。①

3. 农村民房应急保障

农村民房应急保障工作是为民办实事、做好事、解难事的一项民心工程。2013年，香格里拉为2.7万户农户民房投保，保险金额为每户2万元，共支付农村民房保险费50余万元。为了做好民房统一保险工作，增强群众的抗灾自救、灾后重建能力，2014年香格里拉在核实全市农户、社区城镇低保居民户民房户主名册后，与中国人保财险签订了民房统保协议。纳入统保的民房共计25742户，每户保额2万元，保费合计51.5万元。②

4. 困难群众救助工作

香格里拉还围绕解决群众“救急难”问题，对天灾人祸等突发事件造成家庭生活临时困难的给予救助。（1）春荒、冬令救灾救济：2013年，香格里拉共下拨春荒、冬令救灾救济粮食580吨、发放衣被3车。2014年，共下拨春荒、冬令救灾救济粮食380吨。（2）其他突发事件造成的临时救助：为解决城乡困难群众因突发性、临时性生活出现的困难，2013年发放临时救助资金380万元，救助23900多人；2014年发放临时救助资

① 相关数据由香格里拉市民政局办公室提供。

② 相关数据由香格里拉市民政局办公室提供。

金379万元，救助临时困难户达960户。[①] 确保了困难群众有房住、有衣穿、有饭吃，杜绝了非正常情况发生，维护了社会稳定，并对救济工作进行了督促、检查。

5. 流浪乞讨人员救助工作

香格里拉严格按照《城市生活流浪乞讨人员救助管理办法》，对境内的流浪乞讨人员实施救助。2013年，共救助760人，支出救助经费38万元。2014年，共救助528人，支出救助经费18.5万元。[②]

二 社会福利

（一）农村五保户

清道光十年（1830年）后，县属经费例定救助孤贫5名，额外孤贫10名，年给口粮银47两8钱6分。民国初期，沿例救助孤贫15名。民国二十八年（1939年）始，每年“支孤贫10名口粮银每月新币3元，共新币360元”。新中国成立后，政府每年安排专款对鳏寡孤独及生活无依无靠的老幼病残者予以各种照顾。民主改革前，优先发放救济粮款及衣被等生活用品；民主改革时期，优先分给土地、住房、牲畜、农具；农业合作化之后，实行保住、保吃、保烧、保教、保葬的“五保”照顾政策。[③]

1958年实行人民公社化，五保户列入公共食堂，实行集中供给。1961年，五保户转由生产队分散供给，国家给予部分定期或临时救济。1965年，政府明确规定集体供给及国家救济办法，各生产队除按中等水平供给粮食之外，按月供给盐茶等副食品，国家每年救济衣被等生活用品，有条件的生产队还从公益金中发给适量零花钱，对生活不能自理者派人轮流照顾或支付代养费托人代养，疾病予以免费治疗。对部分贫困社队的“五保户”，政府给予定期定量或临时救济。1966年，全县“五保户”330人，享受定期救济103人，季节性临时救济88人；孤儿33人，享受定期救济9人。1980年，农村经济发展，对孤贫照顾日益改善，当年“五保户”及孤儿325人，由集体供给折款28600元，国家救济3900元。1990年，“五保户”及孤儿292户、338人，集体供给334人，年供给折

---

① 相关数据由香格里拉市民政局办公室提供。

② 相关数据由香格里拉市民政局办公室提供。

③ 云南省中甸县地方志编纂委员会编纂：《中甸县志》，云南民族出版社1997年版，第375页。

款31000元，国家定期救济4人，年救济3600元。[①]

2014年，为了落实“五保户”供给工作，香格里拉开展了农村“五保户”排查工作，核准“五保户”的供给人员及应纳入供给人员的基本情况，全市“五保户”共有1344人，纳入“五保户”给的有1096人，分散供给标准提高到每人每年达到3120元。集中供给标准也已经提高到每人每年3720元，全年发放“五保户”供给金总计342万元。[②]

（二）老龄化及养老机构建设

1999年，全国老龄工作委员会在北京成立。进入21世纪，中国人口老龄化问题日益凸显。根据第六次人口普查数据，2008年云南省人口自然增长率已低于死亡率，开始进入老龄化时代。[③] 香格里拉的人口增长虽然仍保持着强劲势头，但人口老龄化形势依然十分严峻。2014年，香格里拉有老年人口28832人，其中城镇老年人口12100人，农村老年人口16732人。现有老年协会18个，会员3253人。做好老龄工作，关心、爱护老年人，认真解决他们的实际问题，切实保障他们的合法权益成为维护社会稳定的重要工作之一。

近年来，香格里拉的老龄工作稳步推进。一是在“九九敬老节”期间，认真组织宣传活动，向全社会宣传敬老、爱老，保护老年人的合法权益，提高人们的敬老爱老意识。二是积极引导支持老年人开展各种健康有益的文体活动，在节假日期间，18个老年协会均开展丰富多彩的文化活动。三是着力保障老年人权益，落实老年人的各项优待政策，2014年10月1日起，香格里拉市实行60岁以上的老年人免费乘坐公交车，全年免费为年满60周岁的老年人办理老年人优待证780本。四是进一步加强养老服务体系建设，努力满足广大老年人养老服务需求。2013年，香格里拉养老服务体系建设项目有13个，分布在7个乡镇13个村（居委会）；同年高龄补助标准上调为：80—89周岁每人每月40元，90—99周岁每人每月50元，100周岁以上每人每月250元。2014年，香格里拉养老服务体系建设项目有21个，分布在8个乡镇16个村（居委会）及松赞林寺；

① 云南省中甸县地方志编纂委员会编纂：《中甸县志》，云南民族出版社1997年版，第375—376页；香格里拉县小中甸镇人民政府编印：《香格里拉县小中甸镇志》，2010年，第265—266页。

② 《香格里拉民政局2014年度工作总结及2015年工作计划》。

③ 《云南省开始进入老龄化时代》，《云南日报》2011年8月15日。

并再次上调了高龄补助标准：80—89 周岁每人每月 45 元，90—99 周岁每人每月 55 元，100 周岁以上每人每月 280 元。①

（三）优抚安置

优抚安置的对象主要是烈军属、复员退伍军人、残疾军人及其家属。优抚安置的内容主要包括提供抚恤金、优待金、补助金，举办军人疗养院、光荣院，安置复员退伍军人等。

早在 20 世纪 50 年代，香格里拉就对烈属、军属和残疾军人开展了群众性的优待工作，在农村生活上有困难的，由当地群众给予优待。群众优待先后经历了代耕土地、优待劳动月、优待现金三个阶段。1985 年开始，统一由国家发给定期抚恤金。优抚对象包括：孤老烈属，孤老病故家属，带病回乡长期不能劳动、生活有困难的复员、退伍军人，没有亲属抚养或虽有亲属但无力抚养的烈士及病故军人的未成年子女，丧失劳动力而其子女又无力供养的烈士及病故军人的父母和配偶，完全丧失劳动能力、生活困难的复员军人。②

进入 21 世纪后，香格里拉进一步巩固和发展了军政军民“同呼吸、共命运、心连心”的局面，连续多年被评为云南省双拥模范市，优抚安置政策得到较好落实。（1）积极拓宽渠道着力解决退役士兵安置。2013 年接收退役士兵 53 人，其中符合安置条件的 23 人，已全部进行安置。2014 年接收退役士兵 72 人，其中符合安置条件的 6 人，已全部进行安置。（2）给予困难复退伍军人子女上学补助资金。2013 年，补助 16 人，共计 3.9 万元。（3）走访慰问优抚对象，发放救助资金及慰问品，报销医药费。2013 年，发放优抚抚恤补助资金 380 万元，走访慰问优抚对象 488 人，发放临时救助资金 17 万元，衣被 280 床/件，大米 4.8 吨，报销医药费 6.2 万元。2014 年，发放优抚抚恤补助资金 380 万元，走访慰问优抚对象 488 人，发放临时救助资金 17 万元，衣被 280 床/件，大米 4.8 吨，报销医药费 6.2 万元。③

---

① 相关数据由香格里拉市民政局办公室提供。

② 香格里拉县小中甸镇人民政府编印：《香格里拉县小中甸镇志》，2010 年，第 268—269 页。

③ 相关数据由香格里拉市民政局办公室提供。

三　社会保险

社会保险是指国家通过立法强制实行的，由劳动者、企业（雇主）或社区，以及国家三方共同筹资，建立保险基金，对劳动者因年老、工伤、疾病、生育、残废、失业、死亡等原因丧失劳动能力或者暂时失去工作时，给予劳动者本人或供养直系亲属物质帮助的一种社会保障制度。它具有保障劳动者基本生活、维护社会安定的促进经济发展的作用。2003 年以来，伴随着国家对城乡最低生活保障制度的推行，地方政府和财政也逐步加大对社会保障的投入，并加大了对社会保险的宣传和全社会推广。社会保险的主要项目包括养老保险、医疗保险、失业保险、工伤保险、生育保险等。

近年来，香格里拉的各项社会保险工作稳步推进。一是职工医疗保险。2012 年，职工医疗保险参保 21968 人，基金征缴 4008.6 万元，基金支出 1020 万元。2014 年，职工医疗保险参保 381 户 11657 人，基金征缴 3382 万元。二是养老保险。2012 年，养老保险参保达 6565 人，基金征缴 2791 万元，基金支出 2967 万元。2014 年，养老保险企业参保 281 户 6150 人，基金征缴 3037 万元。三是生育保险。2012 年，生育保险参保 7468 人，基金征缴 177 万元，基金支出 72 万元。2014 年，生育保险参保 449 户 8762 人，基金征缴 845 万。四是失业保险。2012 年，失业保险参保 5553 人，基金征缴 622.12 万元，基金支出 189 万元。2014 年，失业保险参保 379 户 6815 人，基金征缴 1484.62 万元。五是工伤保险。2012 年，工伤保险参保 8692 人，基金征缴 232 万元，基金支出 135 万元。2014 年，工伤保险参保 459 户 9500 人，基金征缴 1062 万元。[①]

四　存在的主要问题

香格里拉的社会保障工作虽然取得了一定的成绩，为社会稳定，经济发展作出了贡献，但仍然存在着许多问题：

第一，由于受地方经济和人员编制的制约，香格里拉社会保障存在着保障标准低、保障能力弱、抗风险能力有限的问题。

第二，分散式管理，难以协调。目前，香格里拉的社会保险归人社部

① 相关数据来源于《香格里拉人力资源和社会保障局 2012 年工作总结及 2013 年工作计划》及《香格里拉人力资源和社会保障局 2014 年工作总结及 2015 年工作计划》。

门负责，社会福利、社会救助归民政部门负责，新型农村合作医疗归卫生部门负责。呈现出分散状管理模式，造成多头管理、各自为政的局面。从而容易导致业务数据分散，信息共享难，信息化建设重复浪费等问题。同时也导致征缴不到位、重复参保、不符合条件参保、统计数据不完全准确等问题多发易发。

第三，各项社会保险扩面征缴难度较大。新办企业，尤其是小企业不愿为员工参加社会保险现象突出。这一方面是由于企业经营状况艰难，另一方面则是由于部分业主和员工参保意识较为薄弱，一些业主对社保政策知之甚少，对社会保险的认识有误区，不愿为员工缴纳社会保险费，而一些员工自己也不想参保。加之香格里拉大部分企业都是季节性用工，企业人员流动性大，职工人员名单变化太快，出现闲时即来，忙时即去的情况，使扩面进展举步维艰。

第五章

宗教文化传承与宗教事务管理

香格里拉市是一个集藏族、汉纳西族、彝族、白族、回族、傈僳族等多民族聚居的地区，境内有苯教、藏传佛教、东巴教、伊斯兰教、道教等多种宗教。市域内各种宗教都有独特的传承史和丰富的内涵。截至2016年底，香格里拉共有宗教活动场所（处所）19个，其中有5个宗教活动场所，分别为藏传佛教的噶丹·松赞林寺、承恩寺、云登寺、归斯寺以及伊斯兰教的香格里拉清真寺，其他14个宗教活动处所均属藏传佛教。噶丹·松赞林寺和归斯寺属于藏传佛教格鲁派（黄教）寺院，云登寺属于宁玛派（红教）寺院，承恩寺属于噶举派（白教）寺院。云登寺和归斯寺均地处于东旺乡。

第一节　宗教源流与变迁

在历史的长河中，香格里拉形成了以藏传佛教为主，伊斯兰教、东巴教等多种宗教和谐并存的宗教特点。这种宗教特征具有鲜明的地域性，其丰富多彩的内涵孕育成为独特的地域宗教文化。

一　香格里拉市宗教源流

（一）苯教

据苯教经典《十万白龙》记载，苯教徒“以石片为棺”，从迪庆境内尼西幸福村石棺墓发掘推测，原始苯教已在距今2700多年前的西周时期传入迪庆。公元8世纪，吐蕃王朝兴佛抑苯，特别是藏王赤松德赞时期，推行严厉的灭苯措施，迫使一些苯教师逃离至如今丽江、香格里拉一带。藏传苯教徒又将佛经内客大量吸收到苯教经典中，著成苯教经典面世。那时的苯教称为“觉苯”，亦为改良的苯教，在香格里拉称其为“白苯”，称此前的苯教为“黑苯”，白苯系藏传佛教范畴。宋、元时，白苯传入香格里拉，建立了苯教寺院，有了苯教僧侣。康熙十三年（1674年），这些寺院均被当时前来镇压噶玛噶举派、苯教僧侣和木氏发动的反黄教暴乱的蒙藏兵摧毁，寺院及其庄园与房屋财产土地均被没收，僧侣被迫还俗。[①] 自此，境内无苯教僧侣，只有流传至今的白苯存在。金沙江流经迪庆一段是时为吐蕃神州都督府辖地，当时吐蕃军队中尚有苯教巫师制度。苯教无疑是藏族先民共同的文化、共同的信仰。总之境内苯教流传可谓源远流长。明朝末期，苯教在迪庆还有相当势力，清中叶逐渐衰落。

（二）藏传佛教

佛教在松赞干布时期开始传入吐蕃。唐永隆元年（680年），吐蕃在香格里拉地域迪庆境内设神川都督府，辖东、西铁桥节度，屯兵数万，牧马于大、小中甸坝区。在香格里拉，关于伏藏及莲花生的故事广为流传，当是早期宁玛巴传入的证据。11世纪中叶，藏传佛教各教派次第形成，与此同时各教派都继续从西藏和四川两条线路传入迪庆。在漫长的历史进程中，迪庆境内各教派的兴衰与康区各教派的兴衰保持着同步的轨迹。明末，经营康区的丽江木氏土司式微，蒙古和硕特部统一西藏，扶持以达赖喇嘛和班禅额尔德尼为领袖的藏传佛教格鲁派。清康熙六年（1667年），和硕特部武装进入香格里拉，格鲁派后来居上，获得了绝对优势。

（三）东巴教

东巴教源于原始巫教，属于原始多神教。东巴教的基本特征是以祖先崇拜、鬼神崇拜、自然崇拜为基本内容。从香格里拉信教人数看，东巴教是仅次于藏传佛教的宗教。香格里拉有纳西族近万人，主要分布在三坝纳西族乡、金江乡、洛吉乡、虎跳峡镇和中心镇，其中三坝纳西族乡约有八千余人，是全市人口最多、信东巴教规模最大的纳西族聚居区。

东巴教史称东跋教、多巴教等。纳西族祖先从北往南迁徙时，最初只有若干背诵的经咒为巫师所用。逐渐往南迁移至四川永宁一带分成两支，一支往南直到盐源一代，此支无文字；一支往西经四川南部至今香格里拉洛吉乡一带，再南到白地，东渡金沙江到达丽江。此分支在迁徙过程中产

① 云南省中甸县地方志编纂委员会编纂，段志诚主编：《中甸县志》，云南民族出版社1997年版，第227页。

生文字，在白地发扬光大，形成历史上产生深远影响的纳西族东巴教中的“北地派”。当今学界研究东巴教的源流，一致认为香格里拉市的白地是东巴教的源头，有数万篇文章论及白地是东巴教的圣地、发祥地。近年来，有不少资料证明香格里拉三坝纳西族乡白地一带是纳西族东巴教的发源地。东巴教圣祖阿明什罗即是现在白地行政村水甲自然村人。阿明什罗时期，白地成为全体纳西族东巴教徒的朝圣地，同时也是学习经卷、技艺及举行宗教活动的中心。从阿明什罗传教至今250多年间，不断有来自香格里拉、维西、德钦以及丽江、剑川甚至盐源等地的东巴教徒前来白地朝圣祖师、学经练艺。

香格里拉有关东巴教发源地的名胜古迹有三处：一是白水台，坐落于白地峡谷的西面、骨都村的上方，是一个由地下水和碳酸钙发生光化作用而形成的露天喀斯特地貌，因其景色优美、林木葱翠、台地千奇百怪而名扬中外。纳西族先民将它当作神示，每年农历二月八日在此烧香祈福，后逐渐演化为一种宗教仪式，成为了纳西族传统节日。二是摩岩，位于白水台西北角半坡上的灌木丛中。相传这里即是当年圣祖丁巴什罗的修行处，1935年著名纳西族学者陶云达到这里考察时，第一次将摩岩披露于世。此摩岩刻在一块高1.8米、宽1.7米的独立岩石上，上面题有两首七律诗，北面一首已经无法辨认，南面一首字迹仍十分清晰。三是阿明灵洞，位于白地峡谷北侧柏峰山腰，是一个喀斯特地貌的溶洞。传说东巴教圣祖阿明什罗曾在此修行著书，因此成为圣祖遗迹而被后人敬仰。东巴教没有寺庙，只有固定的祭坛。祭坛分为各村共有的公共祭坛如白水台、阿明灵洞，各自然村自有祭坛，以及姓氏家族祭坛和各户家用祭坛。

东巴经典是东巴教徒进行宗教活动的典籍。香格里拉境内的东巴教徒基本上都有经书，三坝纳西族乡东巴经以象形文字撰写已日趋成熟，并得到广泛应用。三坝纳西族乡的常用东巴象形文字约1300个，包含几乎全部东巴原始象形文字，经卷也基本包括了东巴经书的各个类别。①

（四）伊斯兰教

早在南宋末年，迪庆州境内就有西域穆斯林遗迹。清雍正、乾隆时期，大批来自山西、陕西两省的戍边士兵、商贾及开矿人进入香格里拉经

① 《迪庆藏族自治州宗教志》，中国藏学出版社1994年版，第134—138页。

商开矿，伊斯兰教也随之传入香格里拉，县城北门街被称为“回民街”，建有清真寺。同治八年（1869 年）清军张润到香格里拉清剿回民义军，烧毁了北门街礼拜寺，很多回民惨遭杀害，虎口余生的回民四处逃亡，会礼活动逐渐消失，至民国末年，香格里拉境内回民中仅有一名阿訇，仅能吟诵部分《古兰经》，为人主持婚丧而已。①

和平解放后，香格里拉贯彻党的民族平等、宗教信仰自由政策，尊重少数民族风俗习惯，回族宗教信仰得到尊重。但在 1958 年至“文化大革命”期间，回族特需的菜牛、香油无法保障。在中共十一届三中全会以后，党的民族团结和宗教信仰自由政策切实贯彻落实，伊斯兰教界人士被选为州县政协委员。政府还资助修复和新建了两所清真寺，方便了回族群众的宗教活动。现今香格里拉的穆斯林群众已经适应了当地的生活方式，饮食同藏民基本相同，以青稞、小麦为主食，酥油茶是生活中不可缺少的茶饮。但也始终保持着忌食猪肉，不吃非穆斯林宰杀的牛羊肉等习惯。

二　中华人民共和国成立后香格里拉的宗教变迁

中华人民共和国成立后，香格里拉各族人民在中国共产党的领导下翻身做了主人。1950 年，香格里拉全境解放，宗教被逐步从政治中剥离出来，政教合一制度不复存在，走上了按照自身轨迹运行和发展的道路。1979 年以来，香格里拉党委和政府加强了对宗教工作的领导，宗教事务部门相应成立，着力开展宗教事务的管理工作。1979 年迪庆州佛教协会成立，党和国家的宗教政策得到全面准确的落实。

第二节　香格里拉主要藏传佛教寺院

一　噶丹·松赞林寺

噶丹·松赞林寺位于香格里拉市建塘镇解放村，是藏区“十三林”之一，也是云南最大的藏传佛教寺院，有着“小布达拉宫”的美誉。康熙六年（1667 年），蒙古和硕特部联兵占据香格里拉，大力传播黄教，引起噶举派和其他教派不满。康熙十三年（1674 年），以噶举派寺院为首，

① 云南省中甸县地方志编纂委员会编纂，段志诚主编：《中甸县志》，云南民族出版社 1997 年版，第 244 页。

联合各教派寺院发起了反对格鲁派及和硕特部的暴乱。五世达赖和丹增汗派巴图尔台吉蒙藏军队镇压噶举派、苯教及木瓜暴乱后，将所有噶举派、苯教寺院拆毁并没收寺产、庄园，对参加战乱的苯教敦巴，宁玛派和噶举派仓巴，都进行了处罚并没收了全部产业。康熙十八年（1679年）经五世达赖奏请康熙皇帝批准，亲择寺址，在香格里拉北端兆山原孜夏寺址破土动工新建格鲁派大寺。康熙二十年（1681年）建成，五世达赖赐名“噶丹·松赞林寺”，“噶丹”以示与黄教祖师宗喀巴首建之噶丹寺传承关系。“松赞”意为天界三神游戏之地。“林”即寺，是六道众生福田之所。并在东面白马岗建“拉吹”（山神台）象征色拉寺，西面建松匹林拉吹象征哲蚌寺，意与拉萨三大寺相谐。[①] 清雍正皇帝赐名“归化寺”，其弟和硕果亲王赐“慈云广覆”金匾一块。

初建寺时，由西藏噶丹颇章颁布僧额550名，康熙帝批准剃度330名，划300户农奴为寺院庄园服务，设吹宗管理，故有“僧三百俗三百”之说。划70户农民为掌教庄户，设尼旺宗管理，并规定寺院到各地经商，可免税收，在当地准放贷米、酥油、青稞等公文切结。同时政府每年为每个喇嘛供给青稞8斗。乾隆时期，给予度牒，自此便将松赞林寺僧额固定为1226名，并将养廉口粮、衣单银两等一并固定不变。七世达赖时又将寺院扩建，顺着原大殿后山墙扩出10米，新建后进殿一部。民国年间，由松谋·昂翁洛桑丹增嘉措新建主寺，加筑寺城。乾隆时期的措施一直在香格里拉延续了217年，直到民主改革。到1949年时，松赞林寺有喇嘛1445人。[②]

1950年5月，香格里拉和平解放，噶丹·松赞林寺僧众以最隆重的宗教仪仗欢迎中国人民解放军及党政工作人员。时任香格里拉县人民政府县长孙致和，也亲自到松赞林寺为大寺掌教和八大老僧讲解党的宗教信仰自由政策，表示支持和保护大寺的正常宗教活动，解除僧众的疑虑。

1950年10月，噶丹·松赞林寺高僧松谋活佛被选为丽江专区联合政府副主席，次年任丽江专区副专员，1954年当选为全国首届人大代表，1957年当选为迪庆藏族自治州第一任州长。

1958年，香格里拉完成和平协商土地改革，废除了历史上噶丹·

① 云南省中甸县地方志编纂委员会编纂，段志诚主编：《中甸县志》，云南民族出版社1997年版，第234页。

② 勒咱·齐扎拉：《噶丹·松赞林寺》，云南民族出版社2003年版，第37—38页。

松赞林寺各种宗教特权和政治特权，使宗教和政治分离。并按照广大僧众的意愿，自由选择留寺或还乡，当时继续留寺的僧众约 300 人，占全寺僧人的 40%，他们除了进行正常的宗教活动外，还进行劳动生产，走上了以寺养寺的道路。对拥护民主改革的宗教上层人士，党和政府在政治上和生活上都作了相应安排，坚决保护寺院文物古迹不受毁坏。

现今的噶丹·松赞林寺包括拉姆央措湖和寺院群落建筑，集寺院、景区和社区三位一体，已成为香格里拉一张具有神圣属性的宗教文化名片。主属寺院占地面积 33 公顷左右，规模宏大，八大康参组织结构完善，现有在寺宗教教职人员 650 名。松赞林寺主寺扎仓的最高组织是扎西会议，由全寺的活佛、堪布、格西等高僧组成，管理寺院教规教义及寺院的重大建设和决策。下属僧侣组织就是康参，康参即分寺，藏语意为僧团，即按僧侣籍贯或来源地的地域划分，将大寺僧侣划分为若干团体，形成区域性教区组织。康参由老僧主持，下设念哇、格干等办事人员，相对独立地管理教区的行政、宗教、经济事务。松赞林寺的八大康参为：独克康参、扎雅康参、东旺康参、绒巴康参、洋朵康参、吉迪康参、卓康参、乡城康参。前六个康参代表了香格里拉地区村落的区域性教区组织，卓康参为江边（今上江、金江、三坝、洛吉）等地的纳西族僧侣组织，而乡城康参是指香格里拉与四川省的乡城和得荣两县僧侣的康参。康参的最高管理机构是康参老僧会，康参之下的最基层僧侣组织称为明参，意为一户，一般以特定的同一区域内僧人形成一个居住单位，共同生活，人数多在一二十人左右。

松赞林寺自康熙二十年建成至今，历经 300 余年，形成一整套佛事活动与宗教节日传统仪式，主要有祈愿大法会和格冬节。每年藏历正月初五至二十一日，在大寺扎仓举行传大昭祈愿大法会，除诵经外，还举行辩经。由西藏学经返回的格西在大寺天井里举行佛经答辩，直至天黑。松赞林寺一年一度的“迎佛节”是迪庆藏传佛教界最为隆重的法会，是当地信教群众生活中的大事。正月十五日上午，在大寺天井陈列传昭法会大唐卡一副及酥油花和银质嵌宝的工艺品等。中午时分迎弥勒佛鎏金铜像绕寺一周，二十一日祈愿大法会结束。格冬节既是藏传佛教密宗诸神及护法亮相人间的盛大法会，又是香格里拉藏族民众朝佛观光、庆贺一年耕牧丰产，祈求来年幸福吉祥的聚会，是松赞林寺一年中最盛大的宗教节日。每年藏历十一月的二十六日和二十九日，当地藏民来到松赞林寺，看喇嘛们戴着面具跳神，面具主要有牛头、乌鸦、马鹿等，庆贺当年丰收昌顺，祈求来年太平昌盛。

二　云登寺

云登寺，地处香格里拉市东旺乡跃进村，是藏传佛教宁玛派俗称的“红教”寺院，是西康巴塘红教竹瓦寺的分寺。云登寺建于 1937 年，清末民初因东旺藏族人去竹瓦寺当喇嘛的多，因路远遂在当地僧人和头人及附近信奉藏传佛教宁玛派群众的大力帮助下建寺。1947—1948 年寺院建成后，称寺院为“云登培楚林”，“云登”意为知识，“培楚”意为圆满，藏语意为僧侣聚会研习经典的地方。云登寺有两代名医阿尼哈咱、向・初称江楚。向・初称江楚受国务院表彰并享受政府特殊津贴。1980 年以后，向・初称江楚先后出版了两本专著，一部是他与阿尼哈扎合撰的《藏医精要》，在调查并搜集整理藏医民族遗产的基础上，通过几十年的临床实践，以翔实、具体的事例囊括了藏医临床治疗的丰富经验，有很高的实用价值；另一部是他与杨竞生合写的《迪庆藏药》，共收集藏药材 598 种，是一部系统记载迪庆民间藏药配方的专著。

中华人民共和国成立后，云登寺开展以寺养寺，建有藏医门诊室，为当地藏民和慕名前来的就医者开诊，因而名声大振。整个寺院以及附属的藏医室，布局严谨，结构紧凑。寺内各种栩栩如生的雕刻、塑像，神采飞扬的壁画、唐卡，代表了滇西北藏传佛教艺术的最高水平。前殿底层共有 12 根柱子，均为靠墙方柱，柱身、柱头、撑梁、主梁均雕有精美的图案，墙裙镶以优质的杉木板。四周墙壁上绘有持国、增长、广目、多闻四大天王像和八吉祥、和睦四兄弟、轮王七宝等图像。云登寺现有在寺宗教教职人员 97 名。

三　承恩寺

承恩寺位于香格里拉市建塘镇诺西村，是藏传佛教噶举派寺院。承恩寺原名罕批寺，明洪武十七年（1384 年），由达隆噶举派高僧降曲加措所建，因该寺活佛医术高明，深得信徒信奉。1674 年，蒙藏兵拆毁噶举寺庙时，四乡百姓出面要求保留，经清朝官员说情，皇帝允准保留，故名承恩寺，但规定承恩寺喇嘛不能超过 100 人，限定僧额 30 名，无皇粮供给，原有庄户 12 户，寺属僧侣常年居家，只留数名管事留守寺院，因而寺院规模较小。“文化大革命”中被毁，1982 年后，政府资助、僧俗集资重建。承恩寺现有在寺宗教教职人员 9 名，平日都在村民家中做佛事。现今承恩寺在“以寺养寺”的寺院管理模式中以服务广大信教群众为宗旨，赢得了信教群众的广泛信任。

四 归斯寺

归斯寺位于香格里拉市东旺乡胜利村，坐落于东旺西部贡松神山脚下，海拔 3600 米。整个寺院坐北朝南，两面环水，四周林海茫茫、雪山环绕。寺院占地面积近 6 万平方米，主要建筑有扎仓大殿、护法殿、僧舍和转经堂。现作为护法殿的经堂为原先的寺院大殿，始建于 1646 年，是归斯寺保存最为古老的建筑，距今 370 年，“文化大革命”时期被生产队用作牛场，主要建筑没有受到破坏，被列为省级文物保护单位。归斯寺起初为藏传佛教噶举派（始建年代不详）寺院，明崇祯十四年（1641 年）改宗格鲁派。“归斯”意为新建之寺，该寺又称“扎西桑丹林”。民主改革前归斯寺有僧人 68 名。民主改革后，归斯寺僧人被迫离开寺院。1984 年恢复宗教活动以后，寺院由胜利村的乡民交到幸存的归斯寺僧人手中，属于当时香格里拉第一批恢复宗教活动的三座藏传佛教寺院之一（另外两座寺院是松赞林寺和云登寺）。2001 年，归斯寺被批准为香格里拉县四座藏传佛教活动场所之一。归斯寺现有宗教教职人员 29 名，下辖一个宗教活动处所“贡松拉康”，信教群众遍布东旺乡各地。寺内供奉的主要菩萨为宗喀巴师徒三尊、释迦牟尼佛、金刚手菩萨等。内藏经典有《甘珠尔》大藏经一部、《丹珠尔》全套、《宗喀巴全集》等。归斯寺主要的宗教节日和法事活动有农历一月的“麦浪坚安法会”、三月的“色局法会”、五月的“咱列佳松法会”、六月的“着巴登日曲怪法会”等。

第三节 宗教事务管理

要稳一方宗教则必先做好寺院事务管理。宗教，特别是藏传佛教在香格里拉各民族群众的生产生活、思想意识和文化风俗等诸多方面都具有深刻的影响。近年来，香格里拉市通过各级党委、政府的不懈努力，在全面贯彻党的宗教工作方针政策，遵守宗教事务法律法规，创新宗教事务管理，维护宗教正常有序，促进宗教关系和谐，发挥宗教界人士和信教群众在促进经济社会发展中的积极作用工作中取得了良好成效。特别是在噶丹·松赞林寺的管理中探索出了一套寺院、社区、景区、政府四位一体的创新管理体制和机制。

一　推动宗教事务管理与社会主义相适应的实践和经验

（一）深入贯彻落实国家宗教政策

要做好香格里拉的寺院管理工作，政策落实是前提。只有贯彻落实好党和国家相关宗教政策，使广大僧众切实感受党和国家的关怀，才能引导其与社会主义社会相适应，发挥宗教人士在社会稳步与发展中的积极作用。2005 年 3 月 1 日颁布实施《迪庆州宗教事务条例》，是迪庆宗教事务管理走向法制化轨道的重要里程碑。针对境内藏传佛教信教群众较多的实际，还出台了《迪庆州藏传佛教寺院管理条例》，切实保障宗教信仰自由和正常宗教活动的开展。在加强对信教群众和教职人员进行学习培训的同时，投资 9000 余万元加大对宗教活动场所的水、电、路和通信等设施建设，改善基础条件。统战部、宗教局等多部门紧密协作，在香格里拉各个宗教活动场所（处所）建立寺院书屋以丰富僧众的精神文化生活。为广大僧侣进行健康体检，建立健康档案，协调为寺院开展健康义诊活动并免费发放药品。有计划、分步骤地完善寺院基础设施建设，积极协助各寺院民主管理委员会向上级申报并筹集寺院建设资金，用于改善和提升寺院基础设施。多部门联动衔接解决宗教教职人员社保问题，结合农村低保相关规定，积极开展前期宣传和信息采集工作，对 60 岁以上宗教教职人员全部纳入城乡最低生活保障，把宗教教职人员纳入城乡居民医疗保险，对已经完成信息确认的僧侣实现农村低保、医保全覆盖。此外，香格里拉正筹备设立惠及寺院及周边社区信众的综合养老院，切实解决寺院僧侣及社区群众养老问题。

（二）着力做好寺院民主管理委员会班子建设

香格里拉市根据各寺院实际，力求建设一支政治上靠得住、学识上有造诣、品德上能服众的寺院民主管理委员会班子。积极做好对各寺院民主管理委员会班子的宣传教育引导，处理好各种宗教之间的关系，协调好各种不同教派间的关系，引导各寺院依法开展正常的宗教活动。以适时组织召开座谈会为契机，在做好相关动态、意向了解的基础上，宣传国家《宗教事务条例》《云南省迪庆藏族自治州藏传佛教寺院管理条例》及相关法规制度。引导并发挥好寺院民主管理委员会与政府的桥梁纽带作用。鼓励引导寺院民主管理委员会班子参加各级统战部、宗教管理部门组织的培训学习和考察活动，与其他宗教团体交流学习，提升宗教治理能力和水平。加强对寺院民主管理委员会班子的培训，加强学习党的民族宗教工作方针政策，提升寺院民主管理委员会僧人的组织管理水平，使他们充分认识新时期民族宗教工作的重要性，积极协助党和政府开展藏传佛教和谐寺院建设，不断巩固和发展党同宗教界的爱国统一战线，引导藏传佛教与社会主义社会相适应，引导广大信教群众爱国爱教，致力于香格里拉经济建设和社会事业发展，为维护社会和谐稳定做出积极贡献。

（三）切实开展宗教人士的培训教育与管理

采用讲授、参观、观影等多种培训形式，宣传法律法规、民族宗教政策，让宗教人士充分认识和了解迪庆州藏传佛教现状及面临的问题。宗教人士及僧人的培训主要分为两个方面，一方面由迪庆州和香格里拉市统战部、民宗局、佛协、松赞林寺管理局等部门和组织定期对寺院的主要教职人员和寺院民主管理委员会成员开展的培训。培训内容是法律法规和宗教政策的学习，主要采取集中授课、考察参观、现场交流、撰写心得体会相结合的方式进行，培训后要求向寺院僧人传达培训精神；另一方面的培训则是专门针对寺院僧人的进修学习。2015 年 3 月云南佛学院迪庆藏传佛教分院成立，成为云南藏区藏传佛教僧人们进修的重要学府，目前共有 71 名僧人，主要来自云南、西藏、四川等地的多个藏传佛教寺院。学校设置藏文、汉语、佛学理论、时事政治、英语、计算机等课程，刻苦学习且成绩优异的僧人将给予奖励基金，毕业后也可到更高一级的佛学院继续进修。给僧人们培训的经师按照藏传佛教不同教派来挑选，大部分都是由西藏请来，现有格鲁派 2 个班，噶举派 1 个班，宁玛派办的是混合班。宗教人士的管理是一项长期的工作，香格里拉市把宗教管理工作融入日常工作中，对于宗教人士管理除了采取定期培训外，更多的是日常追踪管理或随机在法会上聊天以掌握僧人和寺院动态。

（四）规范僧人户籍、出国（境）证照管理，维护寺院安全稳定

香格里拉大部分寺院僧人按照属地原则由所在辖区派出所进行登记和管理。而最大的松赞林寺则专门由尼旺宗派出所实行户籍与僧籍的双轨制管理。松赞林寺所在辖区为建塘镇，但是建塘镇派出所不管松赞林寺，而是由香格里拉市公安局针对松赞林寺单独成立的尼旺宗派出所负责管理，

其承担着把松赞林寺的户籍管理纳入规范化轨道的职责，这也是香格里拉创新寺院管理体制的一个重要内容。近800余名的僧人户籍登记是一项艰巨的工作任务，因松赞林寺的很多僧人不定期地在寺院或原籍居住，僧人又来自全州各地甚至是省外，流动性大，而此前的户籍管理存在原始资料缺失的问题，这些都大大增加了户籍登记核实的难度。而没有户籍资料，党委、政府关爱僧人的政策就无法落实。例如，香格里拉给寺院僧人办理医保和社保、意外伤害险等都需要核实僧人的户籍等资料。

在出国（境）证照管理方面，香格里拉市按照省委、州委、市委关于严禁境内人员出境参加非法活动的部署要求，开展出国（境）证照专项治理工作，以完善护照、港澳通行证、台湾通行证等证照管理为抓手，成立专项领导小组，进一步分解工作职责，深入松赞林寺八大康参宣传州《迪庆州僧尼和信教群众出国（境）参加宗教活动管理办法的通知》等文件要求，通过耐心细致宣传政策，最终实现对全寺僧侣的出国（境）证照实行统一登记保管，极大地促进了僧尼出入境证照的规范管理。

（五）加强宗教活动审批管理，维护寺院正常秩序

香格里拉市根据“依法保护正常的宗教活动，坚决制止、打击非法宗教活动”的工作原则。一是以家庭为单位的日常佛事活动一般不需要审批，若以村小组为单位所进行的宗教活动则需要进行相关审批。二是乡镇一级的宗教活动除了寺院开光外一般不予批准进行，如确需开展，则要求按宗教活动的审批规定，向香格里拉市民宗局、统战部等相关部门进行申报审批，并要求当地乡镇政府全程参与，实时汇报，维护宗教活动的正常秩序。三是以乡镇为单位开展的宗教活动，参与的信教群众较多的，香格里拉市民宗局、统战部等部门的审批程序会更为严格，要对宗教活动的性质和内容进行甄别，同时对参与宗教活动讲经人员的来历、日常表现、讲经内容、参与人员、现场活动秩序、治安消防等一系列环节进行严格把控，保障宗教活动合法合规、正常有序地开展。四是按照宗教活动开展场地的大小，将宗教活动的场地分为场所和处所，处所隶属于场所。每年藏历十一月在松赞林寺举行的格冬节就是以宗教场所为中心组织的大型宗教活动。大型佛事活动的开展，由香格里拉市委组织成立专门工作组，指导宗教活动的方案组织与现场实施。其中佛事活动按照宗教仪轨仪制进行，仪式定制由寺院自主自办，活动现场则设有后勤保障、人员疏导、现场秩序、消防、安全、卫生医疗、应急处置等多个保障小组。五是对于辖区内

基督教私设聚点，组织非法聚会的，在经过调查了解、摸底核实后，通过统战部、派出所及法制部门的通力合作，依法、妥善进行取缔。

（六）完善寺院僧人日常管理工作

香格里拉为做好寺院僧人的日常管理工作，维护寺院和谐稳定发展，确保长治久安示范区的建设，要求寺院管理局形成工作日志，定期一周三天下派宗教科、综合科工作人员到寺院日常巡查，到僧人中去，掌握僧人动态。松赞林寺将爱国主义、法制宣传融入到寺院日常管理服务中，日常以进寺为僧众服务为基础，经常性开展督导工作，在管理之前把服务做好，以取得事半功倍效果。此外，香格里拉倡导、鼓励宗教管理系统干部与宗教教职人员广交结友，倾听宗教教职人员心声，及时了解僧人动态意向。自 2007 年建立寺院管理局以来，没有发生过大的安全事件，没有发生过影响安定团结的事情。松赞林寺是全省最大的藏传佛教寺院，在“3·10”“3·14”等敏感时段、法会期等特殊时段，要求寺院管理局、寺院民主管理委员会、尼旺宗派出所三个管理方采取“五加二”“白加黑”工作方法，随时在寺院巡查，化解矛盾于日常。寺院里面还成立受过消防知识和技能训练的消防队伍，维护寺院消防安全。

（七）稳妥开展寺院堪布及活佛转世工作

香格里拉市对藏传佛教寺院堪布继任、换届及活佛转世工作高度重视，通过深入调研、制定方案和具体实施三个阶段，积极稳妥地开展寺院堪布及活佛转世工作，牢牢把握藏传佛教寺院管理的主动权和话语权。松赞林寺堪布任期一般是三年，在进行堪布换届或继任补选的工作中，市统战部、民宗局、佛协及尼旺宗派出所等都积极深入寺院，召集各康参的大德高僧调查了解僧众思想动态，做好全面摸底调查和僧人思想工作，按照寺院民管会掌教堪布选举工作领导小组部署，做好具备堪布候选人基本条件人员的初步调查，制定方案后再具体实施。同时积极引导僧众认真对待选举工作，把有学识、能服众、遵守国家宪法、爱国爱教、公道正派的僧人推选出来，确保寺院堪布换届工作圆满顺利地完成。

云登寺第三世向·初称江楚活佛转世工作中，按照国家《藏传佛教活佛转世管理办法》规定的程序进行报批，组建活佛转世指导小组、转世灵童寻访小组，积极跟踪管理云登寺民主管理委员会按宗教仪轨赴四川藏区、西藏等地完成前期的朝拜、打卦等准备，确保活佛转世灵童寻访工作依法依规、正常有序地开展，确保国家对藏传佛教活佛转世制度管理的主动权和话语权，维护寺院正常的宗教秩序。

二　积极引导宗教与社会主义相适应

（一）发挥宗教界代表人士的作用，服务和谐社会建设

香格里拉鼓励和支持宗教界广泛参与兴办公益慈善事业，引导有条件的宗教界人士、宗教团体和宗教活动场所积极参与社会救助和公益慈善事业，在扶贫、济困、助学、救灾、助残、养老等方面发挥有益的作用。松赞林寺高僧崩主活佛和堪布克斯活佛两人都在迪庆州、市政协和佛协中任职，在广大僧人和信教群众中有很高的威望。2004 年松赞林寺拟加宽寺院外围的转经道路，但道路的扩建不可避免地要占用部分百姓少量土地，几次协调都无果而终，僵持一年多，最后通过松赞林寺里的高僧大德出面到百姓家挨家挨户要地，用诚心打动百姓。看到僧人和信教群众转经更加方便，献出土地的群众感到自己是在积德行善。松赞林寺乡城康参住持拉茸格勒担任松赞林寺民主管理委员会成员，同时也任松赞林寺景区经营公司副总。2010 年他创办香格里拉仁安社区幼儿园，专门为 50 多名农村社区特困家庭儿童免费提供学前教育，经营费用完全来自私人捐款。2014 年僧人拉茸格勒荣获“云南省民族团结模范个人”，仁安社区幼儿园也被联合国教科文组织设立为农村社区学习建设项目点，成为带动当地社区学前教育发展的纽带。

香格里拉市积极组织宗教代表人士进村入寺促和谐。分批次组织宗教界代表人士深入各藏传佛教寺院，开展考察交流学习。组织 10 名经政府批准认定的新转世活佛到藏传佛教寺院参观考察学习。组织藏传佛教寺院的民管会主任、主持堪布到部分重点寺院参观考察学习交流活动。对维西县来远寺、达摩寺，德钦县禹功寺、崩功寺、东竹林、尼姑寺和香格里拉市松赞林寺、承恩寺 8 座寺院进行了考察。宗教代表人士通过深入寺院，实地了解到寺院建设、场所管理等全方位情况，为各宗教活动场所相互交流借鉴自我教育、自我管理、自我约束等方面的经验创造平台。

（二）创新管理模式，探索以寺养寺，服务区域经济社会发展

在各级党委、政府的领导下，香格里拉市大胆创新寺院管理体制，完善民主管理机制，积极探索一条行之有效的藏传佛教寺院管理新路子，把解决好藏传佛教问题作为维护藏区稳定的重要基础，积极引导宗教与社会主义相适应，使香格里拉成为全国藏区稳定的一面旗帜。对辖区内最大的

藏传佛教寺院松赞林寺实行寺院、社区、管理局与景区四位一体的管理模式，进一步理顺寺院管理体制，健全运行机制，促进寺院的文化开发和经济利益相协调，发挥政府机构的桥梁纽带作用，开创藏区寺院管理与发展的新局面。

1. 松赞林寺的管理机构设置与职能

松赞林寺宗教地位和行政职务最高的是崩主活佛，其同时担任迪庆州政协副主席。设置的管理机构有松赞林寺管理局、松赞林寺民主管理委员会、松赞林寺景区管理委员会、松赞林寺景区经营公司、尼旺宗派出所。

（1）松赞林寺管理局

香格里拉县于2007年成立松赞林寺管理局，属于政府直属部门，机构级别为副处级。同时撤销尼旺宗景区管理委员会，其职能、人员编制并入松赞林寺管理局。松赞林寺管理局下设松赞林寺民主管理委员会和松赞林寺景区管理委员会。寺院管理局受香格里拉市民族宗教管理局等国家行政机构的管理和指导。寺院管理局局长由崩主活佛担任，下设一名副处级常务副局长是国家工作人员，寺院管理局的日常事务主要是由常务副局长管理。为便于开展工作，寺院管理局的办公地点设置在松赞林寺景区门口。

（2）松赞林寺民主管理委员会

松赞林寺民主管理委员会，是根据《宗教事务条例》规定依法成立的管理组织，共由16名僧人组成，由松赞林寺八大康参按照人数多少民主选举产生1—2名僧人在其中任职，经报市宗教局审批同意，负责履行香格里拉人民政府民族宗教管理委员会和松赞林寺管理局赋予的职能，实行双重管理。寺院民主管理委员会主任由崩主活佛担任，同时下设一名常务副主任。松赞林寺民主管理委员会主要负责寺院佛事活动的管理，各项规章制度的实施，保证宗教活动的正常开展，并负责对松赞林景区管理委员会的行政工作进行民主监督。

（3）松赞林寺景区管理委员会

松赞林寺景区管理委员会主要负责辖区内的各类行政事务及经营管理。民主管理委员会和景区管理委员会均受松赞林寺管理局领导，对其负责，既分工又合作。寺院民主管理委员会1名副主任与景区管理委员会1名副主任实行交叉任职（其中寺院民主管理委员会副主任兼任景区管理委员会副主任，不占编制，不享受国家行政人员待遇）。

（4）松赞林寺景区经营公司

松赞林寺景区以噶丹·松赞林寺为主，以拉姆央措湖的恢复和周边社区的生态民俗旅游观光为辅，打造成为香格里拉“旅游观光、藏传佛教文化展示”的核心景区。松赞林寺景区规划总面积4.11平方公里，总投资1.83亿元。景区于2007年6月正式开工建设，主要修造了供排水、环湖工程、道路、围墙、寺前广场等基础工程，并对松赞林寺进行了保护性修缮，恢复重建了西康大殿、建设了寺院围墙和进出通道，对寺院的部分建筑进行了维护和修缮。松赞林寺既是寺院又是景区，松赞林寺景区经营公司主要负责的是寺院景区经营，包括门票、道路建设、交通巴士、指示牌、游客服务等景区范围内的基础设施建设与公共服务管理。

（5）尼旺宗派出所

尼旺宗派出所是香格里拉市公安局设立的专门管理松赞林寺的派出所。主要负责松赞林寺僧人户籍管理，维护寺院治安秩序，开展寺院法制法规宣传等工作。同时，尼旺宗派出所还着力做好僧人群体的基础工作，构建服务藏传佛教寺院长效机制与和谐警僧关系。在实际工作中总结出了“亲情式”服务的工作规范，即“一个承诺，两个坚持，三项要求，四项内涵”。一个承诺就是僧众利益无小事，两个坚持就是坚持以人为本、尊重宗教信仰，坚持科学发展、构建和谐寺庙，三项要求是一声问候、一个微笑、一份关怀，四项内涵是以亲情感人、以理解助人、以尊重待人、以服务管人。尼旺宗派出所立于松赞林寺景区管理工作的第一线，时刻把群众的利益、游客的利益、僧人的利益放在心上，为维护寺庙的安全和稳定打下坚实的群众基础。自2000年成立后的二十多年来，成功化解松赞林寺僧侣间、藏族同胞间以及迪庆与四川、西藏等相邻地区各族群间的矛盾纠纷上千起，赢得了香格里拉各族群众的高度信任和普遍赞誉，为维护藏区繁荣稳定作出突出贡献。

2. 松赞林寺的管理机制

（1）发挥宗教人士在寺院管理中的重要作用

崩主活佛是松赞林寺宗教地位和行政职务最高的宗教人士，同时担任寺院管理局主任、寺院民主管理委员会主任。崩主活佛作为政府管理机构和寺院管理组织的核心枢纽，发挥着正确贯彻落实国家宗教政策和管理寺院宗教仪制规章及僧人的重要作用。在寺院管理的实践中，崩主活佛是协调寺院僧人与政府管理工作人员、寺院僧人与社区群众、寺院与景区等多方利益的代表。

（2）寺院、社区、管理局与景区四位一体协调管理

寺院与景区之间的管理权力交叉。由寺院民主管理委员会的16名僧人中推选出一位，担任寺院景区经营公司副总，主要负责协调景区和寺院之间的相关事务，维护寺院与景区的利益平衡。寺院僧人在寺院作为景区的开发中，获得的最大收益是门票收入分成。寺院作为景区的基础设施建设与提升改造都是景区公司投资，寺院所获得的门票分成大部分都分给僧人，用于其个人生活。

社区与景区之间的管理权力交叉。松赞林寺景区所在社区约有200户当地居民，由寺院所在社区选举一个有影响力和威望的代表担任景区经营公司副总，主要负责协调景区和社区之间的相关事务，维护社区与景区的利益平衡。例如景区的扩建运营与提升改造势必会影响到社区的土地使用和居民生活，景区经营公司给社区每户每年5000元的补助。景区的清洁工、保安等工作人员基本都是聘用社区的人，积极为他们提供工作岗位。

管理局与景区之间的管理权力交叉。景区经营公司的总经理任职寺院管理局的副局长，是副科级。主要负责协调景区和管理局之间的管理事务，维护寺院与景区的和谐安定。寺院管理局既要管寺庙，又要管经营公司。涉及景区和寺院或景区与社区的重要事项，则由崩主活佛出面参与协调。

3. 成立景区建设协调专项工作组

香格里拉于2014年专门成立了由市政协领导任组长的专项工作组，领导和协调松赞林寺的5A级景区创建工作，负责听取汇报工作近况、协调各部门相互配合、重要事项的决策等。例如进入到松赞林寺的景区道路及规划建设都涉及同社区群众的协调和谈判。此外市民宗局抽调一名副职领导参与到专项工作组中任职，统战部等各个部门都有人在这个工作组中，可以直接参与相关事项的决策，同时所有涉及的部门都列到成员单位里面，方便协调统筹工作。

4. 非景区寺院与松赞林寺的机构设置区别

非景区寺院如承恩寺、云登寺等，在寺院管理局的机构设置等方面与作为景区的松赞林寺均有所不同。东旺乡和建塘镇是香格里拉市宗教工作集中的两个乡镇，东旺乡境内有2个宗教活动场所和4个宗教活动处所，建塘镇境内除松赞林寺外，还有1个宗教活动场所和3个宗教活动处所，

为便于加强管理，设立了东旺乡寺院管理局（管理局级别是正科级、设立 1 正 2 副，核定行政编制 5 名）、建塘镇寺院管理局（管理局级别是副科级，核定行政编制 2 名），隶属于香格里拉市民族宗教事务局，在东旺乡和建塘镇挂牌办公。寺院管理局以前是宗教局下派的一个机构，现在是独立机构，受香格里拉市民宗局指导。按规模，一个乡镇成立一个寺院管理局，人员及财务都是管理局在管，此外乡镇的寺院管理局局长还要挂一个维稳副书记，例如建塘镇维稳副书记兼管理局局长，便于理顺管理权力，协调寺院管理。承恩寺和松赞林寺不同，承恩寺不是景区，是纯宗教场地，所以只设置寺院民主管理委员会，寺院管理局的职能主要是上传下达国家政策，依法管理宗教。寺院民主管理委员会受管理局的监督和指导，所以是一种相互制约的交叉管理。

5. 松赞林寺景区的以寺养寺路径

民主改革前，松赞林寺不存在以寺养寺的情况。现今寺院的收入主要是景区门票分成和信教群众的供养。单靠信教群众供养，只能帮助僧侣维持基本的生活水平，初入寺的新僧及无力外出搞佛事活动的老年僧侣，全靠家庭供养。政府财政对 400 多间僧舍改造是按项目制一次性给每间僧舍几千块补助，主要靠僧人自建及家人供养。实施以寺养寺后，没有专门拨付给寺院的财政资金，但是寺院有具体困难可以向民委等部门申请资助。景区门票分成：松赞林寺景区全价门票是 115 元，不论全价票还是半价票，一张门票分给寺院 35 元，2013 年寺院分到门票收入 900 多万，2014 年 1300 多万，2015 年松赞林寺共有 730 多名僧人，每人分到约 1 万元，剩下的投入到寺院的维修，以及 2015 年香格里拉地震灾区的寺院修缮和百姓救助、古城火灾捐款等。此外八大康参的财务独立运作，僧人每次参与寺院的念经和法会都有补助收入。松赞林寺自建成景区以来，切实增加了僧人收入，提高了僧人的生活水平。

三　寺院管理中面临的问题与挑战

香格里拉市党委和各级政府部门认真贯彻落实中央和云南省以及迪庆自治州的相关宗教政策和工作方针，积极引导宗教与社会主义相适应，创新寺院管理和民主管理的体制机制，为香格里拉经济社会的平稳发展、宗教关系和谐奠定了基础。随着改革开放的深入，外来宗教文化在意识形态领域的渗透，对原有宗教格局形成强烈冲击，也给促进宗教与社会主义相适应的工作带来诸多挑战。

（一）信息化世俗化背景下僧人管理难度加大

随着当地经济社会发展水平的提高，城市化进程的加快和市场经济的发展，寺院不断开放并遭到各种社会潮流的冲击，僧人的生活和社交活动已不再单纯地局限在寺院之内，而是透过大众使用的手机、微信、微博等社交网络工具广泛参与到世俗社会的交往之中，深受社会环境和风气的影响，潜心学修的思想观念发生了转变。佛教的读经、诵经和禅修也染上了世俗化的色彩。讲经说法本是僧众的修行方式，修行是为了普度众生，要求僧人诚心诚意学习，多做善事。真心实意学习修行并不需要非常大的、宽敞的、金碧辉煌的场所。部分僧人缺乏佛教传统中的僧侣意识，刻苦学修的意识淡薄，追求享乐，关注的不是个人的学养和修行，而是借教敛财、争逐名利。部分僧人招收俗人皈依弟子，却也只是成为一种接受供养的方式。按常理，随着生活水平和收入的提高，家庭对僧人的供养压力减小，僧人更应该有时间潜修佛法。然而部分僧人做起生意并享受国家的免税政策。由于僧侣在藏区社会具有特殊和较高的社会地位，僧侣家庭对其也是以最好的方式供养，信教群众对僧侣寄予较高的期望，而少数僧侣戒律涣散，信仰淡薄，不重修行，引起了部分信教群众的担忧。

（二）寺院旅游景区开发管理中的挑战

松赞林寺作为宗教文化旅游景区开发后，成为香格里拉的一张著名的旅游名片，承担着宗教寺院和旅游景区的双重角色，为以寺养寺探索出一条创新的路子，增加了寺院僧人和所在社区群众的收入，有效拉动了当地旅游业的发展。松赞林寺景区经营公司现有员工 140 多人，寺院有 700 多名僧人，社区有上万人，在作为景区的寺院管理中，有来自游客、僧人、寺院、社区之间的矛盾冲突。一是有的游客不懂宗教礼节，不尊重藏区佛教寺院的仪制、风俗习惯和参观禁忌等，认为买了门票进入景区后就可以随意妄为。进入寺院景区大殿时大声喧哗，随意用相机拍照，不脱帽或用手指点佛像等行为引起僧人的反感，扰乱了寺院的清净和秩序。也有游客看到景区宣传册上介绍有诵经法会，但他们来的时候并不在寺院法会时期，因而向景区投诉宣传与实际不符，或者就景区的卫生间等硬件设施进行投诉。二是在景区建设开发过程中与社区群众利益的矛盾。寺院景区道路的提升改扩建、开通交通巴士进出入景区时对社区道路的占用，停车场的建设、转经路线的拓宽改造占用社区土地，游客参观人数过多等，都会不同程度影响社区群众的正常生活和切身利益。

（三）宗教教职人员整体素质亟待提高

宗教教职人员如僧人、阿訇、牧师等既是各宗教组织的实际体现者，又是宗教信徒的实际领导者。教职人员素质好坏事关重大。主要存在以下问题，一是宗教教职人员长期处于自发成长状态，教职人员自身整体素质不高，普遍年龄偏大、文化水平偏低，除少数具有较高宗教文化素养外，有相当一部分宗教教职人员没有经过专门的经典教义的系统学习和培训，对宗教教义了解少，法律意识不强，管理能力偏低。在依法管理宗教活动场所的过程中，存在宗教团体替代政府部门行使管理职能的越位问题。在开展宗教活动时，只是组织信教群众诵经、唱歌或祷告。部分教徒对宗教教义都缺乏理性认识很难从中辨别真伪，其信仰基本处于低级迷信状态。二是宗教教职人员身份复杂。尽管香格里拉已按要求对教职人员进行了资格认定和登记备案，但仍有部分教职人员存在不守教规现象，入教目的和动机不端正。三是宗教教职人员自养能力较低。除了最大的松赞林寺是旅游景点，僧人有门票收入分成以外，其他各宗教堂点寺院由于自身没有产业，又缺乏财政专项资金补助，因此，宗教教职人员基本生活难以保障，只能依靠家庭供养或信教群众布施，条件十分艰苦。

（四）宗教利益纷争时有发生，呈多元化、复杂化特点

宗教内部矛盾的主要表现，一是不同宗教信仰者之间的矛盾。同一宗教信仰者之间共同的身份认同感，意味着对其他宗教信仰的排他感，这种排他感往往会造成不同宗教信仰者的矛盾。二是为同一宗教内部不同派别之间的矛盾。由于对宗教经典的不同理解，可能导致产生不同的教义，因而一个宗教内部会产生多个不同的派别。宗教同外部社会的矛盾主要表现为宗教信徒同不信教群众之间的矛盾，由于部分信教群众法律意识淡薄，因教派、教权和个人恩怨诱发的不稳定因素时有发生。例如教派内部，寺庙与信教群众之间，寺院民管会高层与普通僧人之间均会有矛盾，但大多数矛盾纠纷都是宗教教职人员或代表人物之间的利益之争。一是争夺教权、教产，围绕教权、教产的拥有和继承问题引发的纠纷。二是为争“名”占“位”，排斥攻击竞争者而引发的矛盾。三是教派之争，以人划线、以地划域、争拉信徒，互不相融出现的矛盾。以上这些矛盾尽管表现得不是很激烈，但处理不当，容易引发群体性或突发性事件，会严重影响宗教内部的团结与和睦，影响党群干群关系。

四　加强香格里拉市宗教事务管理的对策思考

（一）切实强化宗教政策法规的宣传教育

各级党委和政府要充分利用新闻媒体等宣传阵地，采取多种形式对基层干部和信教群众进行宗教政策和法律法规的宣传教育，让广大宗教管理干部和宗教教职人员充分理解党的宗教政策，了解宗教的自身规律及基本知识，掌握运用党的宗教政策法规处理宗教问题的本领。首先，深入落实《宗教事务条例》《云南省迪庆藏族自治州藏传佛教寺院管理条例》及相关配套法规制度，增强宗教教职人员的国家观念、政策观念和法制观念，真正把思想认识统一到党对宗教问题的基本观点和基本政策的大政方针上来。使广大干部从讲政治的高度认真对待和处理宗教方面的问题，确保党的宗教政策、法律法规在基层得到全面落实。其次，紧紧围绕实现全国藏区民族团结示范区和全国藏区生态文明排头兵的战略目标，进一步深化法制宣传教育工作成效，维护藏传佛教寺院和谐稳定的良好局面。以建设绿色香格里拉和维护云南藏区社会稳定为主线，用通俗易懂的语言、多元的交流形式，向宗教教职人员宣讲党的民族宗教政策，使每位宗教教职人员从思想上行动上与党中央保持高度一致，争当爱国爱教的先进，进一步增强爱国热情，并结合藏传佛教教义，积极创建和谐寺院，自觉维护藏区长治久安。

（二）深入基层，切实做好寺院稳控工作

香格里拉是云南藏区的腹地，也是藏传佛教的重地，寺院场所和处所分布广，僧侣数量多，社会影响大。藏传佛教寺院的稳定对于维护藏区经济社会稳定具有举足轻重的作用，在处理宗教工作的矛盾和问题中，坚持政策教育和情感感化并重，不断夯实寺院维稳基础，切实维护藏区和谐稳定。一是以涉藏维稳思想教育引导工作为切入点，夯实维稳工作思想基础。在全市藏传佛教寺院开展法制宣传教育专项活动，通过编写汉藏两种文字宣传材料、在新闻媒体开设专栏、举办僧侣培训班等方法，稳控知名宗教人士和僧侣的思想意识。二是以打牢基础为侧重点，不断推进寺院常态化管理工作。根据寺院规模、影响和综合评估，对个别场所在自我管理基础上实行动态管理。加强寺院民主管理委员会队伍建设，强化寺管会成员培训，提升寺院组织管理能力。三是以抓好寺院维稳工作为着力点，全力推进和谐寺院创建活动。建立宗教事务管理热点难点问题排查摸底制

度，推动落实已经出台的相关制度和办法，修订完善藏传佛教戒律教规和寺院各项管理制度，严格管控僧侣遵守教规戒律。将维稳工作责任体系分层落实，确保重点寺院在敏感节点教育管理不放松。此外，要加强外出学经人员的管理，建立毗邻地区维稳合作机制，消除边际地区流动僧侣管理的盲区，加强信息研判，对存在的矛盾和不稳定因素及时化解处置，全力将各种矛盾隐患化解在萌芽状态。对寺院各类宗教活动建档立卡，签订维稳承诺书并积极引导宗教界积极参与慈善公益活动。四是以强化服务工作为中心点，全面落实寺院民生保障政策，融管理于服务之中。积极争取寺院基础设施建设项目财政补贴，多方筹措资金，解决好寺院僧侣的僧舍、食堂等基本生活设施。继续推进低保、医保等社会保障制度进寺院，基本实现僧侣老有所养、病有所医、住有所居的目标。

（三）科学规划寺院旅游线路，指导游客文明礼佛

积极探索佛教寺院清修与旅游景区开发协调发展的路径，拓宽以寺养寺的途径，以展示藏区寺院宗教文化为依托，以旅游景区开发为抓手，实现寺院宗教文化发展与景区旅游开发双赢的局面。一是掌握藏传佛教宗教仪制，合理规划寺院旅游线路。僧人需要清净的修行空间，这与日益增长的寺院景区旅游游客形成了冲突，因此应根据寺院学经研习、宗教法会、日常佛事活动、寺院禁忌等宗教文化和习惯，与寺院景区经营公司、寺管会等多方协调，科学合理的规划旅游观光，减少对寺院和僧人修行空间的打扰。二是多方联动，积极指导游客入乡随俗，文明礼佛。通过宣传手册、导游讲解、指示牌告示等多重手段，宣传寺院观光礼仪。例如进入寺院大殿前要脱帽，参观旅游时都需依照顺时针方向；未经过活佛、堪布或僧人同意不允许随意进入房间打扰。忌用手指指点佛像，应五指并拢，掌心向上以示崇敬等。三是不断提升景区寺院的道路建设、交通便利条件和卫生间、医务室等基础公共服务设施，规范管理寺院景区内商店和摊贩，提升游客参观旅游的体验满意度，为藏传佛教宗教文化提供展示窗口。四是继续加强寺院宗教规章制度的执行度，适度开放法会等宗教活动参观，不过度消费宗教寺院的神圣性。

（四）加强反分裂、反渗透工作，维护宗教和谐稳定

坚决维护藏区民族团结，深刻理解“团结稳定是福、分裂动乱是祸”的道理，深入揭批“藏独”集团把宗教和寺庙作为分裂破坏活动的重要阵地。一是坚持以上率下，分层履行寺院维稳主体责任。作为寺院民主管

理委员会、寺院管理局等宗教管理机构的领导干部，应走在反分裂、促稳定的前列，真正把使命放在心上、把责任扛在肩上，经得住历史考验，切实担负起维护藏传佛教正常宗教秩序，确保寺院和谐稳定的重大政治责任。二是不断提高宗教事务管理干部的政治敏锐性和鉴别力，充分认识到反分裂斗争的长期性、复杂性和尖锐性，克服麻痹松懈和一劳永逸的思想，强化党的民族宗教政策的学习和领会。要密切注意动向，严防境外势力利用宗教进行渗透。对于一切邪教组织要敢于斗争，并坚决予以打击取缔，自觉维护民族团结，维护社会稳定。三是积极开展做合格教职人员的法制宣传教育活动，切实加强维稳敏感期各项工作，巩固和提升历年来和谐寺院教堂创建活动成果，要求寺院全体僧人必须认识到反分裂斗争的艰巨性、复杂性和长期性，更加清醒地认识分裂势力是影响云南藏区稳定的主要根源，继续深入开展揭批行动。四是重视及加强宗教事务管理干部与驻寺工作组的通力协作，加大宣传力度，采取多种方式，对寺院活佛、老僧、民管会进行个别走访、召开座谈会，深入讲解党的路线方针政策，做好思想教育工作，全面贯彻落实党的宗教信仰自由政策，依法管理宗教事务，积极引导宗教与社会主义社会相适应。

（五）提升宗教教职人员素质，加强寺院管理队伍建设

加强宗教教职人员队伍建设，努力建设一支政治上靠得住、学识上有造诣、品德上能服众、关键时刻起作用的高素质宗教教职人员队伍，是新时期宗教工作的重要任务。一是倡导宗教教职人员学政策、学法律，提升教职人员素养。结合香格里拉实际，开展法制宣传进寺院活动。以专题讲座、座谈讨论等形式，用通俗易懂的民族语言向教职人员传达中央及云南省藏区工作会议等相关会议精神和党的民族宗教政策，不断增强国家意识、公民意识和法治意识，不断提高佛学造诣和道德修养，依法管理宗教事务，引导宗教在社会发展稳定中发挥更大作用，促进社会和谐稳定。二是倡导教职人员持戒守法，增强对新的教义教规的认知，践行宗教和谐理念。增强教职人员和寺院民管会的团结协作意识，不断提升寺院管理能力。积极引导和培育信教群众自尊自信、理性平和、积极向上的心态，用实际行动维护宗教场所安全。正确认识国法与教规的关系，增强宗教教职人员爱国爱教意识，提高依法信教自觉性。三是引导宗教教职人员主动承担社会责任，充分发扬宗教界扶困济贫的优良传统，积极投身抗灾救灾活动，为促进香格里拉经济发展及社会和谐稳定发挥积极作用。四是坚持管

理与服务并重，服务好宗教人士，带好信教群众队伍，维护教职人员的合法权益。积极争取基金，帮助解决宗教场所的交通、饮水、用电、看书读报等一系列实际困难和问题。帮助改善宗教场所基础设施，提高宗教界自养能力，建立与僧尼家庭的联系制度，在扶贫就业等方面给予关心和照顾。抵御境外宗教组织的渗透，进一步增强教职人员的向心力和凝聚力。

（六）正确处理宗教矛盾，充分发挥宗教的正面作用

做好宗教工作，关系到社会安定、民族团结。要充分认识到做好宗教工作的重要性，增强责任意识和紧迫感。一是全面提高基层党政干部对宗教工作的认识，特别是宗教事务部门管理干部处理宗教矛盾的能力。加强学习，把握宗教规律和特点，增强宗教管理的主动性，减少盲目性。积极研判香格里拉宗教工作的新形势和新问题，切实解决宗教工作中的热点、难点问题。二是全面落实宗教工作层级责任制，制定市乡两级宗教工作责任制，建立市、乡、村三级宗教工作管理网络，通过建立网格化管理，强化责任，形成上下联动、左右协调，各级部门齐抓共管的局面。切实解决基层宗教工作无人管、不敢管及遇事推诿回避的现象。三是切实维护信教群众的合法权益，妥善处理伤害信教群众感情和宗教团体合法利益的事件，坚决制止和取缔非法宗教活动和聚集场所，清理整治非法建造寺观教堂的行为。四是不断完善宗教领域矛盾纠纷排查调处机制和突发事件应急处理机制，解决一批影响宗教领域和谐稳定的重难点问题，促使信教群众之间、教派之间、信教群众与不信教群众之间更加团结和谐。五是要坚持不懈做好中青年宗教教职人员的培养，建立一支爱国爱教、综合素质高、具有开拓精神的管理队伍，解决宗教教职人员青黄不接的实际，继承和发扬爱国爱教的优良传统，做到“信教仍思爱国兴邦、修行未忘济世利民”。

第六章

民族关系现状调查

香格里拉市居住着 25 个少数民族，其中藏族、汉族、纳西族、傈僳族、彝族、白族、回族、苗族、普米族 9 个为世居民族。截至 2012 年 12 月 31 日，全市总人口 175336 人，其中，少数民族人口 125783 人，占户籍人口的 71.7%。少数民族人口中，藏族人口 67328 人，占户籍人口的 38.4%；纳西族人口 26578 人，占户籍人口的 18.15%；彝族 12239 人，占户籍人口的 9.73%；傈僳族 11898 人，占户籍人口的 9.46%；白族 4765 人，占户籍人口的 3.79%；苗族 1373 人，占户籍人口的 1.09%。

香格里拉市地处滇川藏三省区结合部，历史上是多民族迁徙的走廊，又是滇藏茶马古道的中转站，形成了多民族交错杂居，以及多元文化共处并存的状况，民族宗教关系十分复杂，被称为“诡秘杂糅之处”。中华人民共和国成立后 ，在中国共产党的正确领导下，实行了民族区域自治制度和平等、团结、互助、和谐的民族政策，特别是近年来呈现出民族团结、社会和谐、经济发展的良好局面，深入揭示香格里拉市民族关系和谐的原因，对促进民族团结进步事业，构建和谐社会具有重要的现实意义。

课题组为客观呈现香格里拉市民族关系现状，于 2015 年 1 月至 2015 年 3 月在香格里拉市内开展了大量的入户问卷调查、访谈及小型座谈会，搜集数据及案例。为保证调研质量，本次调研在具有田野调查经验专业人员的现场指导下，由 16 名通晓藏汉双语的云南民族大学三、四年级学生入户访谈；并在调研前作了为期一周的培训。为保证样本质量，本次抽样过程分为两个部分：第一部分为非概率抽样，调查地点确定在藏族聚居，与其他民族交往较为频繁，沿 214 国道分布的香格里拉县建塘镇和尼西乡两个乡镇，从中抽取了红坡村、独克宗等村委会 640 户作为样本；第二部分在云南民族大学在校藏族大学生中随机抽取120人作为样本。本次抽样调查共投放调查问卷760份，回收有效问卷730份，回收率为96%。其中：从性别分布看，男性受访者占51.4%，女性受访者占48.6%；从年龄分布看，18岁以下受访者占18.9%，18—24岁的受访者占15.9%，25—40岁的受访者占30.8%，40—50岁的受访者占22.6%，50—60岁的受访者占7.5%，60岁以上的受访者占4.2%；从民族分布看，汉族受访者占9.6%，藏族受访者占80.8%，其他少数民族占9.6%；从婚姻状况来看，已婚者占60.1%，未婚者占35.9%，离婚者占0.7%，丧偶者占2.3%，再婚者占1%；从受教育程度分布看，小学文化以下的受访者占7.3%，小学文化的受访者占16.3%，初中文化的受访者占17%，高中文化的受访者占12.1%，大学文化的受访者占43.2%，大学以上文化的受访者占4.2%。

第一节 民族关系现状描述

族际交往是反映民族关系的重要方面，本研究将从族际日常交往情况、族际通婚情况和族际语言互通情况三个维度对香格里拉市的族际关系进行描述与分析。

一 族际日常交往情况

在戈登提出的衡量民族关系的7个变量体系中，个体的日常交往是衡量民族关系最为重要的指标之一。他可以"衡量两个族群的成员之间是否出现了比较亲密的私人接触，一个族群的成员在日常生活和私人领域中被另一个族群的成员们普遍接受"① 的程度，从而反映民族之间交往的状态以及民族关系稳固与否。下面将从居住格局和交友情况两个方面对香格里拉市民族关系进行分析。

族际居住格局可以从个体和群体两个层面来考察。一是从个体层面看，可以了解每户居民的邻居状况，即每户人家住房的左右前后（上下）邻居的民族构成；二是群体层面的族际居住格局。本次调查是以居民个体为单位来考察族际交错居住情况，进而分析族际交往关系。

① 马戎：《民族社会学——社会学的族群关系研究》，北京大学出版社2004年版，第204页。

表 6-1　　民族 * 邻居民族类别交叉表

			邻居民族类别			合计
			汉族	藏族	其他少数民族	
受访者民族类别	汉族	计数	11	51	8	70
		所占比例%	15.7	72.9	11.4	100.0
	藏族	计数	29	528	33	590
		所占比例%	4.9	89.5	5.6	100.0
	其他少数民族	计数	2	41	27	70
		所占比例%	2.9	58.6	38.6	100.1
合计		计数	42	620	68	730
		所占比例%	5.8	84.9	9.3	100.0

* 交叉表由 SPSS 软件自动生成，存在 0.1%的误差。下同。

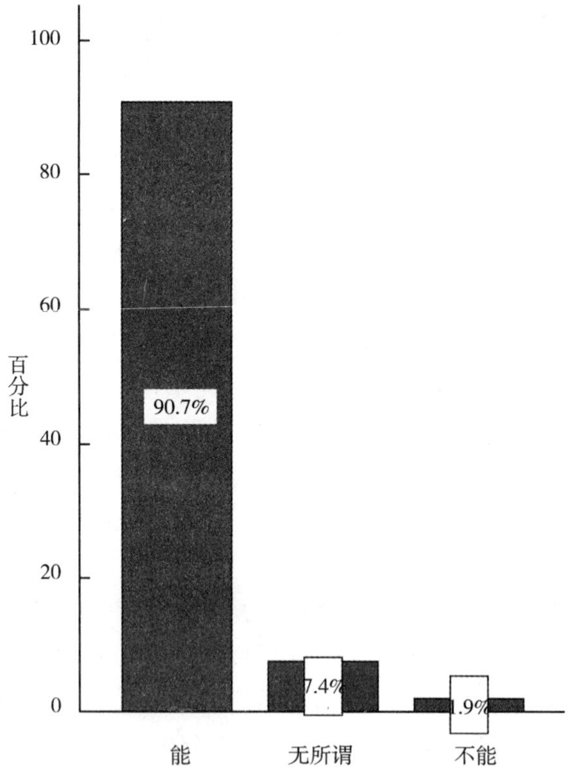

图 6-1　能否与其他民族做邻居并友好相处

从表 6-1 可以看出，在 70 位汉族受访者中，与藏族为邻的最多，占 72.9%；其次为与汉族为邻，占 15.7%。在 590 位藏族受访者中，与本民族为邻的最多，占 89.5%；其次为与其他少数民族为邻，占 5.6%。在 70 位其他少数民族受访者中，与藏族为邻的最多，占 58.6%；与汉族为邻的最少，仅占 2.9%。由于本次调研是在藏族聚居区展开，可以看出，汉族和其他少数民族大多与藏族为邻，而藏族与本民族为邻的情况仍占大多数。虽然藏族聚居程度比较高，但是藏族与汉族及其他少数民族的交错居住的情况也很明显。

在调研过程中我们发现在香格里拉市多民族交错居住的情况比较明显，为此我们对受访者能否与其他民族做邻居并友好相处的情况做了进一步调查。从图 6-1 中可以看出在 730 位受访者中有 90.7%表示能和周围不同民族的邻居友好相处；有 7.4%表示无所谓；只有 1.9%表示不能与其他民族的邻居友好相处。可见，绝大部分受访者并不排斥和其他民族做邻居，并表现出与其他民族友好相处的态度与愿景。

不同民族有着各不相同的生活习俗，随着藏区经济社会的发展，在可预见的将来，多民族交错居住情况会日益普遍，那么不同的生活习俗会对不同民族群之间的交往产生怎样的影响呢？调研数据显示，在 730 位受访者中，认为日常生活习俗的不同对自己与周围其他民族交往没有影响的最多，占 54%；认为会有一点影响的受访者比例排第二，占 38.8%；认为有较大影响的占 4%；而觉得有很大影响的只有 3.3%，详情见表 6-2。在调研中 92.8%受访者认为，不同民族之间不同的生活习俗并没有影响他们之间的正常交往。

表 6-2　生活习俗对交往影响

		频率	百分比	有效百分比	累积百分比
有效	很大	24	3.3	3.3	3.3
	较大	29	4.0	4.0	7.3
	有一点	283	38.8	38.8	46.0
	没有	394	54.0	54.0	100.0
	合计	730	100.1	100.1	

我们对不同民族的受访者更愿意和哪个民族做邻居做了调查，从表

6-3 中可以看出，在受访的 70 名汉族同胞中，有 78.6%觉得无所谓，对与哪个民族做邻居并不敏感，没有明确的偏好；愿意和汉族、藏族及其他少数民族做邻居的汉族受访者比例差不多，没有明显的差距。在 590 名藏族受访者中，愿意与本民族做邻居的最多，占 49.2%；觉得无所谓，没有明显偏好的位居其次，占 39.3%。在 70 位其他少数民族受访者中，高达 82.9%的表示对和哪个民族做邻居无所谓。这表明，目前尽管藏族、汉族及其他少数民族在对待邻居族别偏好的问题上存在一些差异，但从总体来看，在人们的主观意识中，对日常交往还是表示出了一种相对宽容的态度。这种友好宽容的主观期望将为建立和谐的民族关系打下良好的基础。

表 6-3　　民族＊ 邻居民族期望交叉表

			对邻居民族类别的期望				合计
			汉族	藏族	其他少数民族	无所谓	
受访者民族类别	汉族	计数	6	5	4	55	70
		所占比例%	8.6	7.1	5.7	78.6	100.0
	藏族	计数	25	290	43	232	590
		所占比例%	4.2	49.2	7.3	39.3	100.0
	其他少数民族	计数	4	4	4	58	70
		所占比例%	5.7	5.7	5.7	82.9	100.0
合计		计数	35	299	51	345	730
		所占比例%	4.8	41.0	7.0	47.3	100.1

对于在日常生活中如果遇到需要帮助的人，会不会因为族别不同而区别对待时，在 590 名藏族受访者中，有 80.3%的人表示，在别人遇到困难时，会不分民族成分给予帮助的；14.4%的藏族受访者表示会视具体情况而定。这也在一定程度上显示了香格里拉市的藏族在族际交往中持一种积极和良好的期待。

为了深入了解不同民族之间的社会交往情况，我们还对不同民族之间的交友情况做了调查，在 70 位汉族受访者中表示自己朋友大部分是藏族的，有 36 位占 51.4%；其次是觉得各族朋友的数量都差不多的，有 17 位，占 24.3%；再次是觉得本民族朋友最多的，有 16 位，占 22.9%。在 590 位藏族受访者中，表示本民族朋友最多的有 525 位，占 89%；表示朋友大多数为其他民族的藏族受访者很少。在70位其他少数民族受访者中，表示自己朋友多为藏族的最多，占50%；其次为觉得各族朋友的数量都差不多的，占22.9%，详情见表6-4。由于本次调研是在藏族聚居区展开，藏族受访者的交友结构仍以本民族为主体，而汉族和其他少数民族群众的交友构成以藏族为主，这表明香格里拉市各民族之间在社会交往中“族群边界”的淡出。

表6-4　民族 * 朋友的民族构成交叉表

			朋友的民族构成				合计
			汉族	藏族	其他民族	差不多	
受访者民族类别	汉族	计数	16	36	1	17	70
		所占比例%	22.9	51.4	1.4	24.3	100.0
	藏族	计数	21	525	12	32	590
		所占比例%	3.6	89.0	2.0	5.4	100.0
	其他少数民族	计数	10	35	9	16	70
		所占比例%	14.3	50.0	12.9	22.9	100.1
合计		计数	47	596	22	65	730
		所占比例%	6.4	81.6	3.0	8.9	99.9

从与其他民族交朋友的期望看，在70位汉族受访者中，表示在交朋友过程中，民族类别无所谓不作为主要考虑因素的最多，占84.3%。在590位藏族受访者中，表示交朋友时民族类别无所谓，不作为主要考虑因素的最多，占44.7%；其次为表示交朋友时更愿意和本民族交朋友的，占41.5%，两者比例相当。在70位其他少数民族受访者中，表示交朋友时民族类别无所谓，不作为主要考虑因素的也是最多，占85.7%；其次为表示更愿意和藏族受访者交朋友的，占5.7%；详情见表6-5。可见，受访者交朋友的主观意愿和实际情况差异还是比较大的，对于交朋友的主观期望，各民族都表示出比较宽容的姿态，民族意识不那么强烈，这表明前述藏族受访者的交友结构以本民族为主，更多的是受制于交往环境。

表 6-5 民族 * 朋友民族期望交叉表

			朋友民族期望				合计
			汉族	藏族	其他少数民族	无所谓	
受访者民族类别	汉族	计数	5	3	3	59	70
		所占比例%	7.1	4.3	4.3	84.3	100.0
	藏族	计数	19	245	62	264	590
		所占比例%	3.2	41.5	10.5	44.7	99.9
	其他少数民族	计数	3	4	3	60	70
		所占比例%	4.3	5.7	4.3	85.7	100.0
合计		计数	27	252	68	383	730
		所占比例%	3.7%	34.5%	9.3%	52.5%	100.0%

从与其他民族朋友交往的程度看，在70位汉族受访者中，表示经常和其他民族朋友交往的最多，占84.3%；表示不常和其他民族朋友交往的占15.7%。在590位藏族受访者中，表示经常与其他民族朋友交往的最多，占52.2%；表示不常和其他民族朋友交往的占42.2%；表示从不和其他民族朋友交往的占5.6%。在70位其他少数民族受访者中，表示经常与其他民族朋友交往的最多，占92.9%；表示不常和其他民族朋友交往的占4.3%；表示从不和其他民族朋友交往的占2.9%，详情见表6-6。虽然香格里拉市不同民族之间交往程度还存在差异，但总体上不同民族之间仍表现出较高的交往度。

表 6-6 民族 * 其他民族朋友交往程度交叉表

			其他民族朋友交往程度			合计
			经常交往	不常交往	不交往	
受访者民族类别	汉族	计数	59	11	0	70
		所占比例%	84.3	15.7	0.0	100.0
	藏族	计数	308	249	33	590
		所占比例%	52.2	42.2	5.6	100.0
	其他少数民族	计数	65	3	2	70
		所占比例%	92.9	4.3	2.9	100.0
合计		计数	432	263	35	730
		所占比例%	59.2	36.0	4.8	100.0

续表

		其他民族朋友交往程度			合计
		经常交往	不常交往	不交往	
Pearson 卡方值	64. 253	渐进 Sig. （双侧）		0. 000	

为了了解不同民族在日常生活中选择朋友主要考虑的因素有何差异，我们在调研中针对此问题进行了详细的访问。在 70 位汉族受访者中，表示将工作、生活和经济因素作为择友主要考虑因素的最多，占 65. 7%；表示将宗教、民族因素作为择友主要考虑因素的占 5. 7%。在 590 位藏族受访者中，表示将工作、生活和经济因素作为择友主要考虑因素的最多，占 60. 5%；表示将宗教、民族因素作为择友主要考虑因素的占 15. 8%。在 70 位其他少数民族受访者中，将工作、生活和经济因素作为择友主要考虑因素的最多，占 48. 6%；表示将宗教、民族因素作为择友主要考虑因素的占 7. 1%，详情见表 6-7。

表 6-7　　民族 * 择友原因交叉表

			择友原因			合计
			宗教、民族因素	工作、生活、经济因素	其他	
受访者民族类别	汉族	计数	4	46	20	70
		所占比例%	5. 7	65. 7	28. 6	100. 0
	藏族	计数	93	357	140	590
		所占比例%	15. 8	60. 5	23. 7	100. 0
	其他少数民族	计数	5	34	31	70
		所占比例%	7. 1	48. 6	44. 3	100. 0
合计		计数	102	437	191	730
		所占比例%	14. 0	59. 9	26. 2	100. 1
Pearson 卡方值		19. 317	渐进 Sig. （双侧）		0. 001	

关于不同民族在日常生活中互助情况的调查表明，在 70 位汉族受访者中，表示在日常生活中得到各族朋友的帮助都差不多的所占比例最高，为 35. 7%；其次为表示得到藏族朋友帮助最多的，占 34. 3%；再次为表示得到本民族朋友帮助最多的，占 25. 7%。在 590 位藏族受访者中，表示在日常生活中得到本族朋友的帮助最多的所占比例最高，为 79. 2%；其

次为表示得到各族朋友的帮助都差不多的，占14.6%；再次为得到汉族朋友帮助最多的，占4.2%。在70位其他少数民族受访者中，表示在日常生活中得到各族朋友的帮助都差不多的所占比例最高，为52.9%；其次为表示得到藏族朋友帮助最多的，占20.0%；再次为表示得到本民族朋友帮助最多的，占18.6%，详情见表6-8。从数据来看，虽然在大多数藏族受访者中得到本民族朋友帮助的人数最多，所占比例最高，但在汉族受访者中得到藏族朋友帮助最多的人所占比例高于得到本民族朋友帮助最多的人。这充分体现了香格里拉市各民族之间互助友好的民族关系。

表6-8　　民族*获得哪个民族的朋友帮助最多交叉表

			获得哪个民族的朋友帮助最多				合计
			汉族	藏族	其他少数民族	差不多	
受访者民族类别	汉族	计数	18	24	3	25	70
		所占比例%	25.7	34.3	4.3	35.7	100.0
	藏族	计数	25	467	12	86	590
		所占比例%	4.2	79.2	2.0	14.6	100.0
	其他少数民族	计数	6	14	13	37	70
		所占比例%	8.6	20.0	18.6	52.9	100.1
合计		计数	49	505	28	148	730
		所占比例%	6.7	69.2	3.8	20.3	100.0
Pearson卡方值		187.671	渐进Sig.（双侧）		0.000		

为了了解不同民族朋友间日常人情往来情况，我们对不同民族对其他民族朋友红白事参与度做了对比分析。根据数据显示，在70位汉族受访者中，表示对其他民族朋友的红白事一定会去参加的人最多，占71.4%；其次为表示不一定去的，占22.9%；表示视情况参加的占5.7%。在590位藏族受访者中，表示对其他民族朋友的红白事一定会去参加的人最多，占60.5%；其次为表示视情况参加的，占17.6%；表示不一定会去的占21.9%。在70位其他少数民族受访者中，表示对其他民族朋友的红白事一定会去参加的最多，占80.0%；其次为表示不一定去的，占18.6%；详情见表6-9。虽然从数据上可以看出不同民族在对待其他民族朋友红白事参与态度上有差异，但总体看来，大部分的受访者都表示一定会去参加其他民族朋友的红白事，这说明，不同民族朋友之间的人情往来是频繁且融洽的。

表 6-9 民族＊其他民族朋友间红白事参与度交叉表

			其他民族朋友间红白事参与度			合计
			一定去	不一定去	视情况参加	
受访者民族类别	汉族	计数	50	16	4	70
		所占比例%	71.4	22.9	5.7	100.0
	藏族	计数	357	129	104	590
		所占比例%	60.5	21.9	17.6	100.0
	其他少数民族	计数	56	13	1	70
		所占比例%	80.0	18.6	1.4	100.0
合计		计数	463	158	109	730
		所占比例%	63.4	21.6	14.9	99.9
Pearson 卡方		21.130	渐进 Sig. （双侧）		0.002	

总的看来，虽然在现实的社会交往中，不同民族间生活习惯、宗教信仰、民族风俗等方面仍存在差异，但是各民族之间愿意帮助其他民族群众、愿意与其他民族群众友好相处、愿意与其他民族交朋友的主观愿望是强烈的，互助友好的民族关系占主导地位。

二 族际通婚情况

婚姻是一定历史时期和一定地区内的社会制度和伦理道德规范所认可的男女两性的结合。婚姻不仅仅是单纯的个人行为，民族之间通婚对民族关系有着非常重要的影响。不同民族成员之间的互相通婚，是民族之间友好和睦、平等团结的象征。[①] 是衡量一个国家、一个地区民族关系的重要尺度，它的状况可以深刻反映民族关系深层次的状况。根据西方社会学理论，与其他民族通婚是衡量民族集团之间关系最重要的一个指标，唯有当两个民族之间语言能够相通，有大量的日常社会交往、价值观彼此认同、在法律和权力分配方面基本平等、相互没有民族偏见和歧视行为的客观条件下，才有可能发生大规模的其他民族通婚。[②] 相对而言，传统文化氛围较浓厚、居住集中、环境封闭的民族，他们与外界接触交往的机会较少，

① 杨荆楚：《世纪之交发展中国特色民族学的几点浅见》，《中央民族大学学报》1998 年第 1 期。

② 马戎：《民族社会学——社会学的族群关系研究》，北京大学出版社 2004 年版，第 137 页。

与其他民族通婚的情况也就少。反之，居住分散、文化开放的民族与外界接触交往的机会较多，发生跨民族通婚的可能性就大。也就是说，一个民族与其他民族通婚规模的大小可表征为居住格局的开放、文化的同质程度、与外界接触机会的多寡以及民族关系的和谐程度。

对于受访者婚姻家庭结构的调查显示，在555位受访者中，藏—藏通婚的家庭所占比例最高，为66.8%；藏汉通婚的家庭比例为13.7%；汉—汉通婚的家庭比例为3.6%，详情见图6-2。可见，虽然藏—藏通婚的比例显著高于其他婚姻结构，但藏汉通婚的比例也占到一个相对较高的比重。在52位汉族受访者中，汉—藏通婚的家庭比例为40.04%，详情见图6-3。这和宽容和谐的民族关系大背景是密不可分的。

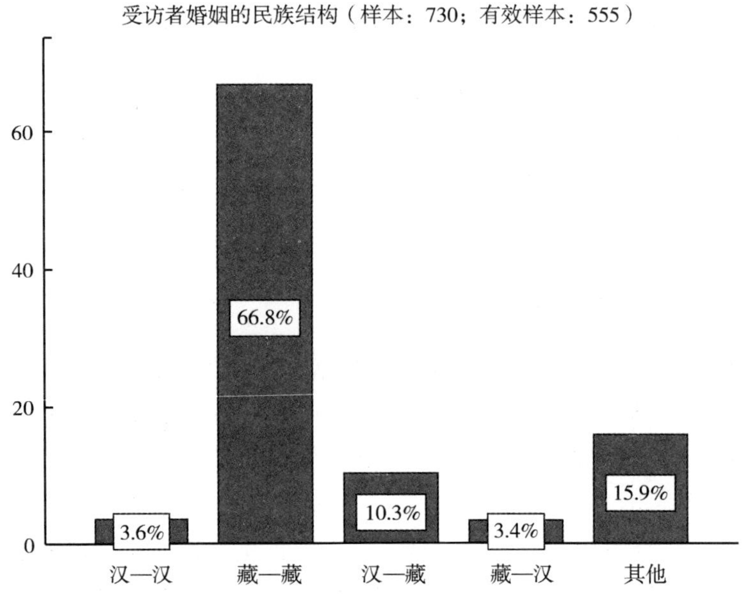

图6-2 受访者婚姻结构图

对受访者择偶时考虑的首要因素我们做了详细的调查，根据调查数据显示，在730位受访者中，表示个人感情是择偶时首要考虑因素的所占比例最高，为80.8%；其次为将家长的意愿作为择偶时首要考虑因素的，占13.6%；将族属作为择偶时首要考虑因素的人不多，占2.3%，详情见表6-10。可见，目前大多数人在择偶时并不受制于民族成分。

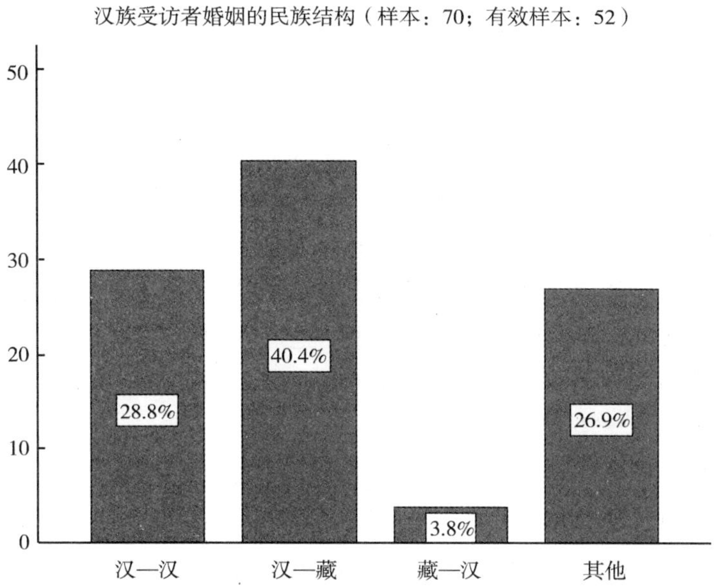

图 6-3　汉族受访者婚姻结构图

表 6-10　择偶首要因素

		频率	百分比	有效百分比
有效	个人感情	590	80.8	80.8
	家长的意愿	99	13.6	13.6
	配偶的家庭条件	7	1.0	1.0
	族属	17	2.3	2.3
	其他	17	2.3	2.3
	合计	730	100.0	100.0

良好的民族关系是民族间能够通婚的前提。我们对族际通婚的赞同度做了调查。在 730 位受访者中，有 74.9%赞同；有 17.5%认为属于个人私事，不发表意见，虽然这部分人没有明确表态，但至少可以认为他们并不反对。这说明大部分受访者对族际通婚持宽容支持态度，大部分受访者在选择配偶时，民族因素与宗教因素已经淡化。这也反映出目前各民族间友好和谐的关系。

三　族际语言兼用情况

在人类社会形成和演变的过程中，各民族语言的出现与发展是一个重要的因素。美国社会学家帕森斯把语言和宗教视为族群文化认同的基本要素。由于语言是传承民族文化、保持民族共同体的重要载体，也是一个民族区别于另一个民族的重要标志，因此考察民族关系时，不同民族之间语言的相互使用情况是一个非常重要的分析变量。在长期的社会交往中，迪庆的藏族、汉族以及其他少数民族之间互相学习和使用对方的民族语言的情况较为普遍。课题组在调查中发现，迪庆的很多藏族和其他少数民族都能流利地使用汉语，而长期生活和工作在迪庆的许多汉族和其他少数民族也能说流利的藏语。

通晓其他民族语言是了解其他民族，并与之深入交往的基础，有助于民族之间更好的交往。从表6-11中可以看出，在70位汉族受访者中，能懂两种以上语言的占50%；在590位藏族受访者中，能同时说两种以上语言（汉语、藏语或其他民族语言）的达到了88.9%；在70位其他少数民族受访者中，表示自己能同时说两种以上语言的达到了67.1%。这表明在香格里拉市，各民族对相互间语言的掌握程度较高，这有助于汉、藏群众和各民族之间交往。

表6-11　　民族＊懂几种语言交叉表

			懂几种语言				合计
			1	2	3	4	
受访者民族类别	汉族	计数	35	30	5	0	70
		所占比例%	50.0	42.9	7.1	0.0	100.0
	藏族	计数	65	438	81	6	590
		所占比例%	11.0	74.2	13.7	1.0	99.9
	其他民族	计数	23	33	9	5	70
		所占比例%	32.9	47.1	12.9	7.1	100.0
合计		计数	123	501	95	11	730
		所占比例%	16.8	68.6	13.0	1.5	99.9

关于藏族受访者对其他语言的熟悉程度情况，在590位受访者中，能流利使用其他民族语言的占20.2%；能用其他民族语言进行交流的占

22.9%；懂其他民族语言日常用语的占 29.2%；完全不懂其他民族语言的人占 27.8%，详情见表 6-12。可见，有相当部分的藏族受访者对其他民族语言有所了解。

表 6-12　藏族受访者对其他语言的熟悉程度

		频率	百分比（%）	有效百分比（%）
藏族受访者对其他语言的熟悉程度	能流利使用	119	20.2	20.2
	能进行交流	135	22.9	22.9
	懂日常用语	172	29.2	29.2
	完全不懂	164	27.8	27.8
	合计	590	100.1	100.1

四　宗教信仰与民族关系

宗教是各民族传统文化的重要组成部分，是影响民族关系的重要因素。在 730 位受访者中，汉族受访者有 70 位，其中信仰藏传佛教的有 24 位，占 34.3%；藏族受访者有 590 位，其中信仰藏传佛教的有 543 位，占 92.0%；其他少数民族受访者有 70 位，其中信仰藏传佛教的有 23 位，占 32.9%，详见表 6-13。可见，不同民族的受访者在宗教信仰上仍存在差异。

表 6-13　不同民族信仰宗教情况交叉表

			信仰的宗教		合计
			佛教	其他或不信教	
受访者民族类别	汉族	计数	24	46	70
		所占比例%	34.3	65.7	100.0
	藏族	计数	543	47	590
		所占比例%	92.0	8.0	100.0
	其他民族	计数	23	47	70
		所占比例%	32.9	67.1	100.0
合计		计数	590	140	730
		所占比例%	80.8	19.2	100.0
Pearson 卡方值		249.550	渐进 Sig.（双侧）		0.000

为了更深层了解当地民族关系的状况，我们对当地居民对不同宗教信

仰的认知和认同进行了考察。从表6-14中可以看出，在734位受访者中，分别有27.4%、83.7%认为自己所在地的不同宗教信仰群体之间的关系非常好或好。这说明在香格里拉市宗教信仰并不构成各民族交流、交往的障碍。

表6-14 所在地不同宗教之间的关系

		频率	百分比	有效百分比	累积百分比
有效	非常好	200	27.4	27.4	27.4
	好	411	56.3	56.3	83.7
	一般	119	15.8	15.8	99.5
	不太好	4	0.5	0.5	100.0
	合计	734	100.0	100.0	

第二节　民族关系和谐的原因分析

从以上分析我们可以看出，香格里拉市民族关系总体上呈现出一种和谐的局面，为了进一步探讨民族关系和谐的原因，本节将主要从宏观层面的民族区域自治制度的实施；微观层面受访者个人禀赋两个方面对民族关系进行深入分析。

一　民族区域自治制度与民族关系的相关考察

民族区域自治制度是正确处理我国民族关系的基本制度，全面贯彻落实民族区域自治的各项政策是民族关系和谐的基础。为此，我们将从"少数民族干部政策落实情况与民族关系""国家扶持少数民族地区经济建设政策的落实情况与民族关系""繁荣发展少数民族文化政策的落实情况与民族关系"等三个方面来探究民族区域自治政策的贯彻落实情况与民族关系之间的相互关系。

（一）少数民族干部政策落实情况与民族关系的相关考察

1. 少数民族干部政策的落实情况与国家认同

香格里拉市十分重视少数民族干部政策的落实，多年来少数民族干部所占比例与人口所占比例保持平衡。2010年年底少数民族人口占总人口的比例为83.6%；公务员总数中少数民族公务员所占比例为

82.9%；乡科级干部中少数民族干部所占比例为82.6%；县处级干部中少数民族干部所占比例为83.0%。[①] 藏族干部所占比例则明显高于人口所占比例。

为了考察香格里拉市少数民族干部政策落实情况的满意度与民族关系之间的相关性，我们对“少数民族干部政策落实情况的满意度”和“身为中国人的自豪感”作了交叉分析。在590位藏族受访者中，对少数民族干部政策落实情况很满意的有79位，其中有78位对身为中国人表示非常自豪或自豪，占98.7%；对少数民族干部政策落实情况满意的有327位，其中表示非常自豪或自豪的占98.2%；认为少数民族干部政策落实基本满意的有163位，其中表示非常自豪或自豪的占95.7%。我们对“少数民族干部政策落实情况的满意度”和“作为中国人的自豪感”这两个指标的相关性做了卡方检验，结果显示两者有显著的相关性，详情见表6-15。这说明，受访者对少数民族干部政策落实情况的满意度会显著的影响身为中国人的自豪感，随着对少数民族干部政策落实情况的满意度的提高，身为中国人的自豪感也逐渐提升。

表6-15　少数民族干部政策落实情况满意度 * 中国人的自豪感交叉表

			中国人的自豪感			合计
			非常自豪	自豪	没有特别的感觉	
少数民族干部政策落实情况满意度	很满意	计数	72	6	1	79
		所占比例%	91.1	7.6	1.3	100.0
	满意	计数	281	40	6	327
		所占比例%	85.9	12.2	1.8	99.9
	基本满意	计数	118	38	7	163
		所占比例%	72.4	23.3	4.3	100.0
	不太清楚	计数	14	5	2	21
		所占比例%	66.7	23.8	9.5	100.0
合计		计数	485	89	16	590
		所占比例%	82.2	15.1	2.7	100.0
Pearson 卡方值		28.822	渐进 Sig.（双侧）			

① 迪庆州民委：《迪庆州民族工作情况汇报提纲》，2011年6月。

2. 少数民族干部政策落实情况满意度与族际日常交往

为了考察少数民族干部政策落实情况满意度与民族间日常交往的相关性，我们对“少数民族干部政策落实情况的满意度”和“参与其他民族朋友的红白事情况”做了交叉分析。在730位受访者中，对少数民族干部政策落实情况很满意的有94位，其中有73位表示遇到其他民族朋友红白事一定会参加，占77.7%；对少数民族干部政策落实情况满意的有403位，其中表示遇到其他民族朋友红白事一定会参加的占63.3%；认为少数民族干部政策落实情况基本满意的有207位，其中表示遇到其他民族朋友红白事一定会参加的占58.9%。由这些数据大致可以看出，对少数民族干部政策落实情况满意度高的受访者在遇到其他民族朋友红白事时的参与度要比满意度低的人高些。为了得到更精确的判断，我们对“少数民族干部政策落实情况的满意度”和“其他民族朋友间红白事参与度”这两个指标的相关性做了卡方检验，结果显示两者有显著的相关性，详情见表6-16。这表明，少数民族干部政策落实情况的满意度会显著的影响其他民族朋友间红白事的参与程度，随着受访者对少数民族干部政策落实情况的满意度的提高，其参与其他民族朋友间红白事的程度也逐渐提升。

表6-16 少数民族干部政策落实情况满意度＊与其他民族朋友的人情往来交叉表

			参与其他民族朋友的红白事情况			合计
			一定去	视情况定	很少去	
少数民族干部政策落实情况满意度	很满意	计数	73	12	9	94
		所占比例%	77.7	12.8	9.6	100.1
	满意	计数	255	93	55	403
		所占比例%	63.3	23.1	13.6	100
	基本满意	计数	122	48	37	207
		所占比例%	58.9	23.2	17.9	100
	不太清楚	计数	13	5	8	26
		所占比例%	50.0	19.2	30.8	100
合计		计数	463	158	109	730
		所占比例%	63.4	21.6	14.9	99.9
Pearson 卡方值		24.188	渐进 Sig.（双侧）		0.019	

（二）国家扶持少数民族地区经济建设政策的落实情况与民族关系的相关考察

近年来国家加大了对经济建设的扶持力度，极大地推动了经济社会的跨越式发展。“十一五”期间上级政府对迪庆州的财政支持力度不断跨上新台阶，比十五期间有了显著的提升。“十一五”期间，迪庆州上级财政支持总额为1109379万元，是十五的2.8倍[①]。在全社会固定资产投资方面，“十一五”期间，迪庆州累计完成全社会固定资产投资总额391.0亿元，年均增长26.11%，是“十五”期间累计完成数额的4.6倍。在固定资产投资快速增长的有力推动下，迪庆州的GDP增长速度逐年加快，2005—2010年全州生产总值年均增长19.9%。人均GDP从2005年的7738元增长到2010年的20051元，按可比价计算年均增速为18.5%，与2005年相比翻了一番，在全国藏族自治州中由2005年排名第4，跃居到2010年的第2位，在全省的排名由2005年的第4位上升到第3位、在全省8个民族自治州排在第一位。截至2010年年末，农民人均纯收入达3347元，在十个藏族自治州中排名从2005年的第9位，上升至2010年的第6位。[②] 全州人民生活水平得到大幅提高。

为了考察国家扶持少数民族地区经济建设政策的落实情况与民族关系之间的相关性，我们对“国家在本地实施重大建设项目的满意度”和“身为中国人的自豪感”作了交叉分析。在590位藏族受访者中，表示对国家在本地的重大项目建设很满意的有113人，其中对身为中国人表示非常自豪的有103位，占91.2%；表示对国家在本地的重大项目建设满意的有303人，其中对身为中国人表示非常自豪的占85.8%；认为国家在本地的重大项目建设效果基本满意的有138人，其中对身为中国人表示非常自豪的占66.7%；详情见表6-17。由这些数据大体可以看出，对国家经济建设政策满意度高的受访者其身为中国人的自豪感也强烈些。为了得到更精确的判断，我们对“国家在本地实施重大建设项目的满意度”和“身为中国人的自豪感”这两个指标的相关性做了卡方检验，结果显示两者有显著的相关性。这说明，随着受访者对国家在本地实施重大建设项目满意度的提高，其身为中国人的自豪感也随之提高。

① 数据来源：《2001—2010年迪庆州统计年鉴》。

② 数据来源：《迪庆藏族自治州2010年国民经济和社会发展统计公报》。

表 6-17　　　　国家在本地实施重大建设项目的满意度 * 中国人的自豪感交叉表

			作为中国人的自豪感			合计
			非常自豪	自豪	没有特别的感觉	
国家在本地实施重大建设项目的满意度	很满意	计数	103	7	3	113
		所占比例%	91.2	6.2	2.7	100.1
	满意	计数	260	40	3	303
		所占比例%	85.8	13.2	1.0	100.0
	基本满意	计数	92	39	7	138
		所占比例%	66.7	28.3	5.1	100.1
	不太清楚	计数	30	3	3	36
		所占比例%	83.3	8.3	8.3	99.9
合计		计数	485	89	16	590
		所占比例%	82.2	15.1	2.7	100.0
Pearson 卡方值		57.483	渐进 Sig.（双侧）			

对“国家在本地实施重大建设项目的满意度”和“民族团结赞同度”的交叉分析，在 590 位藏族受访者中，表示对国家在本地的重大项目建设很满意的有 113 人，其中对“各民族要加强团结”的观点非常赞同的有 107 位，占 94.7%；表示对国家在本地的重大项目建设满意的有 303 人，其中对“各民族要加强团结”的观点非常赞同的占 88.8%；认为国家在本地的重大项目建设效果基本满意的有 138 人，其中对“各民族要加强团结”的观点非常赞同的占 81.9%；详情见表 6-18。由这些数据大体可以看出，对国家在本地实施重大建设项目满意度高的受访者其民族团结赞同度也高些。

关于“国家在本地实施重大建设项目的满意度”和“一组概念的重要性排序”的交叉分析。在 590 位藏族受访者中，表示对国家在本地的重大项目建设很满意的有 113 位，其中将国家排在第一位的有 104 位，占 92.0%；表示对国家在本地的重大项目建设满意的有 303 位，其中将国家排在第一位的占 88.4%；认为国家在本地的重大项目建设效果基本满意的有 138 位，其中将国家排在第一位的占 87.0%；详情见表 6-19。由这些数据大体可以看出，对国家经济建设政策满意度高的受访者将国家排在第一位的比例也高些。为了得到更精确的判断，我们对“国家在本地实施重大建设项目的满意度”和“一组概念的重要性排序”这两个指标的相关性做了卡方检验，结果显示两者有显著的相关性。这说明，国家经济建设政策满意度情况对藏族受访者在一组概念的重要性排序有显著的影响。

表 6-18　国家在本地实施重大建设项目的满意度 * 民族团结赞同度交叉表

			民族团结赞同度			合计
			非常赞同	赞同	不清楚	
国家在本地实施重大建设项目的的满意度	很满意	计数	107	5	1	113
		所占比例%	94.7	4.4	0.02	99.3
	满意	计数	269	29	5	303
		所占比例%	88.8	9.6	1.4	99.8
	基本满意	计数	113	21	4	138
		所占比例%	81.9	15.2	2.9	100.0
	不太清楚	计数	33	3	0	36
		所占比例%	91.7	8.3	0.0	100.0
合计		计数	522	58	10	590
		所占比例%	88.5	9.8	1.7	100.0

由上可见，随着受访者对国家扶持当地经济建设满意度的提高，其国家认同感随之增强。

表 6-19　国家在本地实施重大建设项目的满意度 * 一组概念的重要性排序交叉表

			观念 1					合计
			个人	家庭	国家	民族	自己的家乡	
国家在本地实施重大建设项目的满意度	很满意	计数	2	3	104	4	0	113
		所占比例%	1.8	2.7	92.0	3.5	0.0	100.0
	满意	计数	4	13	268	8	10	303
		所占比例%	1.3	4.3	88.4	2.6	3.3	99.9
	基本满意	计数	2	9	120	5	2	138
		所占比例%	1.4	6.5	87.0	3.6	1.4	99.9
	不太清楚	计数	1	12	20	3	0	36
		所占比例%	2.8	33.3	55.5	8.3	0.0	99.9

续表

		观念 1					合计
		个人	家庭	国家	民族	自己的家乡	
合计	计数	9	37	512	20	12	590
	所占比例%	1.5	6.3	86.8	3.4	2.0	100.0
Pearson 卡方值	78.175	渐进 Sig.（双侧）				0.000	

（三）繁荣发展少数民族文化政策的落实情况与民族关系的相关考察

有效地保护少数民族文化是繁荣发展少数民族文化的前提，我们将“民族文化保护政策的落实情况”和“作为中国人的自豪感”作了交叉分析。从表 6-20 可以看出，在 590 位藏族受访者中，有 141 位表示对民族文化保护政策落实情况很满意，其中 98.6%的人对身为中国人表示非常自豪或自豪；表示对民族文化保护政策落实情况满意的有 311 位，其中有 98.4%的人对身为中国人表示非常自豪或比较自豪；表示对民族文化保护政策落实情况基本满意的有 112 位，其中有 94.7%的人对身为中国人表示非常自豪或自豪。从这些数据上我们大体可以看出，在对民族文化保护政策落实情况满意度越高的藏族受访者中，对身为中国人表示非常自豪或自豪的人所占比例也越高。为了得到更精确的判断，我们对“民族文化保护政策落实情况”和“身为中国人的自豪感”这两个指标的相关性做了卡方检验，结果显示两者有显著的相关性。这说明，现行藏族文化保护政策的执行情况对藏族受访者身为中国人自豪感有显著的影响

表 6-20 民族文化保护政策 * 中国人的自豪感交叉表

			作为中国人的自豪感			合计
			非常自豪	自豪	没有特别的感觉	
藏族文化保护政策落实情况	很满意	计数	130	9	2	141
		所占比例%	92.2	6.4	1.4	100.0
	满意	计数	261	45	5	311
		所占比例%	83.9	14.5	1.6	100.0
	基本满意	计数	75	31	6	112
		所占比例%	67.0	27.7	5.4	100.0
	不太清楚	计数	19	4	3	26
		所占比例%	73.1	15.4	83.3	100.0

续表

		作为中国人的自豪感			合计
		非常自豪	自豪	没有特别的感觉	
合计	计数	485	89	16	590
	所占比例%	82.2	15.1	2.7	100.0
Pearson 卡方值	40.293	渐进 Sig.（双侧）			

二　个人及其家庭资源禀赋特征与民族关系的相关考察

受访者个人及其家庭资源禀赋会影响其社会交往的广度和深度，从而也影响其对民族关系的认知和态度。为了更深入地研究受访者自身及其家庭的资源禀赋特征与民族关系的相关性，本部分将从受访者家庭收入水平、收入满意度、个人职业类别、个人年龄、个人受教育程度几个方面对民族关系的影响进行分析。

（一）家庭收入水平与民族关系的相关性

首先我们对730位受访者的家庭收入按照不同的区间水平进行了归类分析。对数据的初步分析显示，不同居民家庭收入差距较大，家庭年收入最大值为1200000元，家庭年平均收入为56614元。从表6-21可以看出，年收入在10000元以下的家庭占13.8%；年收入在10000—29999元的家庭占23.6%；年收入在30000—49999元的家庭占20.1%；年收入在50000—69999元的家庭占21.2%；年收入在70000元以上的家庭占21.2%，详情见表6-21。

表6-21　家庭年收入

	组别	参考值（元）	频率	百分比（%）	有效百分比（%）	累积百分比（%）
有效	1	10000元以下	101	13.8	13.8	13.8
	2	10000—29999	172	23.6	23.6	37.4
	3	30000—49999	147	20.1	20.1	57.5
	4	50000—69999	155	21.2	21.2	78.8
	5	70000元以上	155	21.2	21.2	100.0
	合计		730		99.9	100.0
总计			730	99.9	100.0	

关于不同民族群众的家庭年收入情况，从调研的数据来看，在70位汉族受访者中，年收入在50000—69999元的家庭所占比例最多，为38.6%；其次为年收入在70000元以上的家庭，占31.4%。在590位藏族受访者中，年收入在10000—29999元的家庭所占比例最高，为26.9%；其次为年收入在30000—49999元的家庭，占22.0%。在70位其他少数民族受访者中，年收入在50000—69999元的家庭所占比例最高，为38.6%；其次为年收入在70000元以上的家庭，占37.1%，详情见表6-22。可见，不同民族群众家庭收入水平还是有较大差距的，整体看来，藏族受访者的家庭收入水平相对偏低。

表6-22 民族＊家庭年收入交叉表

			家庭年收入					合计
			10000元以下	10000—29999元	30000—49999元	50000—69999元	70000元以上	
受访者民族类别	汉族	计数	5	7	9	27	22	70
		所占比例%	7.1	10.0	12.9	38.6	31.4	100.0
	藏族	计数	93	159	130	101	107	590
		所占比例%	15.8	26.9	22.0	17.1	18.1	99.9
	其他少数民族	计数	3	6	8	27	26	70
		所占比例%	4.3	8.6	11.4	38.6	37.1	100.0
合计		计数	101	172	147	155	155	730
		所占比例%	13.8	23.6	20.1	21.2	21.2	99.9

1. 家庭收入水平与国家认同

为了考察不同家庭收入水平与国家认同的相关性，我们对“受访者家庭年收入”和“身为中国人的自豪感”作了交叉分析。从调研数据可以看出，在590位藏族受访者中，家庭年收入在10000元以下的有93位，在这93位藏族受访者中，有96.8%的人对身为中国人感到非常自豪或自豪；家庭年收入在10000—29999元的有159位，其中有96.9%的人对身为中国人感到非常自豪或自豪；家庭年收入在30000—49999元的有130位，其中有97%的人对身为中国人感到非常自豪或自豪；家庭年收入在50000—69999元的有101位，其中有98.0%的人对身为中国人感到非常自豪或自豪；家庭年收入在70000元以上的有107位，其中有98.1%的人对身为中国人感到非常自豪或自豪，详情见表6-23。从这些数据上我们大体可以看出，在家庭收入越高的藏族受访者中，表示对身为中国人感到非常自豪或自豪的人所占的比例就高一些。

表 6-23　　家庭年收入 * 中国人的自豪感交叉表

			中国人的自豪感			合计
			非常自豪	自豪	没有特别的感觉	
家庭年收入	10000元以下	计数	72	18	3	93
		所占比例%	77.4	19.4	3.2	100.0
	10000—29999 元	计数	131	23	5	159
		所占比例%	82.4	14.5	3.1	100.0
	30000—49999 元	计数	112	14	4	130
		所占比例%	86.2	10.8	3.1	100.1
	50000—69999 元	计数	80	19	2	101
		所占比例%	79.2	18.8	2.0	100.0
	70000元以上	计数	90	15	2	107
		所占比例%	84.1	14.0	1.9	100.0
合计		计数	485	89	16	590
		所占比例%	82.2	15.1	2.7	100.0

关于“受访者家庭年收入”和“各民族要加强团结”这两个指标的交叉分析。从调研数据可以看出，在 590 位藏族受访者中，家庭年收入在 10000 元以下的有 93 位，在这 93 位藏族受访者中，有 84.9%的人对“各民族要加强团结”的观点非常赞同；家庭年收入在 10000—29999 元的有 159 位，其中有 86.2%的人对“各民族要加强团结”的观点非常赞同；家庭年收入在 30000—49999 元的有 130 位，其中有 90.0%的人对“各民族要加强团结”的观点非常赞同；家庭年收入在 50000 —69999 元的有 101 位，其中有 87.1%的人对“各民族要加强团结”的观点非常赞同；家庭年收入在 70000 元以上的有 107 位，其中有 94.4%的人对的观点非常赞同，详情见表 6-24。从这些数据上我们大体可以看出，在家庭收入越高的藏族受访者中，表示对“各民族要加强团结”的观点非常赞同的人所占的比例就越高。为了得到更精确的判断，我们对“家庭年收入情况”和“民族团结赞同度”这两个指标的相关性做了卡方检验，结果显示两者有显著的相关性。这说明，家庭年收入水平会显著的影响藏族受访者对

民族团结的认识和赞同程度，随着藏族受访者家庭年收入水平的提高，其民族团结赞同度也随之提高。

表 6-24　家庭年收入＊民族团结赞同度交叉表

			民族团结赞同度			合计
			非常赞同	赞同	不清楚	
家庭年收入	10000 元以下	计数	79	11	3	93
		所占比例%	84. 9	11. 8	3. 2	99. 9
	10000—29999 元	计数	137	18	4	159
		所占比例%	86. 2	11. 3	2. 5	100. 0
	30000—49999 元	计数	117	13	0	130
		所占比例%	90. 0	10. 0	0. 0	100. 0
	50000—69999 元	计数	88	10	3	101
		所占比例%	87. 1	9. 9	2. 9	99. 9
	70000 元以上	计数	101	6	0	107
		所占比例%	94. 4	5. 6	0. 0	100. 0
合计		计数	522	58	10	590
		所占比例%	88. 5	9. 8	1. 7	100. 0
Pearson 卡方值		23. 582	渐进 Sig. （双侧）			

2. 家庭收入水平与族际通婚

为了考察不同收入水平家庭对族际通婚的影响，我们对“受访者家庭年收入”和“受访者对配偶的期望”这两个指标做了交叉分析。从调研数据可以看出，在 730 位受访者中，家庭年收入在 10000 元以下的有 101 位，其中表示对配偶的民族和信仰都没有特殊要求的人所占比例最多，为 45. 5%，其次为表示要同一民族的，占 23. 8%；家庭年收入在 10000—29999 元的有 172 位，其中表示对配偶的民族和信仰都没有特殊要求的人所占比例最多，为 42. 4%，其次为表示要同一民族且同一教派的，占 28. 5%；家庭年收入在 30000—49999 元的有 147 位，其中表示对配偶的民族和信仰都没有特殊要求的人所占比例最多，为 51. 7%，其次为表示要同一民族且同一教派的，占 25. 9%；家庭年收入在 50000—69999 元的有 155 位，其中表示对配偶的民族和信仰都没有特殊要求的人所占比例最多，为 69. 7%，其次为表示要同一民族或同一民族且同一教派的，占 13.5%；家庭年收入在 70000 元以上的有 155 位，其中表示对配偶的民族和信仰都没有特殊要求的人所占比例最多，为 72.3%，其次为表示要同一民族的，占 13.5%，详情见表 6-25。

表 6-25　　家庭年收入 * 配偶期望交叉表

			希望配偶是				合计
			同一民族	同一宗教	同族同教	无所谓	
家庭年收入	10000 元以下	计数	24	8	23	46	101
		所占比例%	23.8	7.9	22.8	45.5	100.0
	10000—29999 元	计数	43	7	49	73	172
		所占比例%	25.0	4.1	28.5	42.4	100.0
	30000—49999 元	计数	25	8	38	76	147
		所占比例%	17.0	5.4	25.9	51.7	100.0
	50000—69999 元	计数	21	5	21	108	155
		所占比例%	13.5	3.2	13.5	69.7	99.9
	70000 元以上	计数	21	2	20	112	155
		所占比例%	13.5	1.3	12.9	72.3	100.0
合计		计数	134	30	151	415	730
		所占比例%	18.4	4.1	20.7	56.8	100.0
Pearson 卡方值		53.015	渐进 Sig.（双侧）			0.000	

从这些数据上我们大体可以看出，在家庭收入越高的受访者中，表示对配偶的宗教信仰和民族成分“不在乎、无所谓”的人所占比例就越高。为了得到更精确的判断，我们对“家庭年收入情况”和“对配偶期望”这两个指标的相关性做了卡方检验，结果显示两者有显著的相关性。这说明，家庭年收入水平对受访者在族际通婚的态度上有显著的影响。这也许是因为收入水平高的受访者更加“见多识广”，对其他民族和宗教信仰的了解更多，因此在对待婚姻问题上更开放自由。

3. 家庭收入水平与族际日常交往

为了研究不同家庭收入水平的受访者在与其他民族日常交往中有无差异，我们对“受访者家庭年收入”和“与其他民族朋友日常交往程度”做了交叉分析。从调研数据可以看出，在 730 位受访者中，家庭年收入在 10000 元以下的有 101 位，其中表示经常与其他民族朋友交往的占 51.5%；家庭年收入在 10000—29999 元的有 172 位，其中表示经常与其他民族朋友交往的占46.5%；家庭年收入在30000—49999元的有147位，其中表示经常与其他民族朋友交往的占51.0%；家庭年收入在50000—69999元的有155位，其中表示经常与其他民族朋友交往的占71.6%；家庭年收入在70000元以上的有155位，其中表示经常与其他民族朋友交往的占73.5%，详情见表6-26。从数据可以看出，不同家庭年收入的受访者在与其他民族朋友交往程度上的差异还是比较明显的。为了得到更精确的判断，我们对“受访者家庭年收入”和“与其他民族朋友日常交往程度”这两个指标的相关性做了卡方检验，结果显示两者有显著的相关性。这说明，家庭年收入对受访者与其他民族朋友日常交往程度有显著影响，家庭收入水平高的受访者在与其他民族朋友交往上更积极频繁些。

表6-26 家庭年收入＊其他民族朋友交往程度交叉表

			其他民族朋友交往程度			合计
			经常交往	有交往	很少交往	
家庭年收入	10000元以下	计数	52	44	5	101
		所占比例%	51.5	43.6	5.0	100.1
	10000—29999元	计数	80	79	13	172
		所占比例%	46.5	45.9	7.6	100.0
	30000—49999元	计数	75	65	7	147
		所占比例%	51.0	44.2	4.8	100.0
	50000—69999元	计数	111	39	5	155
		所占比例%	71.6	25.2	3.2	100.0
	70000元以上	计数	114	36	5	155
		所占比例%	73.5	23.2	3.2	99.9
合计		计数	432	263	35	730
		所占比例%	59.2	36.0	4.8	100.0
Pearson 卡方值		42.263	渐进 Sig.（双侧）			

（二）家庭收入满意度与民族关系的相关性

1. 家庭收入满意度与国家认同

为了了解家庭收入满意程度与国家认同的相关性，我们对藏族受访者“家庭收入满意度”和“中国人的自豪感”作了交叉分析。在590位藏族受访者中，表示对自己家庭收入水平很满意的有83位，其中有

89.2%的人为自己是中国人感到非常自豪；表示对自己家庭收入水平比较满意的有243位，其中有84.8%的人为自己是中国人感到非常自豪；表示对自己家庭收入水平基本满意的有201位，其中有77.6%的人为自己是中国人感到非常自豪；表示对自己家庭收入水平有时不太满意的有63位，其中有78.8%的人为自己是中国人感到非常自豪；详情见表6-27。

从这些数据上我们大体可以看出，在家庭收入满意度越高的藏族受访者中，觉得身为中国人感到自豪的藏族受访者所占的比例就越高。为了得到更精确的判断，我们对“家庭收入满意程度”和“身为中国人的自豪感”这两个指标的相关性做了卡方检验，结果显示两者有显著的相关性。这说明，家庭收入的满意程度对藏族受访者的中国人的自豪感有显著的影响，对家庭收入满意度越高的受访者其身为中国人的自豪感也越强。

表6-27　　家庭收入满意程度 * 中国人的自豪感交叉表

			中国人的自豪感			合计
			非常自豪	自豪	没有特别的感觉	
家庭收入满意程度	很满意	计数	74	6	3	83
		所占比例%	89.2	7.2	3.6	100.0
	比较满意	计数	206	34	3	243
		所占比例%	84.8	14.0	1.2	100.0
	基本满意	计数	156	40	5	201
		所占比例%	77.6	19.9	2.5	100.0
	不太满意	计数	49	9	5	63
		所占比例%	77.8	14.3	7.9	100.0
合计		计数	485	89	16	590
		所占比例%	82.2	15.1	2.7	100.0
Pearson卡方		21.264	渐进Sig.（双侧）		0.006	

针对藏族受访者“家庭收入满意度”和“各民族要加强团结”这两个指标作了交叉分析。在590位藏族受访者中，表示对自己家庭收入水平很满意的有83位，100%的对“各民族要加强团结”的观点非常赞同或赞同；表示对自己家庭收入水平比较满意的有243位，其中98.8%的对

"各民族要加强团结"的观点非常赞同或赞同；表示认为自己家庭收入水平一般的有201位，其中97.5%的对"各民族要加强团结"的观点非常赞同或赞同；表示对自己家庭收入水平有时不太满意的有63位，其中96.8%的对"各民族要加强团结"的观点非常赞同或赞同；详情见表6-28。从这些数据上我们大体可以看出，在家庭收入满意度越高的藏族受访者中，对"各民族要团结一致"的观点非常赞同或赞同的藏族受访者所占的比例就越高。为了得到更精确的判断，我们对"家庭收入满意程度"和"民族团结赞同度"这两个指标的相关性做了卡方检验，结果显示两者有显著的相关性。这说明，家庭收入的满意程度会显著的影响藏族受访者对民族团结的认识和赞同程度，随着藏族受访者家庭收入的满意程度的提高，其民族团结赞同度也随之提高。

表6-28　　　家庭收入满意度＊民族团结赞同度交叉表

			民族团结赞同度			合计
			非常赞同	赞同	不清楚	
家庭收入满意程度	很满意	计数	74	9	0	83
		所占比例%	89.2	10.8	0.0	100.0
	比较满意	计数	222	18	3	243
		所占比例%	91.4	7.4	1.2	100.0
	基本满意	计数	167	29	5	201
		所占比例%	83.1	14.4	2.5	100.0
	不太满意	计数	59	2	2	63
		所占比例%	93.6	3.2	3.2	100.0
合计		计数	522	58	10	590
		所占比例%	88.5	9.8	1.7	100.0
Pearson 卡方值		24.203	渐进 Sig.（双侧）			

2. 家庭收入满意度与族际通婚

为了考察不同家庭收入满意度的受访者在对待族际通婚上的态度差异，我们对"家庭收入满意度"和"赞不赞同族际通婚"这两个指标做了交叉分析。在730位受访者中，表示对自己家庭收入水平很满意的有90位，其中有68.9%的人赞同族际通婚；表示对自己家庭收入水平比较满意的有294位，其中有81.3%的人赞同族际通婚；表示对自己家庭收入水平基本满意的有 261 位，其中有 72.4%的人赞同族际通婚；表示对自己家庭收入水平有时不太满意的有 85 位，其中有 67.1%的人赞同族际通婚，详情见表 6-29。从调研的数据可以看出，在家庭收入满意度高的受访者中，对族际通婚的赞同度要高些。为了得到更精确的判断，我们对“家庭收入满意度”和“赞不赞同族际通婚”这两个指标的相关性做了卡方检验，结果显示两者有显著的相关性。这说明，不同家庭收入满意度的受访者对族际通婚的态度有显著影响，家庭收入满意度高的受访者在族际通婚上态度要更宽容些。

表 6-29　　家庭收入满意度 * 对族际通婚的态度交叉表

			对族际通婚的态度			合计
			赞同	基本赞同	个人私事，不发表意见	
家庭收入满意程度	很满意	计数	62	9	19	90
		所占比例%	68.9	10.0	21.1	100.0
	比较满意	计数	239	23	32	294
		所占比例%	81.3	7.8	10.9	100.0
	基本满意	计数	189	16	56	261
		所占比例%	72.4	6.1	21.5	100.0
	不太满意	计数	57	7	21	85
		所占比例%	67.1.	8.2	24.8	100.1
合计		计数	547	55	128	730
		所占比例%	74.9	7.5	17.5	99.9
Pearson 卡方值		24.613	渐进 Sig.（双侧）			

3. 家庭收入满意度与族际日常交往

关于不同家庭收入满意度的受访者在其他民族朋友间红白事参与度上的差异情况，在 730 位受访者中，表示对自己家庭收入水平很满意的有 90 位，其中表示遇到其他民族朋友红白事时一定会参加的有 54 位，占 60.0%，视情况参加的有 19 位，占 21.1%；表示对自己家庭收入水平比较满意的有 294 位，其中表示遇到其他民族朋友红白事时一定会参加的有 207 位，占 70.4%，视情况参加的有 60 位，占 20.4%；表示对自己家庭收入水平基本满意的有 261 位，其中表示遇到其他民族朋友红白事时一定会参加的有 152 位，占 58.2%，视情况参加的有 64 位，占 24.5%；表示对自己家庭收入水平不太满意的有 85 位，其中表示遇到其他民族朋友红白事时一定会参加的有 50 位，占 58.8%，视情况参加的有 15 位，占 17.6%，详情见表 6-30。从数据上大体可以看出，家庭收入满意度高的群体中对其他民族朋友红白事参与度高的人所占比例也较高。为了得到更精确的判断，我们对“家庭收入满意度”和“其他民族朋友间红白事参与度”这两个指标的相关性做了卡方检验，结果显示两者有显著的相关性。这表明，家庭收入满意度对其他民族朋友间红白事参与度有显著影响，家庭收入满意度越高的受访者参与其他民族朋友红白事的程度越高。

表 6-30 家庭收入满意度 * 与其他民族朋友的人情往来交叉表

			参加其他民族朋友红白事的态度			合计
			一定去	视情况定	很少去	
家庭收入满意度	很满意	计数	54	19	17	90
		所占比例%	60.0	21.1	18.9	100.0
	比较满意	计数	207	60	27	294
		所占比例%	70.4	20.4	9.2	100.0
	基本满意	计数	152	64	45	261
		所占比例%	58.2	24.5	17.2	99.9
	不太满意	计数	50	15	20	85
		所占比例%	58.8	17.6	23.5	99.9
合计		计数	463	158	109	730
		所占比例%	63.4	21.6	15.0	100.0
Pearson 卡方值		20.754	渐进 Sig.（双侧）			

（三）职业类别与民族关系的相关性

在受访者中不同民族的职业结构为：在 70 位汉族受访者中，在事业单位、政府等部门工作的公职人员占 44.3%；非公职人员占 50.0%。在 590 位藏族受访者中，在事业单位、政府等部门工作的公职人员占 19.2%；非公职人员占 50.2%；学生占 30.7%。在 70 位其他少数民族受访者中，在事业单位、政府等部门工作的公职人员占 67.1%；非公职人员占 22.9%，详情见表 6-31。

表 6-31 **民族 * 职业类别交叉表**

			职业类别			合计
			公职人员	非公职人员	学生	
受访者民族类别	汉族	计数	31	35	4	70
		所占比例%	44.3	50.0	5.7	100.0
	藏族	计数	113	296	181	590
		所占比例%	19.2	50.2	30.7	100.1
	其他少数民族	计数	47	16	7	70
		所占比例%	67.1	22.9	10.0	100.0
合计		计数	191	347	192	730
		所占比例%	26.2	47.5	26.3	100.0
Pearson 卡方值		97.367	渐进 Sig.（双侧）		0.000	

1. 职业类别与族际通婚

为了研究不同职业的受访者在对待族际通婚上的态度差异，我们对“受访者职业类别”和“赞不赞同族际通婚”这两个指标做了交叉分析。在730位受访者中，在事业单位、政府等部门工作的公职人员有191位，其中赞同族际通婚的占83.8%；从事个体经营、农民等非公职人员有347位，其中赞同族际通婚的占75.8%；学生有192位，其中赞同族际通婚的占64.6%，详情见表6-32。从调研的数据可以看出，公职人员对待族际通婚的赞同度高些。为了得到更精确的判断，我们对“受访者职业类别”和“赞不赞同族际通婚”这两个指标的相关性做了卡方检验，结果显示两者有显著的相关性。这说明，不同的职业类别对受访者族际通婚的态度有显著影响，公职人员比非公职人员在族际通婚上态度更宽容些。

表 6-32 **职业类别 * 对族际通婚的态度交叉表**

			赞不赞同族际通婚			合计
			赞同	基本赞同	个人私事，不发表意见	
受访者职业类别	公职人员	计数	160	12	19	191
		所占比例%	83.8	6.3	9.9	100.0
	非公职人员	计数	263	30	54	347
		所占比例%	75.8	8.6	15.6	100.0
	学生	计数	124	13	55	192
		所占比例%	64.6	6.8	28.6	100.0

续表

		赞不赞同族际通婚			合计
		赞同	基本赞同	个人私事，不发表意见	
合计	计数	547	55	128	730
	所占比例%	74.9	7.5	17.5	99.9
Pearson 卡方值	26.781	渐进 Sig.（双侧）		0.000	

2. 职业类别与族际日常交往

为了研究不同职业的人在与其他民族日常交往中有无差异，我们对“受访者职业类别”和“与其他民族朋友日常交往程度”做了交叉分析。在730位受访者中，公职人员有191位，其中表示经常与其他民族朋友交往的有157位，占82.2%；非公职人员有347位，其中表示经常与其他民族朋友交往的占41.2%，而表示与其他民族朋友很少交往的占6.6%；学生有192位，其中表示经常与其他民族朋友交往的占68.8%，而表示与其他民族朋友很少交往的占2.6%，详情见表6-33。从数据可以看出，不同职业类别的受访者在与其他民族朋友交往程度上的差异还是比较明显的。为了得到更精确的判断，我们对“受访者职业类别”和“与其他民族朋友日常交往程度”这两个指标的相关性做了卡方检验，结果显示两者有显著的相关性。这说明，职业类别对受访者与其他民族朋友日常交往程度有显著影响，公职人员比非公职人员在与其他民族朋友交往上更积极频繁些。

表6-33 职业类别 * 与其他民族朋友交往程度交叉表

			与其他民族朋友交往程度			合计
			经常交往	有交往	很少交往	
受访者职业类别	公职人员	计数	157	27	7	191
		所占比例%	82.2	14.1	3.7	100.0
	非公职人员	计数	143	181	23	347
		所占比例%	41.2	52.2	6.6	100.0
	学生	计数	132	55	5	192
		所占比例%	68.8	28.6	2.6	100.0
合计		计数	432	263	35	730
		所占比例%	59.2	36.0	4.8	100.0
Pearson 卡方值		97.252	渐进 Sig.（双侧）		0.000	

针对不同职业类别的受访者对朋友民族成分的主观期望，在730位受访者中，公职人员为191位，其中表示在交朋友时民族成分并不重要，无所谓的人最多，占71.2%；非公职人员为347位，其中表示在交朋友时民族成分无所谓的人占44.7%，希望交藏族朋友的占42.1%；学生为192位，其中表示在交朋友时民族成分无所谓的人占47.9%，希望交藏族朋友的占38.0%，详情见表6-34。由数据分析可以看出，不同职业的受访者在日常生活中对待朋友民族成分的主观期望还是有差异的。为了得到更精确的判断，我们对“受访者职业类别”和“对朋友民族成分期望”这两个指标的相关性做了卡方检验，结果显示两者有显著的相关性。这说明，职业类别对受访者在朋友民族成分的主观期望上有显著影响，公职人员比非公职人员在交朋友时的“族群边界”意识更淡薄些。

表6-34　　职业类别 * 对朋友民族期望交叉表

			对朋友民族期望				合计
			汉族	藏族	其他少数民族	无所谓	
受访者职业类别	公职人员	计数	5	33	17	136	191
		所占比例%	2.6	17.3	8.9	71.2	100.0
	非公职人员	计数	18	146	28	155	347
		所占比例%	5.2	42.1	8.1	44.7	100.1
	学生	计数	4	73	23	92	192
		所占比例%	2.1	38.0	12.0	47.9	100.0
合计		计数	27	252	68	383	730
		所占比例%	3.7	34.5	9.3	52.5	100.0
Pearson 卡方值		46.543	渐进 Sig.（双侧）			0.000	

（四）年龄与民族关系的相关性

1. 年龄与族际通婚

为了了解不同年龄的人对待族际通婚的态度有无差异，我们对“受访者年龄”和“赞不赞同族际通婚”这两个指标做了交叉分析。在730位受访者中，18岁以下的有27位，其中表示赞同族际通婚的占59.3%，表示婚姻是“个人私事，不发表意见”的人占25.9%；18—24岁的有226位，其中表示赞同族际通婚的占68.1%，表示婚姻是“个人私事，不发表意见”的人占25.2%；25—40岁的有226位，其中表示赞同族际通婚的占 80.1%，表示婚姻是“个人私事，不发表意见”的人占 13.7%；40—50 岁的有 165 位，其中表示赞同族际通婚的占 79.4%，表示婚姻是“个人私事，不发表意见”的人占 11.5%；50—60 岁的有 55 位，其中表示赞同族际通婚的占 80.0%，表示婚姻是“个人私事，不发表意见”的人占 12.7%；60 岁以上的有 31 位，其中表示赞同族际通婚的占 67.7%，表示婚姻是“个人私事，不发表意见”的人占 22.6%，详情见表 6-35。从数据来看，不同年龄阶段的受访者对待族际通婚的态度上有差异，年龄较轻和年龄最高的受访者群体中明确表示赞同族际通婚的比例较低。为了得到更精确的判断，我们对“受访者年龄”和“赞不赞同族际通婚”这两个指标的相关性做了卡方检验，结果显示两者有显著的相关性。这说明年龄对族际通婚的态度是有显著影响的，年龄较大的受访者中明确表示赞同族际通婚的比例越高。但是我们也应该注意到，年轻的受访者中有相当部分人表示婚姻是“个人私事，不发表意见”，这在一定程度上表明，在这部分年轻人心目中“婚姻”更多的是个人情感层面的事情，而与“族群”“宗教”等因素的联系不是那么密切。

表 6-35 年龄 * 对族际通婚的态度交叉表

			赞不赞同族际通婚			合计
			赞同	基本赞同	个人私事，不发表意见	
受访者年龄	18 岁以下	计数	16	4	7	27
		所占比例%	59.3	14.8	25.9	100.0
	18—24 岁	计数	154	15	57	226
		所占比例%	68.1	6.6	25.2	99.9
	25—40 岁	计数	181	14	31	226
		所占比例%	80.1	6.2	13.7	100.0
	40—50 岁	计数	131	15	19	165
		所占比例%	79.4	9.1	11.5	100.0
	50—60 岁	计数	44	4	7	55
		所占比例%	80.0	7.3	12.7	100.0
	60 岁以上	计数	21	3	7	31
		所占比例%	67.7	9.7	22.6	100.0
合计		计数	547	55	128	730
		所占比例%	74.9	7.5	17.5	99.9

续表

		赞不赞同族际通婚			合计
		赞同	基本赞同	个人私事，不发表意见	
Pearson 卡方值	26.119	渐进 Sig.（双侧）		0.037	

（五）受教育程度与民族关系的相关性

不同民族受访者的受教育程度的结构为：在 70 位汉族受访者中，受教育程度为高中以上的所占比例最高，为 47.1%；其次为高中，占 25.7%。在 590 位藏族受访者中，受教育程度为高中以上的所占比例最高，为 43.9%；其次为小学，占 18.3%。在 70 位其他少数民族受访者中，受教育程度为高中以上的所占比例最高，为 77.1%；其次为初中，占 12.9%，详情见表 6-36。可见，不同民族的受访者在受教育程度上还是有些差异的，总体来说，藏族受访者的受教育程度偏低。

表 6-36　　民族 * 受教育程度交叉表

			受教育程度					合计
			小学以下	小学	初中	高中	高中以上	
受访者民族类别	汉族	计数	0	9	10	18	33	70
		所占比例%	0.0	12.9	14.3	25.7	47.1	100.0
	藏族	计数	53	108	105	65	259	590
		所占比例%	9.0	18.3	17.8	11.0	43.9	100.0
	其他民族	计数	0	2	9	5	54	70
		所占比例%	0.0	2.9	12.9	7.1	77.1	100.0
合计		计数	53	119	124	88	346	730
		所占比例%	7.3	16.3	17.0	12.1	47.4	100.1
Pearson 卡方值		50.887	渐进 Sig.（双侧）				0.000	

1. 受教育程度与国家认同

为了考察不同受教育程度的藏族受访者在中国人的自豪感上有无差异，我们对“受访者受教育程度”和“身为中国人的自豪感”做了交叉分析。在 590 位藏族受访者中，受教育程度为小学以下的有 53 位，其中表示身为中国人非常自豪或比较自豪的人占 96.2%；受教育程度为小学的有 108 位，其中表示身为中国人非常自豪或比较自豪的人占 97.2%；受教育程度为初中的有105位，其中表示身为中国人非常自豪或比较自豪的人占95.2%；受教育程度为高中的有65位，其中表示身为中国人非常自豪或比较自豪的人为100%；受教育程度为高中以上的有259位，其中表示身为中国人非常自豪或比较自豪的人占97.7%，详情见表6-37。从数据上大体可以看出，受教育程度高的受访者普遍比受教育程度低的受访者身为中国人的自豪感更强些。

表6-37　　受教育程度 * 中国人的自豪感交叉表

			中国人的自豪感			合计
			非常自豪	比较自豪	没有特别的感觉	
教育程度	小学以下	计数	44	7	2	53
		所占比例%	83.0	13.2	3.8	100.0
	小学	计数	96	9	3	108
		所占比例%	88.9	8.3	2.8	100.0
	初中	计数	82	18	5	105
		所占比例%	78.1	17.1	4.8	100.0
	高中	计数	55	10	0	65
		所占比例%	84.6	15.4	0.0	100.0
	高中以上	计数	208	45	6	259
		所占比例%	80.3	17.4	2.3	100.0
合计		计数	485	89	16	590
		所占比例%	82.2	15.1	2.7	100.0

2. 受教育程度与族际通婚

为了了解不同受教育程度的受访者在对待配偶期望上有何差异，我们对“受访者受教育程度”和“对配偶期望”做了交叉分析。在730位受访者中，受教育程度为小学以下的有53位，其中表示希望配偶是“同一教派并且同一民族的”人最多，占43.4%；受教育程度为小学的有119位，其中表示希望配偶是“同一教派并且同一民族的”人最多，占39.5%；受教育程度为初中的有124位，其中表示对配偶在民族和宗教方面没要求，无所谓的人最多，占56.5%；受教育程度为高中的有88位，其中表示对配偶在民族和宗教方面没要求，无所谓的人最多，占69.3%；受教育程度为高中以上的有346位，其中表示对配偶在民族和宗教方面没要求，无所谓的人最多，占 63.3%，详情见表 6-38。从数据上大体可以看出，受教育程度较高的受访者中对配偶的民族宗教成分无所谓的人所占比例也越高。为了得到更精确的判断，我们对“受访者受教育程度”和“对配偶期望”这两个指标的相关性做了卡方检验，结果显示两者有显著的相关性。这说明受教育程度对配偶期望有显著影响，受教育程度高者对配偶的民族、宗教成分包容度普遍高于教育程度低者，随着受教育程度的提高，受访者对配偶民族、宗教成分的包容度也缓慢提升。

表 6-38　　受教育程度 * 配偶的民族成分期望交叉表

			你希望你配偶是				合计
			同民族	同教派	同教派同民族	无所谓	
受访者教育程度	小学以下	计数	11	0	23	19	53
		所占比例%	20.8	0.0	43.4	35.8	100.0
	小学	计数	22	4	47	46	119
		所占比例%	18.5	3.4	39.5	38.7	100.1
	初中	计数	20	4	30	70	124
		所占比例%	16.1	3.2	24.2	56.5	100.0
	高中	计数	16	4	7	61	88
		所占比例%	18.2	4.5	8.0	69.3	100.0
	高中以上	计数	65	18	44	219	346
		所占比例%	18.8	5.2	12.7	63.3	100.0
合计		计数	134	30	151	415	730
		所占比例%	18.4	4.1	20.7	56.8	100.0
Pearson 卡方值		71.966	渐进 Sig.（双侧）		0.000		

三　创建和谐民族关系的思考

以上分析表明，香格里拉市各民族交往交流交融十分广泛和密切，中华民族共同体意识日益巩固和夯实，呈现出“汉族离不开少数民族，少数民族离不开汉族，各少数民族之间也相互离不开”的团结和谐局面。

通过对族际间日常交往、居住格局、族际通婚和族际语言互通等方面的考察表明，在族际交往中族际边界已逐渐淡化，在汉族受访者中藏汉通婚的家庭比例高达 44.2%，有 98.3%的藏族受访者赞同“中国的繁荣与强盛需要各族人民加强团结、共同奋斗”，有97.3%的藏族受访者为自己身为中国人感到非常自豪或自豪。平等、团结、互助、和谐的民族关系日益巩固，并在跨越式发展的进程中形成了汉族离不开少数民族，少数民族离不开汉族，各少数民族之间也相互离不开的民族关系。基于香格里拉市在创建和谐民族关系方面的实践与探索，我们可以得出以下的政策建议。

（一）贯彻落实党的民族政策和民族区域自治制度是构建和谐民族关系的根本

民族区域自治制度深深扎根于中国的土壤，符合中国国情和各族人民的根本利益，是正确处理民族问题，进一步巩固平等、团结、互助、和谐的民族关系的基本准则。实证结果表明：民族区域自治制度各项政策的执行情况满意度对民族关系有显著正向影响，即群众对政策执行情况越满意，其国家认同感越高、族际关系也越融洽。因此，民族自治地方要全面正确贯彻落实民族区域自治制度和党的民族政策，切实维护和保障《宪法》和《民族区域自治法》赋予的自治权，既保证党和国家的大政方针在本地的贯彻执行，又从实际出发，创造性地开展工作，把国家扶持少数民族和民族地区发展的各项政策措施落到实处，充分彰显民族区域自治制度的科学性与创造性。

（二）大力培养高素质少数民族干部是构建和谐民族关系的关键

少数民族干部与本民族群众有着天然的联系，是我们党联系少数民族群众的重要桥梁和纽带，是我们党做好民族工作的骨干力量。由前文的研究得出，民族自治地区合理的干部结构是维系民族地区和谐稳定的重要前提。因此，如何培养高素质少数民族干部对于加快少数民族地区经济社会发展、推进民族团结进步事业、维护社会稳定和祖国统一具有决定性意义。近年来，把做好少数民族干部的培养选拔工作作为管根本、管长远的大事，制定周密计划，明确目标任务，完善政策机制，认真组织实施，努力建设一支政治坚定、业务精通、作风优良、善于领导改革开放和社会主义现代化建设、深受各族群众拥护的高素质的少数民族干部队伍。其具体做法：一是在干部政策与民族政策的有机结合上下功夫，以各级班子的能力建设为核心，大力培养选拔少数民族干部；二是在干部的培训上下功夫，积极鼓励各级干部参加形式多样的学习，完善知识结构，提高学历层次；三是在实践锻炼上下功夫，通过下派、挂职、异地交流等方式，提高少数民族干部解决实际问题的能力。

（三）大力发展少数民族地区经济，不断提高各民族群众的生活水平是构建和谐民族关系的基础

经济发展是社会稳定的基础，少数民族地区经济的快速发展和当地群众生活水平的显著提高是民族平等、民族团结的重要物质基础。实证结果表明：各民族群众对家庭收入及经济建设项目的满意度与民族关系呈显著正相关，即家庭收入满意度越高，对所在地区经济建设项目的满意度越高，国家认同感越强。因此，大力发展少数民族地区经济，不断提高各民族群众的生活水平将进一步增强中华民族的凝聚力、向心力，不断巩固和加强平等、团结、互助、和谐的民族关系。

（四）正确贯彻落实党的宗教政策，依法加强对宗教事务的管理，积极引导宗教与社会主义相适应是促进民族关系和谐的重要内容

在社会主义初级阶段，宗教作为一种社会存在是不以人的意志为转移的。正确贯彻落实宗教信仰自由政策是引导宗教与社会主义相适应的前提，实证分析表明，受访者对宗教信仰自由政策落实情况的满意度与民族关系呈正相关，对宗教信仰自由政策落实情况满意度越高，对国家认同、民族团结满意度越高。近年来，在正确贯彻落实党的宗教政策，依法加强对宗教事务的管理，积极引导藏传佛教与社会主义相适应方面做了有益的探索，一是正确落实宗教信仰自由政策；二是依法加强对宗教事务的管理，建立藏传佛教寺庙管理基层机构，加强寺庙民主管理委员会的建设，加强制度建设，严格僧籍管理制度，加强对佛事活动的管理，加强对僧人的培训工作，加强对僧人出入境的管理；三是创新工作思路，实行引导、管理与服务的结合，在服务中引导，在服务中管理；把寺庙纳入社区管理与公共服务体系建设中，切实解决寺庙和僧人的实际困难，取得了良好的效果。

（五）大力发展民族教育事业是构建和谐民族关系的抓手

教育是少数民族和民族地区发展的根本大计。民族教育是我国教育事业的重要组成部分，也是民族工作的重要内容。发展民族教育，对于提高少数民族人口素质，促进民族地区的经济文化发展，增强民族团结，维护祖国统一，都具有重要的作用。并且由前文的研究我们也得出了受教育程度对民族关系有正向影响，受教育程度越高，国家认同感越强的结论。所以不断提高少数民族的文化素质显得尤为重要。近年来迪庆在发展民族教育事业方面其具体做法是：一加大教育投入，不断改善办学条件；二积极

办好寄宿制、半寄宿制中小学，保障学生完成义务教育阶段的学业，建立和完善资助贫困学生的制度；三藏区招收少数民族学生为主的学校，实行少数民族语言和汉语双语文教学；四整合教育资源，大力推进集中办学，不断提高民族地区的办学条件和教育教学质量。

（六）坚持不懈地开展马克思主义民族观和民族团结进步教育是构建和谐民族关系的力量之源

“问渠哪得清如许，为有源头活水来。”民族关系的和谐，还与长期以来广泛深入地开展马克思主义民族观和民族团结进步教育，努力构筑中华民族共有精神家园密不可分。迪庆州把每年9月确定为“民族团结进步月”，把每年9月12日确定为“民族团结进步日”，集中开展民族团结进步宣传教育活动。注重引导各族干部群众正确认识民族与国家的关系，正确处理民族利益与国家利益、本民族利益与各民族利益的关系。深入开展汉族离不开少数民族、少数民族离不开汉族、各少数民族也相互离不开的宣传教育，促进各民族相互尊重、相互学习、相互帮助，始终同呼吸、共命运、心连心。在全国率先开展以促进民族团结进步为主题的“千名干部进村入户促民族团结进步”实践活动，用民族语言讲解和宣传党的民族政策，大力开展民族团结进步教育进机关、进学校、进社区、进企业、进乡村活动，不断巩固全州干部群众民族团结进步的思想基础。积极探索和丰富创建民族团结进步活动的有效载体和形式，在全国率先举办以民族团结为主题的民族团结节，寓民族团结宣传教育于丰富多彩的活动之中，邀请全国56个民族代表齐聚香格里拉，共植民族团结纪念树，共叙中华民族情。

第七章

流动人口族际交往状况

本章通过对香格里拉区域流动人口的调查和研究，深入分析了流动人口的民族构成、教育结构、婚姻结构、居住格局、婚姻结构、迁移特征、收入与消费等从而勾勒出这一群体的基本社会经济图像，通过这些数据的统计分析反映了流动人口的民族差异和该区域族际交往的状态以及少数民族流动人口融入当地社会面临的特殊困难与问题，重在考察当地少数民族流动人口融入城镇的有效途径与政策支持。

第一节　香格里拉建塘镇流动人口现状分析

一　年龄、性别与民族结构

（一）流动人口的性别与年龄结构

在本次调查中，我们共发放941份问卷，其中有效问卷939份，无效问卷2份。男性为495人，占总样本的52.7%，女性444人，占总样本的47.3%，总体男性的比例略高于女性，流动人口的男女性别比为15∶7。

被访流动人口总人数为941人，访问员收集到932名被访者的年龄数据，9人的年龄信息缺失，其中最小者为14岁，最大年龄者为64岁。24岁是流动人口中人数最多的一个年龄组，同时也有一些60岁以上的人员加入了流动人口的队伍，从事着建筑工程或个体服务业。932名被访人员的平均年龄为32.85岁。根据农业部调查结果，2013年全国流动人口的平均年龄为33.7岁，2002年为33.4岁，逐步趋向年轻化。我们的调查结果接近于国家2002年的水平。同时2012年国家统计局统计的全国农民工平均年龄仅为37.3岁，但是显示出明显的地区差异，东部地区为28

岁，中部和西部分别为31岁和32岁。不同地区的流动人口群体之间存在的年龄差距，反映了各地社会与经济结构和发展水平之间的差距。

从调研问卷数据分析可看出，香格里拉建塘镇的流动人口主要集中于青壮年群体，24岁年龄群体的流动人口位居第一，26岁年龄群体的流动人口位居第二，28岁年龄群体的流动人口位居第三，38岁年龄群体的流动人口位居第四。香格里拉流动人口年龄结构主要为青壮年型，年轻劳动力在竞争激烈的劳动力市场更具优势，更趋向于外出寻找就业机会，为劳动力流入地的就业市场增添活力与新观念，也影响劳动力流入地的就业形势。

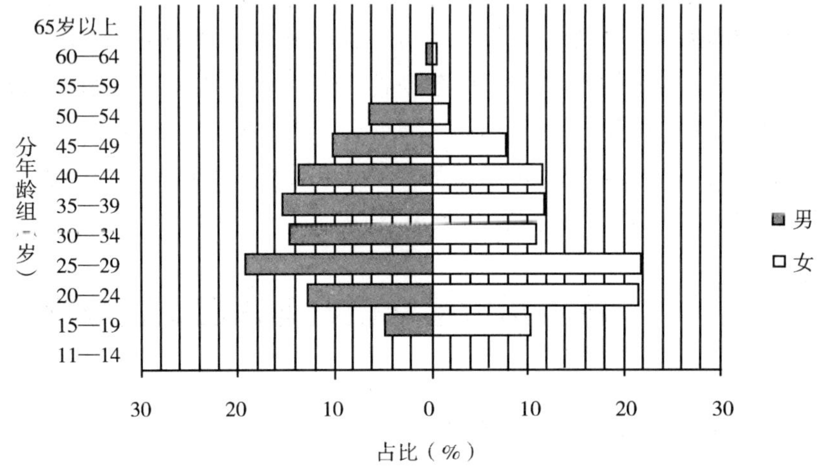

图7-1　建塘镇流动人口分性别、年龄金字塔

结合性别来看（参见图7-1），在青壮年流动人口中，11—29岁之间的各年龄组女性占比均高于男性，尤其是在25—29岁组，女性占比（21.8%）比同龄男性（19.2%）高出2.6个百分点，这表明在建塘镇流动人口中，年轻女性比同龄男性更为活跃，因香格里拉是旅游城市，以服务业为主的第三产业发展相对较快，因此使得年轻女性更容易在城市找到和第三产业相关的工作，使流动人口中存在性别差异。与此相反，在30—59岁各年龄组中，男性所占比例又高于女性。这表明，年过40岁以后，流动人口主要靠“卖苦力”在城镇谋生，而女性流动人口的年龄优势明显减弱，再加上需要返乡照顾老人，中老年男性流动人口的性别优势因此凸显出来。

(二) 流动人口的民族结构

在受访的941人流动人口中，共收集到940人的民族类型信息，其中汉族644人、占68.5%，藏族有10人，占1.1%，其他民族78人，占8.6%。建塘镇的流动人口中以汉族为主，占总数的2/3。这也使得建塘镇的流动人口与本地居民的交往在很大程度上是汉族与藏族的交往。

二　职业、教育与家庭结构

(一) 流动人口从事的职业

从表7-1的职业分类来看，建塘镇的流动人口的主要就业领域为个体工商户，占总样本的54.6%；商业服务人员（酒店及各类服务行业的雇员），占总样本的25.1%；非技术劳动力（建筑工人、单位勤杂工）占12.3%；专业技术人员占1.1%；其余4个职业的流动人口占总样本的8%。在调研过程中我们发现，所选调查点池卜卡步行街、独克宗古城商铺的大部分经商者都来自外地，正因为香格里拉是一个旅游城市，旅游业的发展使物价偏高，从而带动大批流动人口涌入香格里拉进行经商活动；农民工在香格里拉具有很大流动性，大多都是短工工人，人员流动有着极强的不稳定性。

表7-1　建塘镇流动人口职业构成

职业	人数	百分比（%）
专业技术人员	10	1.1
企业员工	2	0.2
商业服务人员	236	25.1
生产运输人员	49	5.2
不便分类的其他人员	14	1.5
个体工商户	514	54.6
非技术劳动力	116	12.3
合计	941	100.0

从业时间是衡量流动人口工作稳定性的一个重要指标，在941位被访流动人口中，有832人填写了从业时间信息，109人从业时间信息缺失。其中，从业时间达到3年以上的有441人，占总人数的53%；从业时间不

到1年的有195人，占总人数的23.4%；从业时间为1—3年的有196人，占总人数的23.6%，与从业时间不到1年的流动人员数量较接近（表略）。这表明建塘镇的流动人口的职业具有一定稳定性。

（二）受教育程度

在现代社会中，受教育程度是衡量劳动力素质的重要方面，对流动人口而言更是如此，受教育程度成为影响流动人口在迁入地能否找到工作和找到什么样的工作的重要因素。

在本次调查的941名被访者中（表略），流动人口的受教育结构呈"两头小、中间大"的格局。一方面，流动人口中大部分人都接受过一定的教育，受教育程度为小学、初中以及高中毕业的流动人员占总样本的81.6%；另一方面，高学历的流动人口较少，有2.9%的流动人口接受了大学以上的教育，同时文盲所占比例也比较少，仅占4.3%。

表7-2　　建塘镇流动人口10岁以上分年龄组受教育程度　　（单位：人;%）

年龄组	文盲	小学	初中	高中	大学	大学以上	大专	人数
10—14岁	—	—	100	—	—	—	—	1
15—19岁	—	2.82	53.52	35.21	4.23	—	4.23	71
20—24岁	—	1.90	37.34	39.24	11.39	5.06	5.06	158
25—29岁	0.52	4.19	42.93	28.80	13.61	1.57	8.38	191
30—34岁	0.83	14.75	42.63	13.93	15.57	6.56	5.74	122
35—39岁	4.69	25.78	49.21	16.41	—	3.13	0.78	128
40—44岁	7.56	31.09	48.74	8.41	1.68	2.52	—	119
45—49岁	16.47	32.94	34.12	16.47	—	—	—	85
50—54岁	9.76	17.07	36.59	29.27	4.88	2.44	—	41
55—59岁	20.00	20.00	50.00	10.00	—	—	—	10
60—64岁	50	16.67	16.67	16.67	—	—	—	6

分年龄组观察，受教育水平为文盲的流动人口主要集中在55—59岁年龄组；受过小学教育的流动人口主要集中在45—49岁年龄组；受过初中教育的流动人口年龄分布最广泛，从25岁至59岁均占有较高比例；受过高中教育的流动人口主要集中在15—29岁年龄组；受过大学及大学以上教育的流动人口主要分布在20—34岁年龄组；受过大专教育的流动人口主要分布在25—29岁年龄组。由此进一步表明，香格里拉建塘镇的流

动人口多为受过初高中教育的青壮年。

（三）流动人口的婚姻状况

婚姻不仅仅是单纯的个体行为，不同民族之间的通婚，是民族之间友好和睦、平等团结的象征，其深刻反映了一个国家或地区族际交往和民族关系的现实状态，是衡量一个国家或地区民族关系的重要尺度。①

在 941 名被访者中有 937 名回答了有关婚姻状况的问题，其中 293 名被访者为未婚，占回答者总人数的 31.3%，644 名被访者为已婚，占回答者总人数的 68.7%。从被访者问卷中可以看出，建塘镇流动人口未婚比例较少，2/3 流动人口的婚姻状况都为已婚。

在分析流动人口的婚姻状况时，一个重要的问题就是他们如何选择配偶。在来自农村的流动人口中，很多人在来到香格里拉前即已经在原籍结婚，另一部分未婚者，几年后面临择偶与婚姻的问题时，他们是倾向于在家乡（原籍）比较熟悉的社区成员中选择配偶？还是在香格里拉选择当地人？根据以上问题，本问卷设计了“是否有本地对象”“本地对象的民族”两个具体的客观指标来反映未婚者未来配偶的选择和因婚姻所产生的族际交往。在被访问的 940 名流动人口中，只有 127 名有本地对象，占总样本比例的 13.5%，未婚流动人口为 293 人，有 127 人（43%）的未婚流动人口找了当地对象，其中对象是汉族的有 71 人，占 56%；对象是藏族的有 26 人，占 20%，对象是纳西族和回族的均为 12 人，占 9%（具体见表 7-3），对象为其他民族（白族、彝族、傈僳族）的有 6 人，占 4.7%。排除老家已有对象和目前没有找对象的流动人口，有本地对象的流动人口占了总样本的一半以上。这表明未婚年轻人受教育水平相对较高，适应能力强，具有了一定的经济地位，择偶时制约条件较少，选择面宽，同时更加愿意从已经有城市就业和生活经历、平时交往较多的城市人员（包括流动人员）中选择自己的配偶。同时，有当地少数民族对象的流动人员中，对象是藏族的所占比较高，香格里拉属于少数民族聚居区，且是藏族自治地方，藏族在当地的民族结构中所占较高，而年轻的流动人员对于藏族或其他少数民族的文化习俗接纳性较强，本地对象的选择无疑加深了流动人员与当地少数民族的交往。

① 王德强、史冰清：《民族区域自治制度与民族关系和谐的实证研究——基于云南藏区的问卷调查》，《民族研究》2012 年第 2 期。

表 7-3　　建塘镇流动人口本地对象 * 本地对象民族交叉表

		本地对象民族							合计
		汉族	藏族	纳西族	回族	白族	傈僳族	普米族	
是否有本地对象	有	71	26	12	12	3	2	1	127
合计		71	26	12	12	3	2	1	127

再进一步分析建塘镇有本地对象的流动人口中分性别状况，在有本地对象的流动人口中，男性和女性人数相同，也就是说在找本地对象的流动人口中，不存在性别上的差异，无论男女都有可能找本地对象，这也从侧面反映该地流动人口中的适婚青年对对象无明显地域偏好。但在有本地对象的流动人口中（参见表 7-4），男性找本地汉族对象的比例（60.32%）高女性找本地汉族对象比例（50.79%）9.53 个百分点；男性找本地藏族对象所占比重（22.22%）也高女性找本地藏族对象所占比重（19.05%）3.17 个百分点；值得注意的是，女性找本地白族对象所占比重（17.46%）远高男性找本地白族对象所占比重（1.59%）15.87 个百分点。以上数据表明，在建塘镇适婚青年中，男性流动人口更倾向与找本地汉族和藏族对象，而女性流动人口除找本地汉族和藏族对象外，也倾向于找本地白族对象。这说明建塘镇流动人口与本地汉族、藏族和白族发生族际通婚行为的几率较高，本地汉族、藏族、白族人口与流动人口族际交往更为密切频繁。

表 7-4　　建塘镇流动人口性别 * 本地对象民族交叉表

		本地对象民族							合计
		汉族	藏族	纳西族	白族	傈僳族	彝族	普米族	
性别	男性	38	14	6	1	2	2	0	63
	女性	32	12	6	11	1	0	1	63
合计		70	26	12	12	3	2	1	126

三　居住、交友与收入结构

（一）流动人口的迁移特征和居住情况

1. 流动人口迁移特征

我们在问卷中询问了被访者的籍贯（老家）、户口类型，希望能够了解这些流动人口的原籍和流动经历。在被访者中，有 940 人回答了户口是城镇还是农村的问题，其中有 798 人都来自农村，占 84. 9%，城镇户口有 142 人，占 15. 1%，从问卷中可以看出流动人口很大一部分都来自农村。在 941 名被访者中有 936 人回答了有关籍贯的问题，其中 78. 7%的流动人口都是来自西部欠发达地区，11. 8%的流动人口来自中部地区，9. 5%的流动人口来自东部发达地区。在调研中我们发现，流动人口籍贯所在地占比例较高的省级行政区依次为云南、四川、湖南、江西、湖北、福建、江苏。

从调研问卷中可以看出，被访者中有超过 2/3 的流动人口来自西部地区，同时超过 2/3 的人口为农村户口，且被访者籍贯分布范围较广，涉及全国东部及西南部大部分地区，来自中部和东部地区的流动人口，民族成分方面汉族占大多数，西部各省间的流动人口包括一部分少数民族。随着香格里拉市场经济的发展和深化，人口流动也将更加频繁，我国东西部之间的人口流动不仅是劳动力的跨地域流动，也是民族群体跨越自己传统居住地的流动，在流动过程中，各民族之间的交往也更为频繁。对于香格里拉地区的民族关系而言，各民族之间的接触机会增多，有助于民族间的文化交流，使民族关系得到进一步发展，为香格里拉民族地区和谐稳定奠定了一定基础，但流动人口的到来也加剧各民族之间在就业领域的竞争，来自东部地区的汉族流动人口对少数民族风俗、语言、宗教的不了解，也会导致在交往过程中由于语言和文化差异造成误解和冲突，此类矛盾会演变为民族群体之间冲突。民族关系的和谐对一个地区的经济发展和社会稳定具有重大意义，在西部开发进程中建立和谐的民族关系是毋庸置疑的必经之路。

我们还调研了香格里拉建塘镇流动人口来本地年限分布。有 51. 2%的人来本地有 3 年以上，有 21. 4%的流动人口来本地 1—3 年，1 年以下的有 27. 4%。有超过 1/2 的流动人口来香格里拉超过 3 年，且来香格里拉 1—3 年及 1 年以下的流动人口所占比例仅相差 6. 06 个百分点。这表明流动人口在香格里拉的停留时间具有相对稳定性，且依旧有一部分流动人口在陆续涌入香格里拉。随着香格里拉旅游业的不断兴旺，市场需求逐步扩大，大批流动人口到香格里拉寻找商机，流动人口在香格里拉的年限越长，从侧面凸显他们的定居意向。一个地区市场经济的蓬勃发展必然会引入外来人口，同时外来人口的迁入也会使这个地区整个市场更具生命力，流动人口的迁入和在本地年限均在一定程度上反映了香格里拉近年来市场的可入性和稳定性。

2. 居住情况

调查流动人口在目前就业城市的居住情况，既可以反映出他们的就业稳定程度和收入水平，也可以反映出他们对于未来生活的设想。

问卷数据反映有 63.1%的被访者是独自居住，有 27.7%的被访者居住在雇主提供的集体宿舍，他们大部分是建筑施工队的农民工，或服务行业的单身青年雇工，而与人合租的被访者仅占 9.1%。

我们还在问卷中进一步询问了流动人口独自住房情况，独自居住的流动人口租房的居多，占 65.6%，雇主提供住处的占 24.1%，以上两种人群主要是外出打工的单身者，也包括已婚但独自外出的打工者，而买房居住的占 7.8%，这说明在建塘镇的流动人口中已经有一部分具有一定经济实力且他们将会成为香格里拉的永久居民。

如流动人口的工作稳定且收入较高，他们会租住条件较好的住房，但收入较低的单身流动人口大部分会选择居住在雇主提供的简陋宿舍或与人合租，以降低生活开支，收入高就业情况好且有打算长期定居在香格里拉的流动人口会选择投资买房。从数据中可看出，香格里拉大部分流动人口收入相对较高，选择独自租房居住的人数所占比例超过 1/2，买房居住的流动人员也达到 7.8%，表明一部分流动人员在香格里拉有定居打算。

（二）流动人口的社会交往和族际关系

在问卷中，我们设计了“四邻居住有哪些民族”“同事有哪些民族”“与哪些民族有红白喜事挂礼关系”“与哪些民族的朋友聚餐娱乐”四个问题作为衡量流动人口的交友情况和族际关系指标。为了更详尽地描述建塘镇流动人口族际交往现状，我们把各个民族单独拆分做统计（其中纳西族、回族、彝族被访流动人口样本量大致相等，不单独以一节赘述）。在总样本中，因藏族（10 人）、傈僳族（5 人）、苗族（3 人）、普米族（3 人）的样本量较少，其分析数据不能代表一个群体的族际交往结构特征，因此在本书中不作分析。

1. 汉族流动人口的族际交往情况

在 941 人被访流动人口中，有 644 人是汉族，其中，汉族流动人口有汉族邻居的占 42.02%，有藏族邻居的占 28.28%，有纳西族邻居的占

10.72%，有普米族邻居的占0.08%，有苗族邻居的占0.16%，不清楚邻居是什么民族的占5.28%。（见表7-5）从数据可看出，汉族流动人口在与邻居交往过程中，主要是和本民族交往，其次是和藏族邻居交往，这与建塘镇的少数民族人口格局有着密不可分的关系，建塘镇藏族居多，而汉族人口数排第二，在调研中我们发现，汉族人口与少数民族人口沟通过程中因语言不通存在一定障碍，因此加强少数民族地区双语教育将有利于流动人口融入少数民族地区，深化民族团结进程。

表7-5　汉族流动人口的四邻民族构成

邻居民族类型	人数（多选）	%
汉族	510	42.04
藏族	343	28.28
纳西族	130	10.72
回族	18	1.48
白族	110	9.07
傈僳族	13	1.07
彝族	22	1.82
苗族	2	0.16
普米族	1	0.08
不清楚	64	5.28
合计	1213	100

注：本数据表格所对应题目为多选题，因此按填空总数来统计总量。

为了更好地测量汉族的族际交往广度，问卷统计分析中设计了“四邻共有几个民族”这一指标，并在数据录入过程中对选项加以整理。其中，有35.1%的汉族四邻民族类型都只有一种民族，有31.3%的汉族有两种民族类型的邻居，有8种和7种民族类型的邻居只占到0.5%。由此可见，汉族流动人口在四邻格局中交往广度较窄，多数汉族在居住环境中只接触到1种或2种民族类型。

汉族流动人口同行同事民族结构情况也在问卷中加以关注，汉族流动人口有汉族同事的占42.04%，有藏族同事的占28.28%，有纳西族同事的占10.72%，有回族同事的占1.48%，有白族同事的占9.07%，有傈僳族同事的占1.07%，有彝族同事的占1.82%，苗族占0.16%，普米族占0.08%，其他民族占5.28%。其中，有28.3%的汉族同事民族类型有2种民族，有25.7%的汉族同事民族类型只有1种，而只有0.3%的汉族有8种民族类型的同事（因拆分民族类型分析，表格较多，在此不作表格详述)。汉族流动人口在同事方面所接触到的民族类型较少，多为1或2种民族，与四邻格局中的交往情况相似，汉族流动人口在同事同行方面的族际交往广度较窄。

一个民族与其他民族的流动人口在交友方面的关系深浅可用“有红白喜事挂礼相帮关系”这一指标来衡量，如有红白喜事挂礼相帮关系，则表明交往关系较深。汉族参与本民族红白喜事挂礼相帮的排第一，占33.53%；参加藏族的红白喜事挂礼相帮的排第二，占24.55%；而参加苗族红白喜事挂礼相帮的仅占0.29%，从来没有红白喜事挂礼相帮关系的占22.5%。这表明汉族在红白喜事方面除本民族外与藏族交往频繁，关系较好。但也有一部分汉族流动人员从来没有参加过红白喜事挂礼相帮，在访谈中我们发现，大部分汉族流动人员到建塘镇都从事经商活动，基本没有时间和当地少数民族来往，即便彼此来往也没有较深的关系，所以也没有参与红白喜事的机会。这也造成在红白喜事挂礼相帮方面有36%的汉族流动人员没有来往，而在644人汉族流动人员中只有0.2%的汉族流动人员与9种民族有红白喜事挂礼相帮关系（因拆分民族类型分析，表格较多，在此不作表格详述)。

在人与人的来往中，聚餐和休闲娱乐是较为普遍的交往途径。因此，“聚餐娱乐中的交友结构”也可作为族际交往的指标。在数据中我们发现汉族流动人员和本民族聚餐休闲娱乐的居多，占40.78%；和藏族聚餐休闲娱乐的排第二，占24.56%；和普米族聚餐休闲娱乐的位居最后，仅占0.09%，从来没有聚餐休闲娱乐的占9.92%。在访谈中我们发现，来建塘镇经商的汉族流动人员大多是为谋生计而来，基本没有时间参与聚餐和休闲娱乐活动，每天早出晚归，特别是到建塘镇停留时间较短的流动人员（如一年以下)，很多都没有和各民族参与聚餐休闲娱乐的经历。因此，汉族流动人员在当地与9种民族有聚餐休闲娱乐关系的仅占0.2%，而与1种民族有聚餐休闲娱乐关系的占32.6%（因拆分民族类型分析，表格较多，在此不作表格详述)。从以上数据可看出，汉族流动人员在当地的聚餐休闲娱乐的朋友主要是本民族的朋友，且他们在聚餐休闲娱乐方面交友较为单一，存在局限性。

2. 白族的族际交往情况

白族在941人流动人口的总样本中的占18.2%，有171人。其中，白族流动人员中有藏族邻居的占 30.16%，所占百分比最高；白族流动人员中有汉族邻居的占 29.63%，位居第二；白族流动人员中有本民族邻居的占 25.66%；有彝族、普米族邻居的仅占 0.03%；不清楚民族邻居类型的白族流动人员占 3.17%。从居住格局相关指标中得出白族流动人员与藏族接触最为频繁。在访谈中我们发现，白族有经商的传统，在建塘镇的白族流动人口从事餐饮业的居多。

在 171 人受访的白族流动人员中，不清楚邻居的民族类型的占 7%，有 3 种民族类型邻居的占 33.9%，有 6 种民族类型的占 1.2%。

从同行同事民族构成方面看，白族流动人员有本民族同事的占 27.85%，有汉族同事的占 27.66%，基本持平；有藏族同事的达到 22.24%；但在样本中，白族流动人员没有普米族同事。白族同事的民族类型个数多为 4 种、3 种、2 种，分别占 23.4%，21.1%，19.3%。白族流动人口在工作场所与汉族和本民族打交道较频繁，且交友广度居中等水平。

白族流动人员在当地与本民族有红白喜事挂礼相帮关系的占 28.15%，与汉族有红白喜事挂礼关系的占 23.46%，与藏族有红白喜事挂礼关系的占 19.94%；白族流动人员在当地从来没有参与红白喜事挂礼相帮的占 16.72%。在红白喜事挂礼方面，可看出白族流动人员多与本民族关系较密切，其次与汉族和藏族交往较深，存在一定民族边界。在交友广度方面，白族流动人员从来没有与任何民族有红白喜事挂礼相帮关系的占 33.3%，与 3 种民族有红白喜事挂礼相帮关系的占 21.1%，与 7 种民族有红白喜事挂礼相帮关系的仅占 0.6%。白族流动人员交友广度相对较窄，很大部分白族在当地没有参与红白喜事挂礼相帮的经历。

白族流动人员在当地经常与本民族聚餐休闲娱乐的占 36.32%；与汉族聚餐休闲娱乐的占 26.84%；与藏族聚餐休闲娱乐的占 20.53%；从来没有参与聚餐休闲娱乐的占 4.21%。同白族流动人员红白喜事参与民族构成相同，白族流动人员在当地没有与苗族和普米族聚餐休闲娱乐。白族流动人员在生活娱乐场所的交友结构呈现明显的民族边界，与本民族来往最为频繁，这与语言不通和民族风俗习惯不同有很大关系；白族流动人员交友广度水平位居中等，其聚餐休闲娱乐的民族类型最多的为 3 种民族，占 29.8%。

3. 纳西族、回族、彝族的族际交往

在 941 人流动的人口中，有 34 人是纳西族。在这些纳西族流动人员中，邻居民族有本民族邻居的排第一，占 32.89%；有汉族邻居的排第二，占 25%；有藏族邻居的排第三，占 23.68%；但没有人有回族、傈僳族、苗族、普米族邻居；同时，不清楚邻居民族类型的有 2.64%。因流动人口民族构成多以汉族为主，纳西族流动人员样本量较少，但依旧可以从数据中看出，纳西族流动人员在建塘镇多与本民族为邻居关系。从交友广度来看，纳西族流动人员有 3 种民族类型的邻居占比例最高，达到 38.2%，有 4 种、6 种、10 种民族类型的邻居占比例持平，均为最低 2.9%，可见纳西族交友广度为中等水平。

在 941 人流动人口中，回族有 29 人。回族流动人员有本民族邻居的居多，占 52.5%；有汉族邻居的占 15%，有藏族邻居的占 12.5%；而不清楚邻居民族类型的回族流动人员占 2.5%。回族在建塘镇多以聚居的形态存在，四邻的民族类型以本民族居多。除此之外，他们在居住格局中也与汉族和藏族来往频繁。在回族流动人口中只有 1 种民族类型的邻居比例占到了 75.9%。

在 941 人流动人口的总样本中，有 31 人的民族类型为彝族。在彝族流动人员的四邻民族类型中，汉族占 26.87%，彝族占 23.88%，藏族占 17.91%；不清楚四邻民族邻居类型的占 5.97%。以此可见，彝族流动人员大部分与汉族作邻居，其次与彝族作邻居。彝族流动人员在建塘镇多从事非技术劳动力（如农民工），因此他们与汉族接触较多。从交友广度上分析，彝族流动人员四邻有 3 种民族类型的占 35.5%，在居住格局方面彝族流动人员与邻居来往处于中等水平（因拆分民族类型分析，表格较多，在此不作表格详述）。

纳西族流动人员中，有汉族同事的占 29.25%，有纳西族同事的占 27.36%，位居前两位；有傈僳族同事的仅占 2.83%，除此之外，在样本中，纳西族流动人员没有苗族和普米族同事。纳西族在工作场所中与本民族交往较多，正如我们在调研中发现，建塘镇大部分纳西族流动人员从事服务行业（例如餐饮业）等，因为他们之间存在同乡带同乡的情况，所以纳西族流动人员多与本民族为同事同行关系。同时，纳西族流动人员中有 3 种民族类型和 5 种民族类型的同事居多，均占到了 29.4%，纳西族流动人员交友广度处于中等水平。

在工作场所，回族流动人员的同事多为藏族，占 30.34%；汉族和回族同事位居其后，分别占 26.97% 和 24.71%；回族在香格里拉从事的职业主要有农贸市场的牛肉销售，松茸虫草的收购以及回族餐饮业，与藏族的生意往来频繁，所以同事同行中藏族超过汉族和其他民族，居第一位，这与回族群体的经商传统有密切关系，作为经商人员与各族间来往密切是在民族地区从商的基础。回族流动人员同事同行中有 3 种民族的占到 48.3%，交友广度居中。

但从彝族流动人员同行同事民族构成上来看，彝族流动人员的同事民族类型中有汉族同事的占 29.55%，居第一位；有本民族和白族同事占 17.05，居第二位；其次，有藏族和纳西族同事的占 13.64%，居第三位；彝族在当地工作场所中与汉族、白族、藏族、纳西族来往频繁，交友面较宽，民族边界较弱，从而也反映出彝族具有一定的民族包容性。同时，彝族流动人员有 3 种同事民族类型的最多，占 32.3%，交友广度处于中等水平（因拆分民族类型分析，表格较多，在此不作表格详述）。

在红白喜事相帮方面，纳西族流动人口参与本民族的红白喜事相帮挂礼占 23.33%，在当地从来没有参与红白喜事挂礼相帮的纳西族流动人员占 26.67%，参与藏族红白喜事挂礼相帮的占 21.67%；而在建塘镇纳西族从来没有参与过回族、傈僳族、苗族、普米族的红白喜事。纳西族在参与红白喜事挂礼方面结构较单一，有大部分纳西族流动人员在建塘镇从来没有参与过红白喜事，在参与过的民族类型中，纳西族位居第一，这可以看出纳西族在建塘镇与各民族交往结构较单一，且来往较浅。从交友广度看，没有和任何一种类型的民族有红白喜事挂礼关系的纳西族流动人员占 47.1%，接近一半；参与过 7 种民族类型的红白喜事挂礼相帮的仅占 2.9%，纳西族在红白喜事方面交友广度和深度兼较窄。

回族的红白喜事挂礼民族类型中，藏族占 33.33%，本民族占 29.42%，从来没有在当地参与过任何民族的红白喜事挂礼的占 17.65%。回族的红白喜事挂礼主要是针对朋友、同事和亲戚，从上面回族流动人员同事同行民族构成中可看出，同事同行有藏族的占 30.34%，因此导致他们的红白喜事挂礼主要是藏族。

彝族流动人员在当地从来没有参与过红白喜事的占 37.26%；在参与过红白喜事的彝族流动人员中，与汉族有红白喜事挂礼相帮关系的占多数，达到 19.6%；其次彝族流动人员与本民族和藏族有红白喜事挂礼相帮关系的占 9.81%；同时可看出，彝族流动人员除了没有参与过傈僳族和苗族的红白喜事，其余各民族与彝族流动人员在红白喜事方面的参与关系分布较均匀，这证明彝族流动人员与大部分当地民族来往关系密切且彼此关系稳定；但也有很大部分彝族流动人员从来没有在当地参与过红白喜事，这也说明他们从事的工作交友机会较小，且临时工较多，在建塘镇停留时间较短。这也导致彝族流动人员与任何一种民族类型都没有过红白喜事挂礼相帮关系的占到一半以上（61.3%），因彝族流动人员在建塘镇流动性较强，这样的不稳定性导致他们的交友广度狭窄。

通过调研问卷得出纳西族流动人员多与本民族朋友聚餐休闲娱乐，占30.88%；与汉族朋友聚餐休闲娱乐的纳西族占29.42%；在当地从来没有聚餐休闲娱乐的占11.76%；同时，纳西族流动人员从来没有与回族、傈僳族、彝族、苗族、普米族有聚餐休闲娱乐关系，纳西族在平时聚餐休闲时与本民族之间的交往更加频繁。

在回族流动人口的休闲聚餐娱乐方面，回族流动人员与本民族聚餐娱乐的占36.06%，藏族与汉族位居其后，分别占24.59%和18.03%；由于回族独特的饮食习惯，所以在休闲聚餐娱乐中与自己本民族来往较多。

在建塘镇的彝族流动人口中，他们与汉族朋友的聚餐休闲娱乐活动最为频繁，占23.8%；与本民族朋友和藏族朋友聚餐休闲娱乐活动的所占比例持平，均占17.46%；从来没有聚过的占14.29%。在生活娱乐场所，彝族流动人员民族边界较弱，接纳性很强。但从交友广度上来分析，在建塘镇，彝族流动人员中仍有29%没有与任何民族有过聚餐娱乐休闲经历，这与他们从事的工作有直接关系，非技术劳动力大多工作较为繁忙，且在当地停留时间短，使得他们交友广度狭窄。

总体来说，6个民族的流动人口在建塘镇的交友结构存在差异。汉族、藏族、纳西族流动人员朋友类型丰富，交友广度较宽；白族、彝族流动人员在建塘镇与各民族来往相对密切，民族包容性较强，族际交往情况密切；同时，回族流动人员因有经商传统，在建塘镇交友广度较宽泛。

3. 收入结构

流动人口从事任何职业，收入都是衡量是否成功的主要标准，但是在实际的问卷调查中，关于收入往往是最难调查的项目，调查中得到的“收入”具体数据是很难准确的，人们一般会少报收入或多报收入，所以在本问卷中我们选择了“对自己收入的满意情况”“认为自己的收入水平如何”两个主观性的指标来测量流动人口的收入情况，通过这种自我的评价可以反映这个群体的自信心以及对社会的宽容性。941份有效问卷中有 53.1%的流动人口对自己的收入感觉基本满意，很满意和一般的占的比例均小。在对自己的收入水平的认知上有 42.4%的流动人口认为自己的收入处在社会的中等水平，而只有 0.3%的流动人口认为自己是高收入水平。参见表 7-6、表 7-7。

表 7-6　　建塘镇流动人口收入满意情况

收入满意情况	人数	百分比（%）
很满意	24	2.6
比较满意	115	12.2
基本满意	500	53.1
一般	302	32.1
合计	941	100

表 7-7　　建塘镇流动人口收入水平

收入水平	人数	百分比（%）
高收入	3	0.3
中上	26	2.8
中等	399	42.4
中低	358	38.0
较低	154	16.4
合计	940	99.9

各民族流动人口收入的比较，在城市流动人口的收入方面是否存在明显的民族差异，需要特别的关注。来到香格里拉的少数民族流动人口在对自己的收入满意度和收入水平的认知上感到不满意或认为自己是社会低收入者的，有可能是对自己生活的状况感到很不满意。表 7-8 是这次调查被访者中 4 个主要民族之间的收入比较，认为自己目前收入状况很满意的只有汉族和彝族。在调查中我们发现，香格里拉的汉族流动人口主要从事经商行业，有 54%的汉族流动人口对自己的收入基本满意，处于中等收入水平；而香格里拉的彝族流动人口主要从事的非技术劳动力的工作（如农民工），这其中有 6%的人对自己目前的收入还是很满意的，其中 45%的彝族流动人口认为自己收入处于中等水平。在香格里拉的四个主要民族的流动人口均有 50%以上对自己的收入水平基本满意，且对大部分

认为自己的收入处在社会中等水平。认为自己是高收入的只有汉族，占1%；其他民族均为0，在4个民族中，认为自己是低收入者所占比例最高的是纳西族，占24%，纳西族主要从事的职业是商业服务人员，收入水平较低，因此认为自己是低收入者的居多。参见表7-9。

表7-8　流动人口收入满意度的民族比较

	很满意	比较满意	基本满意	一般	合计
汉族	19	76	348	201	644
	3%	12%	54%	31%	100%
纳西族	0	2	17	15	34
	0%	6%	50%	44%	100%
白族	0	13	91	67	171
	0%	8%	53%	39%	100%
彝族	2	1	20	8	31
	6%	3%	65%	26%	100%
合计	21	92	476	291	880
	3%	12%	61%	37%	113%

表7-9　建塘镇流动人口流动人口收入水平分民族比较

	高收入	中上	中等	中低	较低	合计
汉族	3	19	263	253	105	643
	1%	3%	41%	39%	16%	100%
纳西族	0	0	11	15	8	34
	0%	0%	32%	44%	24%	100%
白族	0	1	75	65	30	171
	0%	1%	44%	38%	18%	101%
彝族	0	2	14	11	4	31
	0%	6%	45%	35%	13%	99%
合计	3	22	364	345	148	882
	1%	2%	41%	39%	17%	100%

总体来说，流动人口在香格里拉就业缓解了农村劳动力过剩的压力，我们看到各族流动人口之间在收入方面确实存在差别，汉族的收入水平在4个民族中属于较高水平，这也反映各族流动人口在香格里拉从事不同职

业造成收入水平的差异。同时，少数民族流动人口多数来自农村，文化水平相对较低，从事非技术劳动力者居多，整体收入水平较低。因此，少数民族流动人口需要给予一定的政策支持或帮扶，从而促进流动人口与当地少数民族的交往、交流、交融。

第二节　少数民族流动人口族际交往情况分析

一　少数民族流动人口的基本特征

（一）少数民族流动人口的年龄、性别、家庭结构

香格里拉市地处云南藏区，是一个多民族聚居地方，且毗邻四川藏区、云南怒江傈僳族自治州、四川省甘孜藏族自治州。在这样的多民族聚居区，流动人口中的少数民族是我们必须关注的一个群体，少数民族流动人口与当地各民族的关系，与汉族流动人口的关系都是建塘镇民族关系和谐中需要且值得探究的问题。

在 940 人流动人口的总样本中，有少数民族 296 人，其中男性有 145 人，女性有 149 人，2 人的性别信息缺失。从调研问卷中得出，建塘镇少数民族流动人口主要集中于青壮年群体，24 岁年龄群体的少数民族流动人口位居第一位，22 岁年龄群体的少数民族流动人口位居第二位。但 36 岁、38 岁和 40 岁年龄群体的少数民族流动人口占比也较高，除青壮年群体外，在少数民族流动人口中，中年群体也占据一定比例。

香格里拉少数民族流动人口年龄结构主要为青壮年型，年轻劳动力在竞争激烈的劳动力市场更具优势，更趋向于外出寻找就业机会，为劳动力流入地的就业市场增添活力与新观念，也影响劳动力流入地的就业形势。同时在少数民族流动人口群体中，中年群体也是市场的生力军，他们在具备一定的资金积累后，到建塘镇经商和投资，为当地年轻人口和流动人口提供了就业机会，缓解了就业压力，活跃了市场经济，带来新的经济创收项目和投资理念。

在 296 人少数民族流动人口中，男性有 145 人，占少数民族流动人口样本的 48.99%，女性有 149 人，占比 50.34%，整体女性略高于男性，少数民族流动人口的性别比为 97.32%，2 人的性别信息缺失。

据图 7-2 显示，建塘镇少数民族流动人口主要集中在 20—44 岁，男

性峰值年龄组出现在 25—29 岁，占比 18.9%；女性峰值年龄组出现在 20—24 岁，占比 22.1%，这表明建塘镇少数民族流动人口主要以青壮年为主，但少数民族女性年龄较男性更年轻，出现年轻化趋势。

在青壮年少数民族流动人口中，15—19 岁的各年龄组女性占比均高于男性，尤其是 20—24 岁群体，女性占比 22.1%比同龄男性高出 6 个百分点。这表明，少数民族女性流动人口就业年龄选择性特征比较明显，这种“掐尖式”劳动力资源利用方式无疑对女性就业提出了严峻的挑战，这可能与香格里拉地区旅游业发展迅速有关，旅游业的发展拉动第三产业比重，以服务业为主的第三产业发展吸收了大量年轻女性。与此相反，在 45—54 岁各组年龄中，男性所占比例又高于女性，这给我们一个重要提示：随着年龄增长，女性流动人口的就业优势明显减弱（见图 7-2）。

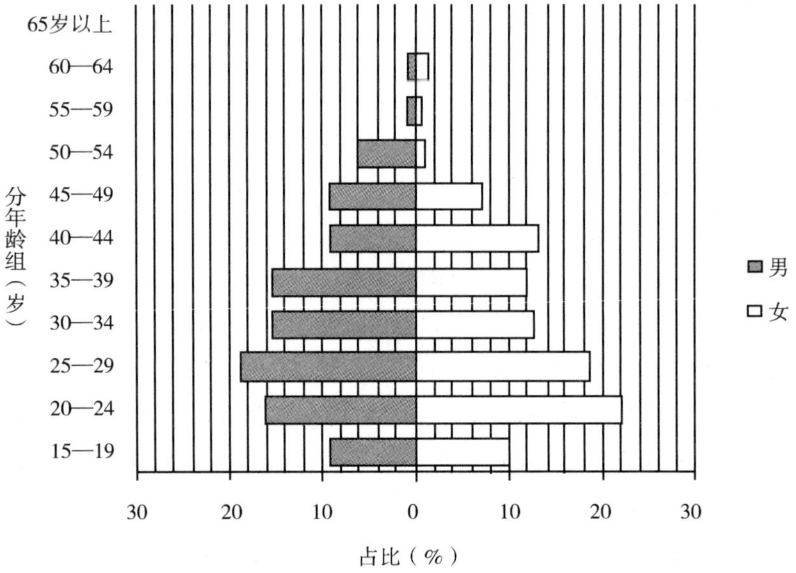

图 7-2　少数民族流动人口分性别，年龄金字塔

建塘镇少数民族流动人口中（296 人），有 97 人未婚，占比 33%；197 人已婚，占比 67%，其中 2 人婚姻信息缺失。表明建塘镇少数民族流动人口中绝大多数为已婚者，已婚少数民族流动人口到建塘镇寻找就业机会，在流动过程中，女性已婚者为维持婚姻稳定往往会跟随丈夫到建塘镇。

在197人已婚少数民族流动人口中，配偶民族为白族的占比最高（54.8%），由于在少数民族人口296人的总样本中，白族有171人，占比较高，可以看出白族流动人口族内通婚率较高；配偶民族为汉族的占比第二（16.8%），这表明少数民族流动人口与汉族通婚的较多；而回族流动人口有29人，少数民族流动人口中配偶民族为回族的占比为11.2%，回族族内通婚比率较高。

（二）少数民族流动人口的职业、教育、收入结构

从职业构成看（参见图7-3），建塘镇少数民族流动人口主要从事的职业是个体工商户，占49.3%，从事商业服务人员和非技术劳动力的各占32.8%和12.8%，职业为企业员工的占比最低，为0.7%；这表明建塘镇少数民族流动人口大部分有一定的资金积累，从商的较多，但专业技术人员占比仅为1.4%，这提示我们少数民族流动人口的受教育程度普遍不高，而提高少数民族流动人口的整体收入水平必须提高他们的专业技术能力，同时加大入岗培训力度。

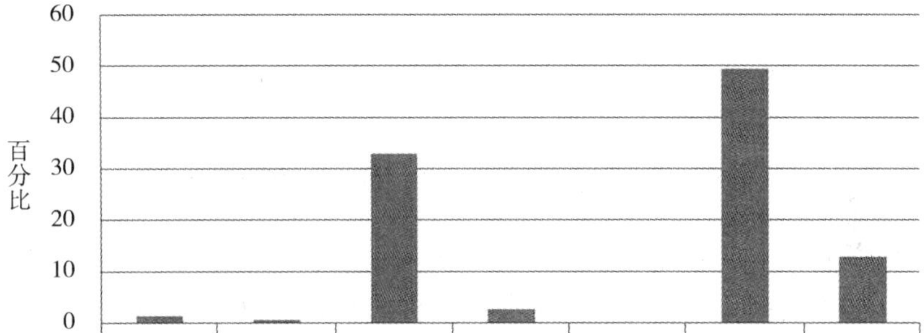

	专业技术人员	企业员工	商业服务人员	生产运输人员	不便分类的其他人员	个体工商户	非技术劳动力
■%	1.4	0.7	32.8	2.7	0.3	49.3	12.8

图7-3　建塘镇少数民族流动人员职业构成

结合少数民族流动人口的户口构成和户籍区域构成看，建塘镇少数民族流动人口有90.2%为农村户口，城镇户口仅占9.8%；大部分少数民族流动人口都是由农村来到建塘镇谋生，他们从事的职业多为个体工商户和商业服务人员，流动性较强，且来自西部地区的少数民族流动人口占97.3%，由此可见，建塘镇少数民族流动人口主要以西部地区户籍为主，对东部和中部地区流动人口的吸纳能力不足。这种流动人口户籍构成特

征，其实是区域发展差异性的一种表现。

建塘镇少数民族流动人口的受教育程度如图 7-4，近二分之一（47.6%）的少数民族流动人口受教育水平为初中，而大学以上的仅占 1.4%；小学和高中受教育水平的少数民族流动人口各占 18.2%和 19.3%；受教育程度与就业率存在正相关关系，这可以得出建塘镇少数民族流动人口的受教育水平普遍不高，在职业的选择上存在一定的局限。对少数民族流动人口进行专业技术培训，是提高少数民族流动人口就业率和收入的主要途径。

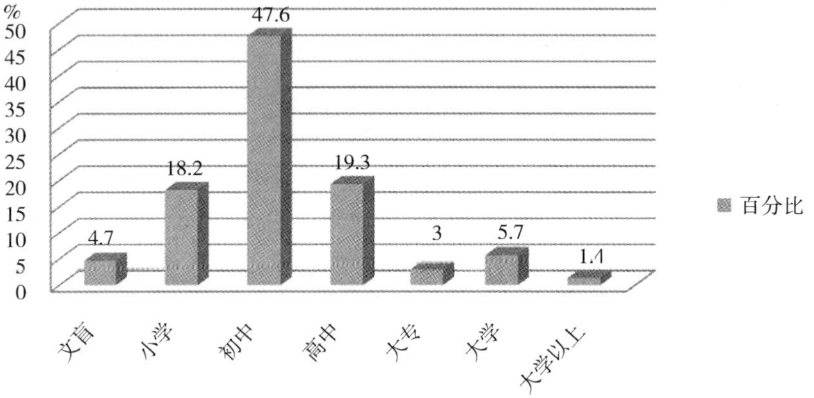

图 7-4　建塘镇少数民族流动人口受教育程度

根据调研问卷对建塘镇少数民族流动人口收入构成进行分析，收入水平中等且收入满意度基本满意的各占比 45.9%和 51.4%，收入水平为一般的占 33.8%，可见建塘镇少数民族流动人口收入处于一般水平，整体收入中等偏低；而收入水平为高收入的占比为 0，对收入很满意的占比 1.7%；收入水平较低的占比 16.2%；这都表明建塘镇少数民族流动人口高收入人群基本没有，他们的收入虽没有达到期望值，但心理上对收入的满意度偏高。少数民族流动人口的收入高低与他们在当地的生活质量和定居意愿相关，如收入水平高，大多数少数民族流动人口更愿意长期生活在建塘镇，如收入水平偏高，他们的生活水平也相对较高，民族关系也会随之更为和谐。由此可见，提高少数民族流动人口的收入水平是维护和谐民族关系的首要任务，为少数民族流动人口群体提供创收项目和意见，更是政府需要重视的问题。

二　互动关系与社会重构——大理巍山回族群体个案分析

在香格里拉建塘镇，分布着来自大理巍山的回族群体，他们从大理巍山地区流动迁入到建塘镇，对本民族具有依赖，即使从原有的社会组织迁入到建塘镇，由于环境完全不同了，其原有的形式和内容也会发生变异，以适应新的社会环境，继续发挥其社会功能。即使在以往的传统社会中所形成的组织结构不能完全移植到建塘镇，但为了高效地发展和组织经济生活，他们同时也发展出一些新的互动关系。

作为传统与现代之间的边际群体，大理巍山回族群体的内部结构分化是一种必然现象，由于传统文化和生计方式的影响，这种分化不是绝对的，也不是散沙式的，大理巍山回族群体在建塘镇形成聚居格局，他们形成这样的居住格局，在分化的同时，还存在着社会整合过程。也就是说，这个群体在建塘镇内部分化和整合是同时发生的，人们通过文化调适和互动关系达到群体内部两个方面的整合。除此之外，大理巍山回族群体与建塘镇居民不断发生联系和互动，使得“大理巍山回族群体”在城市的整体结构中与城市社会发生整合。这种发生在社区内部和外部城市社会的整合，我们视之为大理巍山回族群体的社会重构。

社会整合分为制度性整合、功能性整合及认同性整合。[①] 建塘镇大理巍山回族群体及其内部组织和团体都不是社会制度的产物，如果说制度性因素在该群体的形成和发展过程中发挥了作用，那也是潜在的、间接的作用。目前影响大理巍山回族群体的主要是功能性因素和认同性因素。功能性因素和认同性因素区分起来是困难的，两者存在许多交互作用。在本文中我们把经济生活领域的功能性相互依赖视为功能性整合，人际互动中的选择性视为认同性整合。整合还可分为两个层次，即大理巍山回族群体内部整合和该群体与城市主流社会的整合。这里我们主要分析以行业为纽带形成的职业群体和以地缘、亲缘、友缘为基础的互动关系。

（一）行业分布及“大理巍山回族群体”的功能性整合

大理巍山回族群体进入香格里拉建塘镇的流动人口在他们的优势行业

---

① 王春光：《社会流动和社会重构——京城（浙江村研究）》，浙江人民出版社 1995 年版。

中人数较多，形成了行业群体，这也是该群体最为显著的社会聚集形式，并在某种程度上形成了非正式组织。经济活动是社会活动中最为重要的活动之一，其衍生出许多现象。在经济利益的驱使下，大理巍山回族群体依托已有的回族聚居区作为生活和活动的空间，不断从巍山地区涌入大批新的流动人口。可以说该群体是经济活动的产物，其提供的经营和服务供其内部成员需求。另一方面，建塘镇居民认可他们提供的产品和服务，这种供求关系是“大理巍山回族群体”在建塘镇存在的前提和基础，他们为内部和外部社会的整合提供了机会。

大理巍山回族群体世代具有经商传统，进入建塘镇的巍山回族人因各种客观因素制约，再加之世代有到建塘镇经商的历史因素，导致该群体从业类型相对单一与集中。在调查中，941 人流动人员中有 29 人为回族，大理巍山回族群体聚居在建塘镇旺池卡街一带，我们到他们的聚居区做了统一问卷发放和深度访谈，调查数据中所涉及的 29 人都是该群体成员。从调研数据看出，该群体中从事个体工商业的有 27 人，占比 93.1%，从事商业服务人员的有 2 人，占比 6.9%。他们主要从事的行业有松茸药材收购倒卖业、清真民俗小吃业、农贸市场牛肉零售业。

1. 松茸药材收购业

近年来，由于大理巍山回族人具有经商头脑，他们在松茸药材收购行业具有“出价高”“行业人缘关系广”“愿意收购当地人散卖的松茸”等特点，逐渐取得该行业的优势地位，该行业也是大理巍山回族群体从业人数最多的行业。我们在建塘镇松茸市场调研时发现，该市场中有一排固定摊位都归属大理巍山回族群体，由于松茸收购行业具有季节性，虽然从事该行业的巍山回族群体人数相对占据主导地位，但收入时有不稳定状况，他们在松茸收获季节（每年 8—9 月）早上到松茸市场进行松茸收购，下午回到旺池卡街道聚居区在一楼铺面进行收购，同时部分回族还在旺池卡街道一楼铺面经营清真民俗餐饮业，以弥补松茸收购倒卖行业因季节性因素导致的收入不稳定。

为了更加深入的了解大理巍山回族群体从事松茸药材收购行业的特征和在经济方面与当地人的互动关系，我们对建塘镇旺池卡街道聚居区 4 户具有代表性的巍山回族人进行了深度访谈（见附录 1）。

在深度访谈中我们了解到，尽管大理巍山回族群体在松茸药材收购行业的从业人员中占有较高比例，但是这个行业群体并没有形成一个完整的系统，而是进行零散收购和销售。香格里拉的松茸行业在云南省具有一定知名度，由于得天独厚的气候和自然条件，该地区松茸质量高，且产量较大，多出口日本和我国东部地区。大理巍山回族群体聚集到建塘镇并形成一个从事同一行业的群体，除了因父辈在30多年前就在该地进行皮毛收购生意的历史因素外，其重要形成原因是该群体内部整合作用较好。大理巍山回族群体普遍受教育水平低，但回族人向来团结，很多流动到建塘镇的巍山回族人都是老乡带动一起到该地做松茸药材收购生意的，他们收购的松茸大多是三坝纳西族乡等农村地区的藏民外出到山上捡到的零散松茸，难以形成规模，但整个行业通过收购和销售，实现了同建塘镇居民、农村农民及城市边缘人群的功能性整合。大理巍山回族人从事松茸收购行业并没有形成完整的产业链，其原因是他们的受教育水平限制，导致在松茸和收购倒卖行业中形成“小打小闹”的态势。政府应予以他们更多的技术培训支持，或在大理巍山回族群体中宣传“互联网销售+农业”模式，使他们把松茸以更好的价格销售向各个地区，增大销售面，提高巍山回族群体的收入，进而有效地从侧面提高他们收购当地藏民的散卖松茸价格，增加当地农村藏族居民的收入。

在访谈中我们还发现，大理巍山回族群体在建塘镇经商过程中与当地各民族关系和谐，来往密切，有的还表示“与当地藏族朋友相处得像亲戚一样”。该群体在建塘镇民族关系相处的和谐程度与社会融入度甚至高于汉族流动人口，这是值得我们关注的典型民族关系和谐案例。由于大理巍山回族群体收购的松茸大多是三坝纳西族乡等农村地区的藏民外出到山上捡到的零散松茸，来自农村的藏族居民表示他们收购松茸价格相对较高，不会计较零头，做生意豪爽诚实，他们更愿意把自己捡到的松茸送到巍山回族人这里来卖建立了生意上的信任，久而久之两个族群的关系日益密切。由此可见，共同经济利益是构建和谐民族关系的基础，达到流动人口与本地各民族常住人口经济共赢是构建香格里拉地区民族和谐关系良性发展格局的重要途径之一。

2. 清真民俗小吃业及农贸市场牛肉零售业

由于地理环境因素，在香格里拉地区人们的饮食结构中，牛肉占有相当大的比例，回族宗教信仰伊斯兰教，具有特殊的民族风俗和饮食习惯，对于牛肉需求量较大，同时建塘镇的藏族居民也对牛肉有一定偏好。香格里拉地处高原地区，盛产牦牛肉，且摄入牦牛肉可有效抵御寒冷。这使一定数量的大理巍山回族群体在建塘镇从事清真民俗小吃及农贸市场牛肉零售行业。

在从事清真民俗小吃行业的巍山回族群体中，调查发现参与清真饮食经营主要有独立经营餐厅、合作经营、在清真餐厅打工3种方式。通过深度访谈的“个案2”（见附录1）我们可以发现，在建塘镇从事松茸药材收购行业的巍山回族人大多把家人一起带到该地，由于松茸收购行业具有季节性特征，一个家庭中男方主要进行松茸药材收购工作，女方在旺池卡街道铺面从事清真民俗小吃业；通过访谈“个案4”（见附录1）我们了解到，同样是男方进行松茸药材收购行业，女方在建塘镇农贸市场从事牛肉零售业。巍山回族群体从事清真民俗小吃业及农贸市场牛肉零售业规模较小，但在整个营业和销售过程中，大家一般都是“熟人”，相互依赖，相互支持，形成一种功能性相互依赖，不仅实现了家庭内部功能性整合，也在整个建塘镇实现了社会体系中的功能性整合。

由于大理巍山回族群体文化程度普遍较低，所以只能选择技术要求不高、门槛较低的行业，以此可以看出大理巍山回族流动人口在建塘镇族群分层中的位置。正如社会学家 P. Blau 所言“经济互赖经常不涉及社会交往，并且经常导致单方面的依赖和权力差别。”① 目前，流动人员更多依赖于市民阶层产生地位分层和权力差异，由此可见，仅因供需关系建立的社会整合往往是畸形的。

（二）互动关系与认同性的社会重构

大理巍山回族群体来到建塘镇，其社会关系发生一定程度的变化，为了适应城市生活，必须调整或更新原有的互动关系。巍山回族群体来到建塘镇在日常生活中需要情感交流、需要互助合作；在经济生活中需要互惠互换，为了满足此类关系，需要建立相应的社会关系。

巍山回族群体是一个未定型具有流动性的群体，内部尚未达到较高的组织化水平，人们更多是以个体身份与其他人发生互动，而不是以组织、阶层形式与其他人或组织进行来往，社会关系主要停滞在人际水平上。个体及小群体的互动关系是社会整合的微观层面，是社会整合的基础。互动关系会交织成网络结构，网络结构是生产和提供社会资源的基础。下文描述的互动关系说明了大理巍山回族群体如何在建塘镇建立和更新自己的关

① 谢立中：《西方社会学名著提要》，江西人民出版社1998年版。

系网络，并提供社会资源，达到认同性社会整合。

1. 地缘关系

费孝通先生论及我国农村社会血缘与地缘关系时说："在稳定的社会关系中，地缘不过是血缘的投影，不分离的。""血缘和地缘的合一是社区的基本特征"，[①] 居住于建塘镇的大理巍山回族群体保持了地缘关系，在其小规模聚居社区内，都是以地缘关系相互联结。同县流动人口共同从事某一行业，且聚居的居住格局等因素强化了地缘关系的稳定性与密切程度。

巍山回族群体聚居在建塘镇旺池卡街道一栋临街居民楼内，这样的同乡聚居使该群体在日常生活和生意买卖中相互关照十分常见，这种现象与中国传统社会现象一致：人们的互惠一般都是在亲缘关系中，而当亲缘个体有限，无法完成个体生存所有社会功能时，家庭、家族便开始扩张，最早可能被考虑的就是同乡，因为同乡都是熟人，相互了解更深，信任度更高，这种地缘关系弥补了亲缘系统无法承担的功能，在一定程度上拓展了亲缘关系，扩展了认同与整合的群体规模。建塘镇巍山回族群体以地缘关系为依托，在生活上互助，在生意上互惠，形成了"老乡带老乡"到建塘镇从事松茸药材收购行业的互惠互利关系，达到其内部功能性整合，形成小规模的团结群体与社区。

2. 亲缘关系

亲属是有生育和婚姻构成的关系。[②] 亲属关系是人作为个体最为初级的人际关系，它以血缘、婚姻为基本准则。在传统社会，亲属关系是最为稳固的人际关系。亲属关系也是大理巍山回族流动人口的基本关系网络，是互动最为频繁的关系之一。进入建塘镇的巍山回族人，一旦在建塘镇扎稳脚跟扩大经营，第一时间想到的就是亲人，在建塘镇从事松茸收购生意的马某，父亲 30 年前就在建塘镇从事动物皮毛收购行业，其父在有了一定资金积累后把儿子和妻子带到建塘镇居住，马某长大后开始进行松茸收购生意，并将其表弟一家也带到建塘镇做松茸收购生意。走出巍山到香格里拉地区的回族人都不是只身前往，而是在亲属或同乡的帮助下流动的，这也使得该群体内部亲缘互动关系得到强化。

亲缘关系的功能主要表现在以亲缘为纽带的经济活动中。费孝通提出

---

① 费孝通：《乡土中国》，北京大学出版社 1998 年版。

② 费孝通：《乡土中国》，北京大学出版社 1998 年版。

“家是由亲属纽带结合在一起的，在经济生活中，它并不是一个有效的劳动单位。”① 这种户内亲属关系是纯义务和血缘性的，户主或户主夫妇经商的目的是为了使家庭富裕，这种亲属关系为携带亲属关系，是大理巍山回族群体最为普遍的亲属关系。如“个案 2”（见附录 1），在建塘镇从事松茸药材收购行业的大理巍山回族人大多把家人一起带到该地，由于松茸收购行业具有季节性特征，一个家庭中男方主要进行松茸药材收购工作，女方在旺池卡街道铺面从事清真民俗小吃业；“个案 4”（见附录 1）同样是男方进行松茸药材收购行业，女方在建塘镇农贸市场从事牛肉零售业。亲缘关系具有举足轻重的作用，回族流动人口进入建塘镇谋生的所有经济活动都与亲缘网络有密不可分的关系。

3. 朋友、业缘关系

如果说亲缘关系和地缘关系是传统社会主要的人际关系，那么业缘关系和朋友关系则是现代社会重要的人际关系。② 大理巍山回族群体在建塘镇也在逐步扩大业缘关系和朋友关系。为了提高效率，获取更大利润，人们往往需要将经济交往的范围扩展到不同人群、不同行业、不同地域，朋友圈也随之扩大，而不是单纯的依托亲缘关系和地缘关系。如访谈的 4 个个案（见附录 1）中，大理巍山回族群体在生意上多与当地汉族、藏族、彝族往来频繁，其中一些回族流动人口来到当地为了了解市场和拉拢顾客群，得到当地汉族朋友的帮助，他们之间形成了一定程度的信任关系，并因此拥有了稳定的客户群体，大理巍山回族群体的业缘和友缘关系往往是交织在一起的。根据费孝通先生的“差序格局”理论推论，每个独立的大理巍山回族人以自己为中心向外推，最里层是与自己有亲缘关系的家人，其次是有地缘关系的同乡，接下来依次是同族、朋友、客户等。（详见图 7-5）这样的互动关系相互交织，成为一个互动关系网络。

巍山回族群体与同族、同乡共同从事一个行业，这样的行业群体的优点是信任度高、互动频率高、以多次重复博弈为基础，可节约成本；缺点是内容单一、重复信息多、利润不高，这也阻碍了大理巍山回族群体融入当地主流社会的进程。法国社会学家迪尔凯姆提出，同质社会是机械团结，以共同价值、同质行为为特征；异质社会是有机团结，以社会分工、相互依赖为特征。大理巍山回族群体的群体团结和整合形式处于两者之

① 费孝通：《江村经济》，江苏人民出版社 1986 年版。

② 王春光：《社会流动和社会重构——京城（浙江村研究）》，浙江人民出版社 1995 年版。

间，是一种正在转型的形式，转型形式中的社会关系是互相交织的，未达到一定的专业化水平。

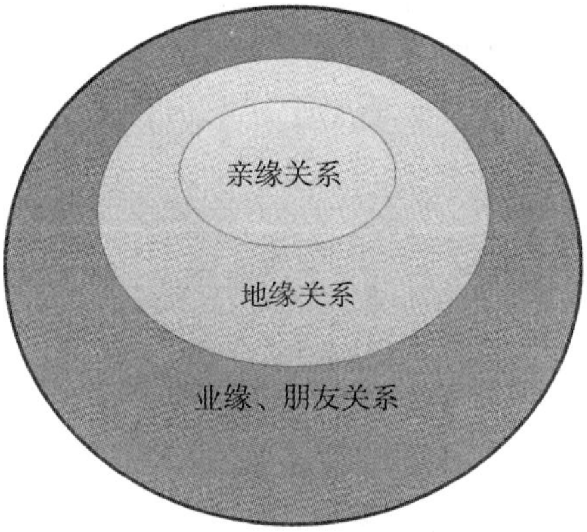

图 7-5　建塘镇大理巍山回族群体“差序格局”关系

社会学家 P. Blau 提出，群体内个体之间的频繁互动不利于社会整合，而只有不同群体的个体之间的互动才有助于社会整合。[①] 大理巍山回族群体在某种程度上在群体内互动频繁，与建塘镇各民族交往密切，但大部分是基于经济利益上的来往，也不排除个别回族与当地民族有更深层次上的交往，这种业缘关系和功能整合的单向发展正在向多维深层次的良好互动有机整合转型，这对构建和谐的良性民族关系具有重要作用。

三　流动人口行业圈的形成与原因

（一）建材市场行业圈

我们在建塘镇实地调研时，选择了流动人口分布较多的建材市场进行问卷发放，选点为位于建塘镇仁安路延长线的仁安建材市场。该建材市场于 2013 年开业，共有商铺 289 间，到 2015 年底入驻商家 202 户。在调查时发现，该建材市场中，销售地板、五金的流动人口多来自四川地区；销售洁具、卫浴的多来自福建、浙江和湖南地区；销售灯具的多来自湖广地区；销售门窗、油漆的多来自云南丽江；在建塘镇的建材行业中形成了具有地域性特征的“行业圈”。

为了更好地深入了解和分析建塘镇建材行业“行业圈”形成的原因

① 参见谢立中《西方社会学名著提要》，江西人民出版社 1998 年版。

及规律，在二次调研中对50户商家进行了“行业圈”深度访谈。在访谈中进一步了解了建塘镇建材市场的“行业圈”格局，本文选取有代表性的7户商家的深度访谈进行分析，以“行业圈”分类对建材市场流动人口访谈内容进行整理（见附录2）。

根据“个案1”和“个案2”的访谈（见附录2），了解到在建塘镇建材市场经营地板和五金的多来自四川地区，他们大多是由亲朋好友和老乡介绍到香格里拉建塘镇从事建材销售行业的，形成“老乡带老乡”“朋友带朋友”以地缘关系和朋友关系为依托的具有地域特征的“五金、地板行业圈”。再进一步分析该行业圈形成的原因，首先，四川省与香格里拉地区相邻，他们到建塘镇做生意有一定的地域优势；其次，“有货源”是该行业圈形成的原因之一，如“个案2”中老板经营的木地板品牌产地为四川省，靠近货源地且有地域优势成为四川人到香格里拉销售地板的客观条件。四川人具有“能闯、能吃苦”的特性，多从事相对“累、乱”的行业，五金销售具有“东西小、分类多、利润相对较低”等特点，在建材销售中属于较为繁杂且劳累的行目，这也是四川流动人口到建塘镇做五金销售的主观条件。

从“个案3”“个案4”“个案5”（见附录2）三户经营卫浴和洁具的商家中了解到，在建塘镇建材市场做洁具和卫浴的多来自福建、湖南和浙江地区，形成了具有地域性特征的“卫浴洁具行业圈”。与“五金、地板行业圈”相同，他们也是依托地缘关系和朋友关系形成“老乡带老乡”“朋友带朋友”的从业跟随模式来到建塘镇经营销售卫浴和洁具的。“卫浴洁具行业圈”形成的原因与货源地有一定关系，如“个案5”中的老板经营的卫浴是福建品牌，具备货源优势。除福建地区流动人口到建塘镇经营卫浴洁具外，湖南和浙江也有一部分流动人口到建材市场经营卫浴和洁具。浙江省位于我国沿海地区，市场开放早，经商观念深入人心，且很多卫浴品牌在浙江省内都有工厂，这也成为浙江人到建塘镇做卫浴洁具销售的客观条件；湖南省与四川省相邻，可通过四川进入云南境内，如“个案4”中卫浴是四川品牌，地域优势与货源优势是湖南流动人口到建塘镇经营卫浴洁具的客观条件。

同时，如“个案6”（见附录2）中广东省流动人口到建塘镇经营灯具，形成“灯具行业圈”，中国很多知名灯具品牌的产地都是广东省，“个案6”老板经营的灯具就是广东东莞的品牌，因此，广东流动人口经营灯具具有货源优势。

从“个案 7”（见附录 2）中可以看到，在建塘镇销售门窗、油漆的多来自云南丽江，形成“门窗、油漆行业圈”，同时与前文的经商者相同，该行业圈也多是依托地缘关系由“老乡带老乡”来到建塘镇经营门窗、油漆。丽江永胜县人有经商传统，在云南地区丽江永胜县人从事经商的较为常见。在地理位置上，丽江市与迪庆州相邻，且丽江为纳西族聚居区，其风俗和饮食习惯部分与藏族相似，来到建塘镇的丽江人多与当地藏族朋友关系密切，客户群也以“朋友介绍”的方式形成。因此，地理区位优势与朋友关系优势成为丽江流动人口到建塘镇经营门窗、油漆行业的客观因素。

建塘镇建材市场形成“五金、地板行业圈”“卫浴洁具行业圈”“灯具行业圈”“门窗、油漆行业圈”四个行业圈受多方面因素影响，主要表现为地理区位因素、群体优势因素、货源优势因素三个方面。

1. 地理区位因素

地理区位是建塘镇建材市场行业圈形成的重要因素，同时也是流动人口迁移和流动过程中考虑的客观因素之一。如建材市场中“五金、地板行业圈”和“门窗、油漆行业圈”分别由来自四川的流动人口和来自丽江的流动人口形成，四川省与云南省相邻，丽江地区与迪庆州相邻，这成为这两个行业圈的形成的客观条件。“在地理位置上较接近香格里拉，通过朋友老乡介绍发现香格里拉市场好，竞争小”都是四川与丽江流动人口将建塘镇作为流入地的主要原因。地理区位因素在很大层面上成为行业圈形成的客观因素。

2. 货源优势

货源是销售必不可少的条件之一，货源地与经商者老家为同一地区，有利于经商者与供货商的沟通，同时依托这样的地缘关系，也有利于经商者对供货商建立相互了解和信任的合作关系。如“个案 5”中的老板经营的卫浴是福建品牌和“个案 6”老板经营的灯具就是广东东莞品牌，都是经商者与所代理品牌为同一地区的典型案例。在经商者选择代理品牌时，家乡品牌被他们列入考虑范围，一是因为在地缘关系基础上更容易建立相互信任的合作关系，二是由于货源与物流紧密相连，有稳定货源的基础上还需考虑物流的安全性，很多到建塘镇建材市场的经商者在老家都有亲戚朋友，如货源或物流出现问题他们可以借助亲戚朋友关系就近为其解决，这也是他们选择自己家乡品牌作为供货商的重要原因。在货源优势的基础上，形成了“卫浴、洁具行业圈”和“灯具行业圈”，货源优势也成为行业圈形成的客观因素。

（二）池卜卡步行街行业圈

除仁安建材市场外，我们还对建塘镇最繁华的商业街池卜卡步行街的商家进行了深度访谈。池卜卡商业街有商家200余家，位于建塘镇中心地段，是流动人口聚集较密集的街道之一。在调查时发现，在池卜卡商业街的商家中，做服装生意的主要来自福建、丽江、湖北地区；做皮鞋、皮具生意的主要来自四川和重庆地区，在建塘镇池卜卡商业街形成了具有地域性特征的“行业圈”。

为了更好地深入了解和分析建塘镇池卜卡商业街“行业圈”形成的原因及规律，我们在二次调研中对具有代表性的6户商家进行了“行业圈”深度访谈，本文以“行业圈”分类对池卜卡商业街的流动人口访谈内容进行整理（见附录3）。

根据“个案1”“个案2”“个案3”和“个案4”（见附录3）了解到池卜卡商业街做服装生意的多来自丽江、福建和湖北，他们都是老乡或亲戚带到建塘镇做服装生意的，依托地缘、亲缘关系形成了有地域特殊性的“服装行业圈”。福建省是服装产业大省，在福建泉州等地区不仅有众多服装工厂和国内知名服装品牌，还有亚洲最大的专业服装城“石狮服装城”，具备一定的货源优势是福建流动人口到建塘镇做服装生意的主要原因。因东南亚国家用工成本低，很多沿海服装企业将工厂迁至东南亚，但近年来东南亚国家政局动荡、功效不高、文化差异等问题使得不少企业选择选址回迁，而湖北服装产业基础好，成为沿海服装企业转移工厂的首选地。除此之外，纺织产业是湖北省的支柱产业和民生产业，也是湖北省在全国范围具有一定竞争优势的传统产业，在这样的宏观背景下，湖北省流动人口来到建塘镇销售服装不仅有了货源上的保障，还具备了一定的历史背景。香格里拉与丽江相邻，且是著名的旅游城市，在旅游业的带动下丽江的流动人口选择同样是旅游城市的香格里拉做服装生意，他们认为旅游城市市场发展潜力较大，为流动人口选择到建塘镇从事服装销售提供了客观条件。

同时，根据“个案4”（见附录3）的被访者描述，在池卜卡商业步行街有“湖北帮”“福建帮”和“四川帮”，他们经常以商会的形式聚会交流，以此我们可以推断出池卜卡商业街的流动人口族际交往圈子较窄，多与流出地老乡之间来往，在族际交往方面模式单一。

根据“个案5”“个案6”（见附录3）的描述，建塘镇池卜卡步行街做皮鞋、皮具生意的多来自四川和重庆地区，形成了具有地域特色的“皮鞋、皮具行业圈”。四川流动人口主要是依托亲缘和地缘关系由老乡或亲戚带到建塘镇做皮鞋、皮具生意的。四川和重庆地区拥有很多皮具和皮鞋厂家，在四川成都还建成了西南地区最大的品牌鞋类和皮具箱包专业市场——荷花池市场，作为西南片区最大的皮具皮鞋批发集散地。同时，四川和重庆地区与云南省接壤，货源优势和地理因素为四川和重庆的流动人口到香格里拉建塘镇从事皮鞋、皮具销售奠定了基础。

访谈中发现，大部分在池卜卡商业街的商家表示在香格里拉做生意收入比曾经在其他地方做生意收入要高，香格里拉作为新兴旅游城市具有巨大的市场潜力，盈利和市场优势成为外来流动人口选择到建塘镇经商的重要原因。

建塘镇池卜卡商业街形成“服装行业圈”和“皮鞋、皮具行业圈”受多方面因素影响，主要表现为地理区位因素、货源优势因素两个方面。

1. 地理区位因素

池卜卡商业街的“皮鞋、皮具行业圈”由来自四川和重庆的流动人口形成，“服装行业圈”中有来自丽江的流动人口，四川省与云南省相邻，丽江地区与迪庆州相邻。在地理位置上较接近香格里拉，通过朋友圈老乡介绍发现香格里拉市场好，竞争小是四川、重庆与丽江流动人口选择建塘镇作为他们流入地的客观原因。地理区位因素在很大层面上成为池卜卡商业街两个行业圈形成的客观因素，同时也是流动人口选择迁移地需要考虑的因素之一。

2. 货源优势

建塘镇池卜卡步行街两个行业圈的形成与货源有密不可分的关系，如“服装行业圈”有来自福建和湖北的流动人口，福建省是我国的服装产业大省，有亚洲最大的专业服装城“石狮服装城”，具备一定的货源优势是福建流动人口到建塘镇做服装生意的主要原因，而湖北服装产业基础好，成为沿海服装企业转移工厂的首选地，纺织产业是湖北省的支柱产业和民生产业，也是湖北省在全国范围具有一定竞争优势的传统产业。货源是销售者选择经营行业必不可少的条件之一，货源地与经商者老家为同一地区，有利于经商者与供货商的沟通，同时依托这样的地缘关系，也有利于经商者对供货商建立相互了解和信任的合作关系。在经商者选择代理品牌时，拥有便利的进货渠道是他们选择行业的基本条件之一，湖北和福建拥有很多服装工厂和批发市场，利于湖北流动人口和福建流动人口进货。四川和重庆地区拥有很多皮具和皮鞋厂家，在四川成都还建成了西南地区最大的品牌鞋类和皮具箱包专业市场，这也为四川和重庆流动人口到建塘镇做皮鞋皮具生意提供了货源保障，四川、重庆与云南较为接近，且有亲友在老家，四川和重庆流动人口在物流安全方面隐患较小，如物流出现问题还可让在老家的亲人解决。并且在地理区位因素的优势作用下，四川和重庆流动人口到成都进货、选货交通成本较低，运输成本也相对较低。货源优势和地理区位优势的相互作用促使“皮鞋、皮具”行业圈的形成。

（三）农贸市场行业圈

在调研中我们还选择了建塘镇最大的第三农贸市场进行深度访谈，发现来自大理的流动人口遍布农贸市场很多品类包括肉类、菜类、粮油、熟食销售等，形成了以大理流动人口为主导的“农贸市场行业圈”。其中一部分大理流动人口是朋友和亲戚介绍他们到建塘镇做生意的，另一部分大理流动人口则是到建塘镇考察后自发到农贸市场做生意的。

为了更好地深入分析建塘镇农贸市场为何绝大部分被大理流动人口占据主导地位的原因，对具有代表性的3户摊主进行了深度访谈（见附录4）。

从“个案1”中了解到，由于香格里拉气候寒冷，冬季很难种出蔬菜，而大理在多年前就已经是香格里拉的蔬菜供货地，目前蔬菜种植技术提高，大理流动人口采用大棚蔬菜种植技术在本地也能种出蔬菜，一定程度上节省了运输成本。大理流动人口到建塘镇经营蔬菜具有历史因素。我们又从“个案3”中了解到，建塘镇很多餐馆由大理人经营，餐馆业主和农贸市场摊主之间依托地缘优势形成供求关系，这也为农贸市场来自大理的摊主提供了销路。在历史因素和供求关系稳定的条件下，大理流动人口自然占据了农贸市场各行业的主导地位。

（四）建塘镇流动人口族际交往的规律及模式

从以上调查来看，建塘镇流动人口聚居类型可分为两类：一类是以同乡、同村、同业或同族为群体聚结，以亲缘、地缘、业缘等为基本纽带，如旺池卡街道的“大理巍山回族群体”，我们称之为缘聚型流动人口。另一类是混居型流动人口，他们居住的社区居民来源混杂且彼此缺乏广泛联系和必要的交流，并没有形成明确的主导性纽带或是产业体系。

建塘镇流动人口的聚居类型具有一定特性：（1）自发性。这类自然衍生型的聚居形成一般没有政府统一规划和组织，而是通过自身的自发协调力不断形成的，具有自然、随机的外在特征。其中，促成其自发协调力发挥作用的往往是生活背景、价值观念、社会心理、经济规律等深层内在的调适力和自然因素影响下的功能需求。这种自发性也使这类流动人口聚集类型与由政府或企业单位统一计划、组织、培育的流动人口聚集类型有较为本质的区别，如地方政府为全市外来务工人员统一建立的安置区、也包括某些企业单位为外来职工提供的住宿区。（2）异质性。流动人口聚集类型的异质性特征是相对于普遍意义上的城市社区和农村社区而言的，这一类型的流动人口在居民文化背景、生活习惯等方面一定程度延续了农业社会的许多特征，尤其是缘聚型聚居区，更让传统观念下的组织机制和社会网络在现代城市条件下得到了积淀和延续，同一般城市居民产生明显的分异性，他们在改变原有的阶层构成的同时还与所在城市建立起了开放式的经济联系，同一般农村居民又有很大区别。这种兼具城乡社区的某些特征又游走于城乡两种文化之间的双重性和边缘性，使流动人口同一般城市和农村居民有了质的差异。

第八章

生态环境保护与建设

香格里拉地处长江中上游的“三江并流”核心区域，具有显著的生物多样性、地质地貌多样性和自然景观多样性特点，生态资源丰富也十分脆弱，该区域的生态安全关系到长江中下游以及东南亚的生态安全。

随着现代化进程的加快，香格里拉的经济得到了快速发展，但也出现了一些生态环境问题，面对问题，香格里拉各级政府积极响应党和国家关于生态文明建设的号召，采取了一系列的政策措施，并取得了一定的成效。

第一节　自然资源和传统生态文化

一　自然资源

香格里拉地处中国西南部、青藏高原东南缘三江纵谷区东部，全境地形总趋势西北高、东南低，略呈两端楔形的纺锤状，历史上有着“雪山为城，金沙为池”的美誉。其最高点巴拉格宗海拔 5545 米，最低点洛吉吉函海拔 1503 米，海拔高差 4042 米，平均海拔 3459 米。香格里拉市的地貌按形态可分为山地、高原、盆地和河谷，按成因分为重力地貌、构造地貌、冰川地貌、冰缘地貌、湖成地貌以及岩溶地貌。其中，山地是本市分布最广的地貌类型，海拔 2500 米以上的山区有 10858 平方公里，约占总面积的 93.5%。山区内高峰林立，屹立于境内大雪山东西两边山脊的山峰多达 511 座，其中包括：海拔 3000 米以下的 4 座，3001—4000 米的 37 座，4001—5000 米的 450 座，5000 米以上的有 20 座。市境面积 1 平方公里以上的平坝有 46 个，总面积为 660 平方公里，其中 20 平方公里以上的仅有4个：建塘镇158.53平方公里，[1]小中甸坝128.65平方公里，金江镇打枝坝48.8平方公里，那嘎吃尼牛场[2]22.5平方公里。[3]

香格里拉市境内山高谷深，气候随海拔升高而发生变化，从海拔1503米的金沙江河谷到海拔5396米的哈巴雪山和海拔5545米的巴拉格宗山山顶，依次有河谷北亚热带、山地暖温带、山地温带、山地寒冷温带、高山亚寒带六个气候带。气候幅宽，气候带窄，形成“一山分四季”的典型立体气候。由于受西南季风和南支风急流的交替控制，全境的气候有季风气候的特点，干湿季分明，每年6—10月为湿季，降雨量约占全年总量的80%，11月至次年5月为干季，降水量仅为全年总量的20%左右。香格里拉的降水随着海拔的变化而变化，海拔每增高100米，降水增加20—40毫米，海拔3400—3600米区域为最大降水区，年均1000—1200毫米。东南部与西北部降水量差大，东南部的山地年均800—1000毫米，西北仅为400—600毫米，东南部河谷年均600—800毫米，西北年均300—400毫米。境内蒸发量也随海拔增高而递减，河谷区年蒸发量2200—2811.2毫米，高原坝区1382.6—1919.0毫米，年平均为1643.6毫米。蒸发量最大是5月，为215.4毫米，最小是1月，为98.7毫米。[4]

香格里拉的年平均气温也随着海拔高低而不同，海拔5000米以上，年平均气温-10℃—-8℃，海拔3000—4000米，年平均气温0℃—8℃，海拔3000米以下，年平均气温5℃—17℃。一年中，最冷的是1月，其中，河谷地区的月平均气温6℃—8℃，高原坝区为-6℃—-2℃，而海拔高于4500米的高寒地带，月平均气温低于-10℃。[5]

香格里拉的日照受地形状况影响，河谷区和高原坝区存在差异。河谷区年总辐射118.3—122.0千卡/平方厘米，高原坝区为122.8—142.6千

---

① 大中甸坝子也是云南省内海拔3000米以上面积最大的高坝，参见云南省中甸县地方志编纂委员会编纂《中甸县志》，云南民族出版社1997年版，第81页。

② 《香格里拉县国土资源志》里写作纳嘎，是同音异写，此处依据《中甸县志》的写法。

③ 云南省中甸县地方志编纂委员会编纂：《中甸县志》，云南民族出版社1997年版，第81页。香格里拉县国土资源局：《香格里拉县国土资源志》，2011年，第37页。

④ 云南省中甸县地方志编纂委员会编纂：《中甸县志》，云南民族出版社1997年版，第86—89页。

⑤ 云南省中甸县地方志编纂委员会编纂：《中甸县志》，云南民族出版社1997年版，第86—87页。

卡/平方厘米，全年太阳辐射最大为5月，达12.8—13.7千卡/平方厘米。[①]

香格里拉的土壤分为冲积土、棕壤、红壤、亚高山草甸土、暗棕壤、棕色暗针叶林土、高山灌丛草甸土和高山寒漠土8种类型，呈垂直带状分布，其中以亚高山草甸土为主。根据最新统计，香格里拉市土地资源总面积11613平方公里，其中耕地面积2.18万公顷，占国土面积的1.9%，其中基本农田16488.46公顷，占总耕地的75.7%；草地10.59万公顷，占国土面积的9.1%。另外水域及水利设施用地9983.52公顷，城镇与工矿用地5243.91公顷，其中采矿用地476公顷。[②]

香格里拉有林地86.666万公顷，占国土面积的74.6%，为云南省森林覆盖率最高的地区。

香格里拉的牧场主要分为高寒草甸型、亚高山林间草甸型、沼泽草甸型、山地灌丛、草丛草甸型四种类型。牧区主要分布在建塘镇、小中甸镇和格咱乡，东旺乡、尼西乡、五境乡、洛吉乡、三坝纳西族乡，虎跳峡镇一部分也有分布，海拔都在3000—4500米。牧区总面积1310.94万亩，占总土地面积的75.26%，天然牧场416.50万亩。禾本科和莎草科为当地优势草种。[③]

香格里拉的食用和药用真菌有24科92种。维管束植物234科3582种，其中，苔藓植物36科144种、蕨类植物25科160种；种子植物173科877属3278种。藻类植物有31科72属196种。阔叶乔木树种有36科71属199种。乔木树种有41科83属225种。其中裸子植物5科12属26种，是构成香格里拉大面积针叶林的成分，常见有松科的长苞冷杉、川滇冷杉、中甸冷杉、苍山冷杉、大果红杉、油麦吊云杉、丽江云杉、云南松、高山松、华山松、云南铁杉、丽江铁杉，柏科的干香柏、侧柏、垂枝香柏，三尖杉科的高山三尖杉、红豆杉科的南方红豆杉、云南红豆杉和云南榧树。境内地衣植物广泛分布于海拔5000米以下地区，附生于树枝、树叶、树皮、岩石及土壁。仅松萝科松萝属地衣植物就有中华桦萝、中国松萝、大刺松萝、大盘果松萝、东方松萝、毛盘松萝等。有经济价值的常

① 云南省中甸县地方志编纂委员会编纂：《中甸县志》，云南民族出版社1997年版，第91页。

② 香格里拉市环保局：《香格里拉生态县建设规划》，2014年。

③ 香格里拉市环保局：《香格里拉生态县建设规划》，2014年。

见有长松萝、扁支地衣、裸扁枝衣、丛生树花、树发、雪茶。境内有国家一级保护植物云南红豆杉、玉龙蕨、高寒水韭、银杏（栽培）4种，二级保护植物有冬虫夏草、松茸、油麦吊云杉、澜沧黄杉、云南榧树、金铁锁、金荞麦、山莨菪、子宫草、水青树和丁茜11种。[①]

香格里拉境内有哺乳动物26科69属97种。常见两栖类5种，爬行类18种，鸟类40科170种，鱼类75种。境内有国家重点保护动物37种，其中一类保护动物12种，兽类有雪豹、金钱豹、云豹、马麝（獐子）、林麝5种；鸟类有黑颈鹤、绿尾虹雉、斑尾榛鸡、胡兀鹫、雉鹑、黑颈长尾雉、玉带海雕7种；二类保护动物25种，其中兽类有猕猴、小熊猫（火狐）、山驴、穿山甲、水獭、猞猁、兔狲、金猫（红春豹）、藏马熊、黑熊、斑羚（青羊）、岩羊、大灵猫13种，鸟类有雀鹰、秃鹫、藏雪鸡、血雉、红腹角雉、藏马鸡丽江亚种、白鹇、白腹锦鸡（银鸡）、大绯胸鹦鹉、灰林号、猫头鹰、白腹黑啄木鸟12种。[②]

香格里拉境内雪山林立、中小河流纵横交错、高原湖泊星罗棋布，水资源丰富。全境水域面积达135277.3亩，其中沟渠长面1791.9亩，湖泊水面7194.5亩，坑塘水面9111.1亩，滩涂14343.8亩，冰川及积雪面15881.9亩，河流水面86954.1亩。金沙江从尼西乡上桥头村入境，流经本市尼西乡、五境乡、金江镇、虎跳峡镇、三坝纳西族乡和洛吉乡等，最后从洛吉乡的庄房至吉函出境，流程达306.5公里。香格里拉市境内有大小河流244条，均是金沙江的支流。其中，一级支流有25条，分别是：东旺河、岗曲河、汤满河、吉仁河、麦地河、兴隆河、安乐河、硕多岗河、良美河、白水河、格基河、尼汝河、浪都河、巴弄共角河、隆咱河、咱水河、毛坡河、士旺河、勒马茶河、上所邑小河、下所邑小河、老虎箐河、大深沟、色吉河和新建河，这些支流的平均流量在0.2—43.7立方米/秒。香格里拉市内的湖泊主要分布在格咱乡、小中甸镇、三坝纳西族乡、洛吉乡以及建塘镇，共有138个。面积在10亩以上的有33个，面积最大的为纳帕海（46873亩）、属都湖（1650亩）和碧塔海（150亩）。市境共有9个温泉，95座布满积雪的山峰，部分山峰还分布着冰川。[③] 截

① 云南省中甸县地方志编纂委员会编纂：《中甸县志》，云南民族出版社1997年版，第100—103页。

② 云南省中甸县地方志编纂委员会编纂：《中甸县志》，云南民族出版社1997年版，第104—105页。

③ 香格里拉县水务局编：《香格里拉县水务志》，2014年，第79、80、89、93、94页。

至2001年，香格里拉市境内修建大小水电站38座，装机量为12.7796万千瓦，年发电量达到2412万度；建设小水利工程1个，蓄水1514.19万立方米。①

香格里拉的优势矿产资源为铜，其他主要矿产有铅、锌、铍、钨、钼、铟、金和银。其中铜、铍、金等矿产资源储量居云南省首位，铟、铋、钼、钨居云南省第二位。铜金等金属主要分布于境内东北部的红山—普朗一带，铅锌、钨铍主要分布于东南的安乐、麻花坪地区。到2013年，全市主要矿产保有储量分别为：铜263.0824万吨、锌13.9939万吨、铅7.4548万吨、钨6.011万吨、钼4.7285万吨、铍3.1943万吨、铋0.6575万吨、硫（伴生）924.7万吨、萤石236.8万吨、铟（伴生）251吨、金（伴生）85.675吨。②

二　传统生态文化

香格里拉特殊的地理环境、悠久的历史文化，创造出了无数绚丽多彩的民族文学艺术，同时也创造了人与自然环境和生物多样性相互依存和适应、和谐相处的独特的生态保护文化。当地的各族群众世代相传的环境保护观念对香格里拉市的生态环境保护起着举足轻重的作用。

（一）地方性知识

香格里拉市境内生活着藏族、汉族、傈僳族、纳西族、白族、苗族、普米族、回族等9个世居民族，多民族杂居，创造出了多元文化，与该区域的生物多样性形成完美结合。居住于此的每个民族都崇拜自然、敬畏自然，在他们的传统文化里都富含环保理念，有着与生态环境保护相关的地方性知识。例如，在当地的民歌、谚语以及地点的命名等方面都富含与环保相关的内容。

在香格里拉广泛流传的一首藏族民歌《只要森林永不变》里唱道：

只要雪山永不变，雪豹无忧无虑。
只要草原永不变，花鹿无忧无虑。
只要森林永不变，鸟儿无忧无虑。
只要村庄永不变，乡亲无忧无虑。

① 相关数据由香格里拉市环保局提供。
② 相关数据由香格里拉市环保局提供。

这首民歌体现了人、动物、植物的生存离不开周围环境，雪山、草原、森林、村庄得到保护，即可以为人与动植物提供安全、宁静、舒适的生存环境。

类似的还有傈僳族民歌《树木赞》，歌词如下：

傈僳自古山中住，山中盛长千种树。
千棵树木都生根，根根相连成树林。
傈僳最爱大森林，傈僳森林情缘深。
金猴本是傈僳祖，森林就是猴的家。
没有森林猴不喜，傈家更爱大森林。

这首民歌体现了傈僳族对大自然的热爱之情，森林对于他们的生存、生活很重要，离开森林便没有了欢乐。

除了民歌，在香格里拉各民族的谚语里，也可以发现他们对自己生活的自然界的认识。这些谚语具有教育、赞美、警示等功能。比如藏族的谚语："英雄是家乡的卫士，树木是土地的卫士""一根线织不成布，一棵树成不了林""树木多了能挡风，人手多了能办事""森林多处动物多，人聚多处有人才""树长十年才算树"等，体现了藏族对于树木、森林重要性的认识。类似的谚语，其他民族也不少，比如汉族的谚语有"人怕伤心，树怕剥皮""留得青山在，不怕没柴烧"，纳西族的谚语有"万木会枯，松柏不会枯"，彝族的谚语有"树直用处大，人直朋友多"。

从藏族谚语"鹅卵石上不能种花""别看山岩光秃，却能长出香柏""大杜鹃开花种早荞"等则可以看出，他们通过对周围环境的认识而积累了日常的耕作知识。

藏族关于劝诫、警示人们保护自然环境的谚语内容丰富，涉及山川、河流、动物、植物，如："高山上不能大声喊叫""喝干大海不解渴，吃掉山岳肚不饱""河水里不要撒尿""淘金的钱传不了代，打猎的穿不上衣裤""有害的事莫嫌小，一点火星能烧掉一片森林""冬季要防火，夏季要防水""打死一只黄鹂，塑一座白塔也难赎罪"。纳西族也有类似的谚语，如"虱蛋大的火也要注意"。

香格里拉大多数地名都与生态环境相关。其中与植物相关的地名多达

244处，如“达乘”（藏语，意为杜鹃林）、“毕色”（藏语，意为黄栎树林）、“多当”（藏语，意为杉林坪）、“纳觉岗”（藏语，意为森林后面的森林）、“丫萨洛”（纳西语，意为生长蓖麻的箐）和“竹林湾”（汉语）等。与动物相关的地名有79处，如“爬萨”（藏语，意为野猪多）、“啥追普”（藏语，意为马鹿来往之地）、“吓菜”（藏语，意为野鸡多的牧场）、“洼仓”（藏语，意为狐狸窝）和“拉不芝”（纳西语，意为老虎打滚的地方）等。与水源、湖泊、湿地相关的地名有73处，如“那尖”（藏语，意为大沼泽地）、“擦冈仲”（藏语，意为温泉旁）、“错纳”（藏语，意为黑湖）、“很纳司堆”（纳西语，意为三个湖之地）和“一碗水”（汉语，因村旁有一水塘得名）等。

民歌、谚语以及地名的产生与人们的日常生活息息相关。因为它们来源于生活，透过它们，可以体会到人们对自然的认识、敬畏、爱护之情。

藏族的神山圣水文化，纳西族的水文化以及傈僳族的图腾崇拜等，在香格里拉生态环境保护中也发挥着积极的作用。

香格里拉所有藏族村落都有自己的神山，大小神山几百座，全境还分布有大量的圣水区域，村民通过保护神山圣水，直接或间接地保护了当地自然环境，形成了“民间的、村社级别的自然保护区”①。通过调查，凡是神山圣水分布的区域，禁止砍伐木材、挖掘草药、采摘野生菌以及打猎等，所以生态环境相较其他区域保护得更好，且这些神圣的区域多不在政府划定的自然保护区范围内，因此扩大了该区域的保护面积。

纳西族每年都要定期祭天、祭雨、祭风，祭祀白水台。通过保护圣水等从而保护了圣水周围的自然环境。

傈僳族的姓氏多与动植物有关，据当地老人讲，这与他们祖先的图腾崇拜息息相关，比如蜂、熊、鱼、谷子、鼠、鸡等。这些都体现了他们对自然的尊崇以及敬畏之情。②

居住在香格里拉的藏、汉、傈僳、纳西等民族创造了人与自然环境和生物多样性相互依存和适应、和谐相处的独特的生态保护文化。

（二）村规民约及民间环境保护组织

香格里拉的居民历来有着较强的环保意识，几乎所有村寨都制定有村

---

① 邹莉等：《云南省香格里拉大峡谷藏族神山在自然保护中的意义》，《生物多样性》2005年第1期。

② 香格里拉县林业局编：《香格里拉县林业志》，云南民族出版社2006年版，第72页。

规民约，这些村规民约里有不少是与保护生态环境相关的内容。以下以香格里拉市格咱乡纳格拉村为例。该村的村规民约里的第五部分即是专门针对森林资源的保护与管理做了明确规定，现摘录于下：

格咱乡纳格拉村村规民约

根据《中华人民共和国村民委员会组织法》等相关法律法规，按照党的路线方针、政策、为维护本村社会稳定、社会公共道德、村民风俗，精神文明和物质文明，依照本自制章程和各项制度，结合本村的实际，制定以下村规民约，经本村第五届村党支部、村委会议通过，自公布之日起执行。

……

五　林业方面

1. 认真贯彻执行《森林法》坚决制止乱砍滥伐，严厉打击偷木材违法分子，对查处者按《森林法》处罚。情节严重者交林政及司法机关处理。

2. 严格管理群众建房和生产性民用材审批手续，民用建房用材不能超过 100 方。

3. 各小组要严格保护水源林及松茸产区的活林木，采集松茸期间各小组自行管理，收取的外来人员费用各小组自行分配。

4. 除特殊情况外，间隔不满 15 年的房屋不准重建，各小组必须按 30%的建房率建房，违者罚款 200 元。

5. 为保证土地的管理，一律不准在承包地一类地起房建屋，违者按每分 300 元处罚。

6. 不得在国有林内乱砍滥伐，否则按相关法律法规处罚；为加强保护公路，不得在公路沿线上下 100 米内砍伐木材，违者罚款；砍建房木材的每根罚款 30 元。

7. 成立松茸季节松茸产区领导小组，组长由村委会主任次里同志担任，副组长由村委会副主任木结同志担任，成员由拉茸农布、农布、扎青、次城、肖李和归求担任。每年在松茸季节前由领导小组进行统一安排何时进山、砍柴、修路、如何收取管理费、每天何时统一卖松茸、牲畜如何管理等一系列事情。全村人民必须按照领导小组的安排。

……

本村规民约自2013年7月1日起实行，如与国家法律相抵触时，以国法为准。

格咱乡纳格拉村委会

2013年6月28日

每个村的村规民约都大同小异，这些村规民约里关于森林、林下资源以及土地的使用规定，对村民参与生态环境的保护起了很好的指导及监督作用。

进入21世纪以来，有些地方的村民还自发组织成立了自然保护协会。其中较为典型的是小中甸镇宁多村和建塘镇尼史村哈木古小组。

1. 小中甸镇香格里拉民间自然保护协会

小中甸镇香格里拉民间自然保护协会由小中甸镇村民知诗都杰、知诗培楚、孙诺都丹等人于2002年6月联合发起。参与该协会的包括和平村17个村民小组，556户农户。协会成立后，划定“香巴拉庄园”自然保护区。主要是宁多村的集体林，其森林覆盖率为75%。该协会成立以来，备受外界关注并获得好评。从2002开始，先后有不少国外的社团参与到保护工作中，其中新加坡青年华人社团组织先后有3批40多人到保护区做义务工。马来西亚华侨义工团和美国晨星教育基金会等机构则对保护区内给予教育援助。从2002年到2005年，保护区大约接待20多个国家和地区的500多客人，接待费收入就达7万多元。①

2. 建塘镇尼史村哈木古民间保护区

建塘镇尼史村哈木古民间保护区成立于2004年。全村220多位成年人参与保护工作。他们主要是保护村寨后山的集体林，也与纳帕海湿地管理处一起参与纳帕海的管理工作。美国大自然协会曾在该村举办多次培训，主要向村民普及生态知识和鸟类知识，同时还教授村民藏语文等来提高村民文化素质。为了增加村民的收入，该保护区内还适度开展了旅游活动。

这些民间自然保护协会，对保护当地的生态环境起了积极作用。

---

① 香格里拉县林业局编：《香格里拉县林业志》，云南民族出版社2006年版，第132页。

第二节　生态环境变迁

随着人口不断发展，自然资源的消耗与日俱增。农业用地、城乡建设用地、灌木林和水体呈上升趋势，天然林、草场、草甸湿地、未利用和难利用土地逐渐减少。天然林遭到过度砍伐；交通建设、水电开发和小型矿业的开采等工程对环境造成一定破坏；旅游和生物资源的开发与保护未能很好地协调。虽然香格里拉整体环境良好，但局部生态环境退化和破坏依然严重。

一　原始森林

20世纪50至70年代，为了拓宽农业用地，解决吃饭问题，香格里拉市一度出现毁林开荒，同时，大量树木被砍伐作为商品外销，加之长期以来，当地居民建房及生活的主要材料都是木材，森林迅速减少。如1958年开始的“大炼钢铁”和大搞毁林开垦运动，迪庆州全州共损失森林面积30余万亩，其中香格里拉市被毁森林面积近20万亩。进入20世纪80年代，在经济利益的驱使下，香格里拉的森林资源受到掠夺式开发，一片片原始森林在工人的斧头以及电锯之下逐渐消失，河道两岸的树木也几乎被砍伐殆尽。15年间，天然林大约减少了9039公顷。由此，被砍伐的天然林带以及草甸草地退化为灌木林，近20年来，灌木林增加了7844.35公顷，年上升0.38%，成为上升面积最多的土地覆盖类型。天然林和草甸草地也成为农业用地面积扩张的来源地。在消长失衡的状态下，生态环境受到严重破坏，加之香格里拉全市多山地陡坡，洪水、泥石流灾害频发。在虎跳峡镇冲江河、尼西上桥头、尼西河、东旺河、格咱河、三坝格基河、哈巴河等地段尤为严重，对当地居民生命财产安全造成严重影响。比如，1990年6月27日21:00—23:00，三坝纳西族乡彪洛彝族村发生突发性泥石流，覆盖全村，淹没土地0.375平方公里，受灾25户127人，其中死亡18人，重伤3人；同年7月，虎跳峡镇干沟箐发生泥石流，死亡1人，冲毁房屋60间、农田20亩、公路1公里。[①] 2014年，由于连续降雨，香格里拉市上江乡、金江镇、虎跳峡镇等相继发生严重山洪泥石

① 云南省中甸县地方志编纂委员会编纂：《中甸县志》，云南民族出版社1997年版，第42页。

流灾害，造成2人死亡，5人受重伤，多家房屋被冲毁，大片农田被淹，损失惨重。

二　河流生态变化

香格里拉市的水体污染较为严重的区域主要分布在城区及周边人口密集的区域。因香格里拉市仅有2家污水处理厂，大量的生活污水、医疗废水和工业废水常常未能全部进行有效处理而排放至流经城区的河流。

流经香格里拉市区的河流主要有三条，纳赤河、龙潭河以及奶子河。纳赤河发源于香格里拉市东北面爬擦丫口东侧，自东向西穿城而过，汇入纳帕海，河道全长35公里。龙潭河发源于市区东郊的勒德博山脚，从东南向西蜿蜒穿城龙潭河流经城市中央，最终汇入纳赤河。奶子河发源于城北面的左瓜村池布唐喀腊山，由北往西南流经市区最终汇入纳帕海，全长5.6公里。

纳赤河、龙潭河和奶子河都流经市区，且大部分河岸未铺设排污管道，大多直接排放到河中，入城前后水质变化较大，流经城中受污染较重。龙潭河从康珠大道至香巴拉大道之间的流域实行雨污分流，而在龙潭河桥以西实行雨污合流，因此污水被直排入龙潭河内。纳赤河中段、龙潭河中段，虽然早期铺设了排污管道，但因管道直径不够大，遇强降雨时水量太大不能及时通过，则会发生污水回流、外冒现象。有些居民区未充分利用铺设好的管网，而直接将污水排入河中。靠近河岸居住的部分单位、企业和居民甚至随意向河中倾倒各种垃圾。纳赤河沿岸的水泥厂、奶子河源头的砂石厂、养猪场等是最大的污染源。纳赤河及奶子河上游还常有随水漂浮的牲畜死尸，有些河段还堆积着建筑垃圾，影响了河道畅通。过去，龙潭公园以西的河道在雨季时常常发生淤堵，发黑发臭的污水发生返流，使街道遭到严重污染，给交通带来不便。纳赤河、龙潭河和奶子河的污染直接威胁到了地处下游的人群饮水安全，比如奶子河的污染就影响到了下游的克松村、下学村、康吉村共290户1100多人的饮水安全。三条河流的污染物最终又全部流入纳帕海，对其造成严重污染。

总体来说，香格里拉的水体污染源主要有三大类，即生活污水、医疗废水和工业废水。据统计，2008年，全市市区生活污水排放量为142万吨；市内各级医院用水量达到7.03万吨，废水排放量0.54万吨；全市工业用水总量为852.6万吨，废水排放量568.9万吨，工业用水重复利用率

34%。市内工业企业以采选矿、冶金、水泥制造、食品制造等行业为主，分布较为分散，工业废水达标排放率和重复利用率都较低。全市缺少乡镇生活污水的处理设施，工业和医疗废水处理设施也极为薄弱。在废水排放中，化学需氧量和氨氮主要来自生活污水，重金属污染物主要来自工业废水。[①]

除了市区，在村落较为密集的河流沿岸及湿地附近，因没有污水处理系统，人们只能随意排污，随意丢弃生活垃圾和建筑垃圾等，尽管近几年在各个乡镇级村落都修建了垃圾场（站），但是仍不乏随意丢弃的垃圾，在游客密集的风景区仍然可见随手丢弃的垃圾，这些污水和垃圾不仅影响美观，而且使境内的湖泊、河流都不同程度地受到水污染，水质不断恶化。由此导致了原生动植物减少，对湿地的生物多样性造成严重危害。如纳帕海，在 2005 年，水体污染面积达 520. 72 公顷。[②] 2014 年 1 月，项目组在纳帕海进行实地调查时，当地村民中的年长者称，湖里的原生鱼类以及周边不少植物濒临灭绝。

三　面山生态的变化

随着城镇化的发展，香格里拉市加大力度进行了基础设施建设，如扩建 214 国道和飞机场，新建体育馆、广场、宾馆酒店等。各类建设致使建筑用地需求量不断增加，同时对沙、石、土等建筑材料的需求量激增。然而在 1999 年前，香格里拉相关部门缺乏对沙、石、土开采的规范管理，城区及公路沿线砂石厂不断增多，乱挖乱采现象严重，一度造成面山生态遭到了掠夺性的破坏。如城区一中山、城东拉都薄山、拉姆山、奶子河水源地面山、松赞林寺北侧面山以及一二村草场、214 沿线打浪角、飞机场、取土场、纳帕海周围面山等多处山体景观被乱挖乱采沙石所破坏，有一段时间，甚至城市中心的江克山也被采石，导致香格里拉市区周围生态遭到严重破坏，影响了香格里拉的整体形象。

四　草场生态

随着人口增多、经济发展，农牧民养殖的猪、牛（包括黄牛、牦牛和犏牛）、羊、马的数量不断增加，使草场、林地承载面临极大的挑战。

① 香格里拉县人民政府：《香格里拉生态县建设规划》，2014 年。

② 2014 年 7 月，由香格里拉市环保局提供。

过度放牧导致生态平衡被破坏，优质牧草资源枯竭，劣质牧草迅速增长，有毒植物（如大狼毒等）大量出现。例如，碧塔海自2001年开始面临过牧威胁，湿地植被不断遭到破坏，影响面积达500公顷。据有关部门统计，2005年纳帕海湿地内共饲养牲畜10680头，达每公顷7.486黄牛单位，这已远远超出了纳帕海湿地理论载畜量每公顷1.567黄牛单位，超载率高达377.73%。与其他牲畜相比，放养的家猪因觅食时拱翻草地、沼泽化草甸，其破坏性更为严重，因为草根层被拱翻后暴露在日光下，会导致枯死且不易修复，在湿地里被翻拱的土层、泥炭层被逐渐堆高后难以受到湖水淹没，植物无法生长而开始沙化。由此甚至还影响了来纳帕海越冬的黑颈鹤、黑鹳等涉禽类的觅食生境。①

五　生物资源的变化

香格里拉境内生长着许多可食用或有其他利用价值的动植物。禁伐天然林后，由于缺乏规范性和规模性产业结构调整，农民增收困难，部分农民盲目获取各种自然资源来维持生活，当地居民每年大量采挖松茸等菌类、兰花以及冬虫夏草、黄芪、大黄等各种草药，时常伴有偷猎、盗伐的情况。砍伐树木及采挖各种药材等引起植被退化，造成水土流失，一定程度上也干扰和破坏了野生动物的原始栖息环境和植被。

六　自然退化、外来物种入侵

20世纪80年代开始，建筑用地不断增加，大面积的草地、荒地被开发，湿地也不断被围垦。如1999年纳帕海环湖公路的改造、湿地水源河流的渠化改造、湿地北部的落水洞改造，2002—2005年桑纳水库的修建以及香格里拉机场及周边公路建设等，使陆地化加剧、湿地面积减少。加之自然因素的影响，导致了湿地生态系统遭到破坏，生物多样性保护能力降低。近年来，外来物种开始入侵，致使其他物种减少。仅纳帕海地区，1990年外来物种入侵影响面积已达1000公顷。纳帕海、碧塔海里的珍稀鱼类重唇鱼、裂腹鱼等由于遭受外来鱼类鲤鱼、草鱼等危害，生存面临极大威胁，濒临灭绝。

① 王玉琴：《香格里拉市湿地现状保护研究》，《阿坝师范学院学报》2016年第4期。

七　旅游、水电开发对生态环境的影响

随着旅游业的兴起，香格里拉的游客人数每年成倍增加。比如纳帕海，从2002年的10万人次，到2005翻了4番，到2012年增加了10倍，达到1000万人次。碧塔海的游客从2004年的1.5万人次到2014年增加720多倍，达到了1080.22万人次。[①] 游客大量涌入，旅游沿线的水体总氮、氨氮数值逐渐增高。

纳帕海周边的村民为了增加收入，开发了为游客有偿服务的骑马项目，每个村依据自己的所辖范围划分旅游区域作为供游客骑马的马场。这一项目受到很多游客的喜爱，在旺季每天接待成千上万的游客。由于马匹和游客反复在草地上践踏，破坏了地表植被，导致土壤板结；游人丢弃的大量垃圾及马匹的粪便加重了湿地水环境的污染。同时，村民未能有效对游人进行约束，游人随意进入保护区甚至是核心区，干扰了黑颈鹤、黑鹳等水禽。2006年以前，碧塔海湿地内载客游览的马队严重威胁湿地安全。普达措国家公园建立后，碧塔海湿地内取消了载客游览的马队而以环保车代替通行，但在碧塔海上游船航线的开通又增加了人为排入污染物的数量，使碧塔海整个水质面临向富营养化转变的威胁。

西部大开发以来，香格里拉境内也加大了水电开发的力度。在其境内金沙江及其支流上修建了水坝及电站，这些水坝和水电站在为当地带来经济收入和便利的同时，也正逐渐减弱河流的自我净化能力，改变着当地的气候环境，从而造成了沿岸湿地生态系统退化及功能不断下降。

八　城市污染呈上升趋势

2010年前，由于香格里拉市区内燃煤量大大增加，建筑施工造成的扬尘、汽车尾气以及油烟等污染呈加重趋势，加之城区的绿化覆盖率低，给城市环境带来较大的承载压力。据香格里拉市环保部门监测，市区内的二氧化硫排放有所增加，到了冬季，PM10浓度有时接近Ⅱ级标准，空气中可吸入颗粒物呈上升趋势。建设施工噪声、酒店锅炉噪声、道路交通噪声污染等不断加重，尤其是城市道路交通噪声大部分超过国家标准，噪声扰民较为普遍。

---

① 相关数据由香格里拉市旅游局提供。

第三节 生态建设及环境治理

环境污染给香格里拉市经济和社会带来的负面作用，逐渐引起了香格里拉市党委、政府的高度重视，由此实施了一系列生态保护工程。各级政府把生态优先、保护与发展齐头并进作为可持续发展的关键举措，积极引导全市干部群众树立正确的生态观，弘扬尊重和爱护自然的优良传统，促进人与自然和谐发展。

一 退耕还林

1998年，长江暴发全流域性特大洪水，这是继1954年以来再次发生的特大洪灾，洪水造成沿岸房屋倒塌，大量农田被淹，对人民的生命和财产造成了极大的损失。爆发洪水的其中一个原因是长江上中游地区的林地遭到了严重破坏，针对这一问题，党中央、国务院指示全面停止砍伐天然林。

为了保护和改善生态环境，中国政府于1999年在四川、陕西、甘肃三省率先开展退耕还林试点工作，对那些易造成水土流失的坡耕地（坡度超过25°）有计划、有步骤地停止耕种，并因地制宜地植树造林，恢复森林植被。迪庆藏族自治州人民政府积极响应中央号召，于1999年3月25日，成立迪庆州退耕还林办公室。2000年，香格里拉被列为全国、全省退耕还林试点县之一，制定了《中甸县2000年退耕还林（草）试点示范工作实施方案》，实施过程中，把任务进行逐级分解，从乡（镇）落实到每一户农户。实施方案还提出生态公益林必须占到80%的要求，每亩给予150公斤补助粮（通过中期验收，先发放一半，剩余的通过最终验收后发放）和20元现金。在试点工作中，林业部门对作业地进行合理布局，及时输送种苗，农民的积极性颇高，当年完成坡度为25°以上陡坡退耕1.5万亩，退耕还林还草1.5万亩，荒山造林3.5万亩。2001年经省、州林业部门检查，国家林业局审计，香格里拉退耕还林（草）试点工作验收通过。2001年，依靠试点工作的经验，香格里拉继续完成退耕还林1万亩，荒山造林3.6万亩。从2000年到2004年，香格里拉共投资4613万元，完成退耕还林（草）62708.1亩，荒山造林105414.4亩，种草1642.4亩；发放苗木2093万株、草种（籽）40116公斤，折合人民币748万元。退耕还林（草）涉及农户达6845户，34861人，详见表8-1。

表 8-1　　香格里拉县退耕还林（草）工程实施统计表

	2000 年				2001 年				2002 年				2003 年				2004 年			
	退耕		荒山造林		退耕		荒山造林		退耕		荒山造林		退耕		荒山造林		退耕		荒山造林	
	任务数	完成数	任务数	完成数	任务数	完成数	任务数	完成数	任务数	完成数	压务数	完成数	任务数	完成数	任务数	完成数	任务数	完成数	任务数	完成数
全县合计	15000	15000	35000	57008.1	10000	10000	36000	37376.7	1200	1200	12000	12287.9	23000	23000	18000	18000	—	—	12000	12000
建塘镇	— —	5588	5588	362.8	362.8	11620.2	11620.2	5200	5200	2000	2000	1500	1500	1860	1860	— —	— —	— —	—	—
小中甸镇	— —	— —	5226	5226	— —	— —	6591.5	6591.5	— —	— —	1007	1007	1000	1000	1000	1000	— —	— —	— —	—
虎跳峡镇	5000	5000	8424	8424	2220	2220	3384	3384	1000	1000	1280	1280	4500	4500	2000	2000	—	—	2000	2000
金江镇	1000	1000	2668.9	2668.9	500	500	1513	1513	500	500	500	500	3500	3500	1000	1000	— —	— —	— —	—
上江乡	1000	1000	2749	2749	1500	1500	2344.5	2344.5	500	500	1000	1000	2000	2000	1000	1000	— —	— —	— —	—
尼西乡	1500	1500	4795.6	4795.6	1137.2	1137.2	3235	3235	800	800	3000	3000	1500	1500	2000	2000	—	—	5000	5000
格咱乡	— —	— —	— —	— —	500	500	1210	1210	500	500	— —	— —	500	500	500	500	— —	— —	— —	—
东旺乡	1000	1000	7.8	7.8	280	280	— —	— —	—	500	500	— —	— —	—	1700	1700	1500	1500	3000	3000

续表

	2000 年				2001 年				2002 年				2003 年				2004 年			
	退耕		荒山造林		退耕		荒山造林		退耕		荒山造林		退耕		荒山造林		退耕		荒山造林	
	任务数	完成数	任务数	完成数	任务数	完成数	任务数	完成数	任务数	完成数	压务数	完成数	任务数	完成数	任务数	完成数	任务数	完成数	任务数	完成数
洛吉乡	500	500	2435.8	2435.8	1000	1000	2867	2867	500	500	1000	1000	— —	— —	— —	— —	— —	— —	— —	—
三坝纳西族乡	4000	4000	7597	7597	1500	1500	4013	4013	1500	1500	500	500	4000	4000	2000	2000	— —	— —	— —	—
五境	1000	1000	2516	2516	1000	1000	598	598	1000	1000	2000	2000	1300	1300	1000	1000	—	—	2000	2000
完成（%）	— —	— —	— —	114	— —	100	— —	103	— —	100	— —	102.4	— —	100	— —	1000	— —	— —	— —	100
涉及户数	4647 户 25916 人		— —	— —	3086 户 15315 人		— —	— —	3620 户 19340 人		— —	— —	6845 户 34861 人		— —	— —	— —	— —	— —	— —

说明：

1. 2002 年的荒山造林种草 3383.8 亩不包含在当年的完成数内；2. 2004 年荒山造林任务因下达较晚，旨在 2005 年完成；3. 2005 年虎跳峡宝山村恢复山体滑坡 180 亩纳入退耕，由地方财政按退耕政策兑现补助。

资料来源：香格里拉县林业局编：《香格里拉县林业志》，云南民族出版社 2006 年版，第 188 页。

随着香格里拉退耕还林（草）试点的成功，迪庆州于2002年全面启动退耕还林工程，截至2006年底，工程覆盖全州三县29个乡（镇）147个村民委员会，涉及33950户退耕农户167577人，完成退耕还林31.9万亩，其中：退耕地15.6万亩（香格里拉1.2万亩），荒山荒地造林16.3万亩（香格里拉1.2万亩）。

2008年，重点进行补植补造、树种优化，以提高退耕还林质量和效益，巩固退耕还林成果。至2010年，香格里拉县共计完成退耕还林6万亩，荒山造林13万亩。截至2013年年底，累计完成省级下达的退耕还林工程建设任务49.76万亩，其中：退耕地还林15.6万亩，荒山造林21.3万亩，巩固退耕还林成果种植业12.86万亩，完成投资56630万元。2014年通过"一折通"完成734.74万元退耕还林补助资金兑现工作；完成巩固退耕还林成果项目任务：种植业1.5万亩，其中退耕还林优化0.5万亩，新增人工造林0.8万亩，补植补造0.2万亩，同时还展开了新一轮退耕还林工程规划基本情况摸底排查工作。

退耕还林工程实施十多年，香格里拉市的生态环境有了明显改善。首先，减少了陡坡耕地耕作面积，水土流失明显下降，林草植被覆盖率上升。其次，退耕农户的收入显著增加，观念也开始转变，剩余劳动力开始走出农村去打工。外出务工的经历开阔了村民的眼界，获取了新的技术，从而促进了农村产业结构调整。但是在退耕还林工程实施中，因人工造林时树种配置较单一，结构层次不够合理，造成了生物多样性的丰富程度较低等问题。

二　长江上游生态防护林工程建设

1959年，香格里拉根据《云南省划留禁伐区的规定》，将长江沿线1000米划为禁伐区，还在沿岸周边40万亩林地内实行封山育林，这是该区域最早进行的长江防护林的建设。到1962年，香格里拉封山育林面积达到422400亩，涵盖了金沙江水系所有支流。然而在随后十多年间，金沙江沿岸曾发生几起重大火灾，也存在乱采滥伐、毁林耕种，加之天然的森林虫害等，将之前所建成的防护林几乎毁灭殆尽。

为恢复长江流域日趋恶化的生态环境，1986年4月，国家林业部积极响应全国人大关于"积极营造长江中上游水源涵养林和水土保持林"

的号召，提出了长江中上游防护林体系建设工程的总体目标，随后制定了《长江中上游防护林体系建设一期工程总体规划》。第一期工程实施区域包括四川、重庆、云南、贵州、青海、甘肃、陕西、安徽、江西、湖北、湖南、河南12个省（市）的271个县，造林面积计划为666.7万公顷。长江防护林工程建设分两期进行，1989—2000年为一期工程，2000年以后为二期工程。迪庆州在国家长江防护林工程划定的十大重点区域范围内。香格里拉市在长江防护林工程建设中具有极其重要的地位，市境内的长江防护林被专家称“影响着中国的半壁江山”，其建设关系到市境及整个长江下游广大地区的国土安全及生态状况。因为长江上游金沙江段流经本市7个乡镇，流域长达377公里。地处香格里拉市境内的长江流域属于干热河谷地带，濒临河谷多缺少植被，气候干热，地质生态脆弱，灾害频发，水土流失严重。20世纪50年代，全域水土流失面积为36万平方公里，到了80年代已扩展到56万平方公里，平均每年约增加6666.67平方公里，这与长江上游森林过度采伐密切相关。

20世纪80年代中期，为恢复当地的生态，香格里拉在金沙江及其干流、支流沿岸划出了139万亩防护林区域。1993年，香格里拉紧紧围绕迪庆州委州政府“一江一河一坝两区”的脱贫规划思路，制定了防护林建设总体规划，同时，首次采用以工代赈的办法实施荒山造林。到1994年，香格里拉全境封山育林面积达52107亩。香格里拉通过因地制宜、多林种结合的方式进行荒山造林，取得了显著成效。1995年，香格里拉被迪庆州政府评为“绿化造林达标先进县”，金江镇车轴村获得了“全国绿化千佳村”。1996年，为缓解林畜矛盾，改善生态，香格里拉投入242万元，改良天然草场47200亩，人工围栏育草4741亩，建草籽基地200亩，人工饲料地12800亩。1998年，香格里拉将尼西乡汤堆村作为长江防护林的试验示范基地，封山育林2.2万亩，划定华山松用材基地1500亩，栽种苹果1000亩，建引水管道18公里。是年，禁伐天然林得以在香格里拉全面开展，对长江防护林的建设起到了很好的保障作用。到2000年，历时近8年，全境防护林面积达到155930.3亩。

长江防护林在香格里拉实施天然林保护以及退耕还林还草中，被当作“龙头工程、生态工程、致富工程”。2004年7月，香格里拉根据国家林业局、财政局的规定把境内金沙江一侧山脊和20条金沙江干流两侧均划为国家重点公益林，总面积达11760570亩，占全境林业用地总面积的

82.3%。为了避免乱采滥伐，同时为了解决划定区村民做饭、取暖问题，林业部门与科技部门协作，推广沼气池、节能灶，从而有效保护了长江防护林。①

2012年，按照《云南省省级公益林生态效益补偿资金管理办法》和《云南省实施中央财政森林生态效益补偿基金管理细则》的规定，完成了上级下达补偿资金5364.94万元的补偿工作，包括国家级公益林457.18万亩以及省级公益林142.3万亩。

2013年，森林管护任务是1333.49万亩，实际有效完成1441.88万亩。公益林建设任务是3万亩，已实施完成封山育林2万亩，人工造林1万亩。

三　退牧还草

为了遏制草场退化、改善草原生态环境，香格里拉采取了一系列举措，进一步推进退牧还草工程。

2002年，香格里拉“人、羊、畜”三配套项目建成示范户184户，完成人工围栏、刈割草场建设3400亩，改良天然草场5000亩，荒山种草609亩，国家生态项目年内种草2604.4亩，棚舍建设完成9700平方米。

2003年，国务院为了加强草原保护和建设，促进草原牧业和牧区经济社会全面协调可持续发展，开启了退牧还草工程。香格里拉被列为国家西部退牧还草建设工程县，开始全面实施香格里拉天然草原退牧还草工程建设。

2004年天然草原退牧还草工程，经过两年的实施已经完成项目建设内容，并于2006年7月通过省级验收。2005年天然草原退牧还草工程根据省西开办、发改委、农业厅、财政厅、粮食局联合下发的云西开［2005］12号及省农业厅、发改委、西开办云农（计财）字［2004］271号文启动实施，2006年底全面完成项目建设内容。

2006年天然草原退牧还草工程第一期工程是在全面完成一至三期退还草基础上的又一扶持畜牧业发展的重点畜牧业工程，该工程投资1100万元，其中中央投资800万元，地方及农户自筹300万元。项目建设内容为围栏禁牧25万亩，围栏休牧15万亩，并在围栏禁牧休牧中进行草场补播10万亩，建设高产青绿饲料地1万亩。项目建设地点为金江、上江、

① 香格里拉县林业局编：《香格里拉县林业志》，云南民族出版社2006年版，第191页。

格咱乡、东旺乡、尼西乡、洛吉乡、三坝纳西族乡、小中甸镇等8个乡镇。项目计划建设水泥桩8万根，实际完成8万根，完成计划任务的100%；计划建设围栏禁牧、休牧40万亩，实际完成40万亩，完成计划任务的100%。其中：禁牧完成25万亩，完成计划任务的100%，休牧完成15万亩，完成计划任务的100%；计划建设草场补播10万亩任务，实际完成10万亩，完成计划任务的100%；计划种植高产青绿饲料地1万亩，实际完成1.0万亩，完成计划任务的100.5%；计划建设棚舍5000平方米，实际完成5000平方米，完成计划任务的100%。

至2007年年底，实施完成四期的建设任务，进行禁牧（植被覆盖度低于30%以下的草原，实行草原围栏禁牧）、休牧（凡是过度放牧区和植被覆盖度低于50%的草原，实行季节性围栏休牧育草），总计投入资金（中央国债资金、省级配套、县及农户自筹、地方配套、划区轮牧投资）4414.5万元。第一期（2003年）投资948万元（中央国债资金568万元，省级配套120万元，县及农户自筹120万元、划区轮牧投资140万元）。第二期（2004年）投资1000万元（中国国债资金700万元，省级配套150万元），除了补助饲料粮外，还进行折现补助（禁牧每亩折现补助3.0元、休牧每亩折现补助0.8元），每年全市退牧还草年折现补助83.3万元，其中：禁牧折现补助60.5万元，休牧折现补助22.77万元，5年共补助416.4万元。第三期（2005年）投资1245万元（国家、省级投资1076.3万元，地方配套168.8万元）。第四期（2006年第一批）投资1100万元（国家、省级投资952.5万元，地方配套147.5万元）。第四期第二批投资220.5万元（国家、省级投资190.5万元，地方配套30万元）。[①] 详情见表8-2。

2008年，在“爱德”基金会扶持发展项目资助下，香格里拉农村综合发展项目进行了天然草地改良。该项目总投资38万元，主要以草场除杂补播、草地施肥、治涝排水、围栏保护为重点，以提高草地生产力和恢复植被，达到农民增收致富为目标。项目计划实施天然草场改良面积6000亩，实际完成了6000亩，完成计划任务的100%，项目的实施，解决了项目区人畜饮水问题，增加了草地的产草量，有效的恢复了项目区草场植被，推动了草地畜牧业的快速发展，为生态环境建设工作起到良好的促进作用。

① 香格里拉县畜牧局：《香格里拉县畜牧志》，第83页。

表 8-2　　香格里拉市退牧还草工程建设情况

	投入资金（万元）	禁牧（万亩）	休牧（万亩）	划区轮牧（万亩）	国家每年补助饲料粮	完成青绿饲料地建设（万亩）	完成棚舍建设（平方米）	完成禁牧休息围栏中草场补播（万亩）	完成围栏总周长（水泥桩刺丝围栏/天然屏障）（米）
第一期（2003 年）	948	18.2	18.1	20	137.6 万公斤（5 年共补助 668 万公斤）	—	—	—	713225（473956/232269）
第二期（2004 年）	1000	20	30	20	禁牧每亩补助 5.5 市斤，休牧每亩补助 1.38 市斤	—	—	—	654690（385000/269690）
第三期（2005 年）	1245	25	20	—	—	1	6700	12	614950（333050/281900）
第四期（2006 年第一批）	10	25	15	—	—	1	6158.3	10	505700（284490/224710）
第四期（2006 年第二批）	220.5	4	4	—	—	0.25	1400	2	80000（40000/40000）

2011 年退牧还草工程总投资 3350. 5 万元，其中：国家投资 2260 万元，省级配套 209. 5 万元，地方配套及农户自筹 881. 0 万元。牧草良种补贴总投资 1290. 4 万元，其中：实施多年生人工草地更新补贴 822. 4 万元；实施一年生饲草饲料地补贴 435 万元；预备费 7 万元；管理费 22. 0 万元。项目计划实施多年生人工草场更新 10. 3 万亩，实施一年生饲草饲料地种植 14. 5 万亩。项目计划建设舍饲棚圈 40 万平方米，涉及牧户 5000 户，每户建设舍饲棚圈 80 平方米；实施退化草原补播 30 万亩，涉及地块 19 块，涉及 19 个村民委员会、5 个村民小组、11759 户牧户、51887 人。至 2012 年 12 月 31 日，已全面完成项目建设任务。

2012 年香格里拉落实国家草原生态保护补助奖励资金 2980. 6 万元，其中：草原禁牧补贴 1672. 9 万元；草畜平衡奖励 535. 9 万元；牧民生产资料综合补贴 771. 8 万元。项目计划实施草原生态保护补助奖励机制禁牧补贴 278. 8 万亩，涉及 26652 牧户、117769 人；实施牧草良种补贴 65. 9 万亩，涉及 26652 牧户、117769 人；实施牧民生产资料综合补贴 15435 户，资金通过财政局一卡通平台拨付到 11 乡镇。退牧还草工程总投资 2598 万元，其中：中央投资 2170. 5 万元，地方投资及农户自筹 427. 5 万元。项目计划实施退化草原补播 25 万亩，实际完成 25 万亩；计划建设人工饲料地 0. 8 万亩，实际完成 0. 8 万亩；计划建设舍饲棚圈 5000 户 40 万平方米，实际完成 40 万平方米。草原生态保护补助奖励机制牧草良种补贴项目总投资 1720 万元，其中：中央投资 659 万元，地方配套及农民自筹 1061 万元，项目涉及 11 个乡镇，计划实施多年生人工草地更新 10. 3 万亩，实际完成 10. 3 万亩；计划实施一年生牧草种植 14. 5 万亩，实际完成 14. 5 万亩。草原生态保护补助奖励机制绩效考评资金及草原畜牧业发展方式转变项目总投资 479. 1 万元，其中：中央投资 300 万元，农牧民投工折资 179. 116 万元，涉及 3 个乡镇，项目计划建设多年生人工草地 0. 2 万亩，实际完成 0. 2 万亩；项目计划改良草地 1. 2 万亩，实际完成 1. 2 万亩；项目计划建设棚圈 0. 6 万平方米，实际完成 0. 6 万平方米；项目计划建设贮草棚 0. 4 万平方米，实际完成 0. 4 万平方米。

四　国土治理

（一）防止水土流失

1987 年，在迪庆州计委国土区划办的组织下，香格里拉对滑坡、泥石流灾害进行了普查，弄清了灾害形成原因、灾害范围、灾害种类以及危害情况，并在遵循自然规律的前提下，坚持“依靠科技、因地制宜、预防为主、重点治理、讲求实效、长期坚持、减轻灾害”的基本方针，全面部署了防治滑坡以及泥石流工程，进行了防治规划和项目可行性研究。2001 年，在州国土资源局的领导下，完成了五境乡下珠村、格兰村三兰社、上江乡木高村、毛坡四社、乐安铅锌矿区和虎跳峡镇永胜桩上长平山的山体滑坡以及东坡蕨鸡坪的泥石流灾害点地质环境的调查工作。2014 年 3 月，金江后山泥石流治理项目、虎跳峡干沟箐泥石流治理项目顺利开工，工程进展顺利。①

为了避免金沙江和其他河流沿岸的道路建设等对其造成污染、水土流失的威胁，始终严格制定水土保持方案，并对面河山上进行植被的恢复，增加河流沿岸道路的绿化。

（二）整顿开矿采沙石

1998 年，环保部门认真贯彻落实县政府 1997 年第 45 号文的有关精神，采取了一定的措施来制止乱挖乱采沙石的行为。针对距离城区近、对环境影响较大且对涉及群众利益较小的沙石场、砖瓦厂依法进行关停、搬迁。其中包括奶子河水源地面山挖沙场，一中山附近挖沙场，以及城东拉都薄山、拉姆山、松赞林寺北侧面山非法挖沙采石场等 50 多家。对 30 多户非法乱采的行为人进行了处罚，批评教育群众 1000 多人。统一规范、搬迁了 10 余家砖瓦厂到城北金姆龙一带。而对一二村草坝、吓那、贡比、次布朗卡、吾吕、红星和纳帕海周边群众自发性乱挖偷采区域，采取多种方法进行关停。首先，深入各村社及农户家进行生态环境保护宣传；其次，利用退耕还林、扶贫项目、生态旅游等各个项目给予经费、政策等多方面的倾斜支持来帮助当地的群众脱贫致富；再者，对屡教不改者进行依法处置。通过几年不懈的努力，贡比、次布朗卡、纳帕海、吓那、一二村草坝等乱挖沙石行为得到了遏制。通过环保工作人员的耐心说服教育，村民的环保意识有了较大提高，并自发加入到保护队伍中来，有的村民小组甚至在村规民约中加入了严禁私人乱挖沙石、草皮等内容。②

2002 年，政府投入 8.9 万元资金，治理草场 200 多亩，并争取 80 万

① 香格里拉市国土资源局：《香格里拉市国土资源局工作总结》，2014 年。
② 香格里拉市政府信息公开门户网站（http：//xxgk. yn. gov. cn）。

元进行了纳帕海生态植被的恢复。2004年，为了关闭夏那砂石场和松赞林寺石场，政府花费近50万元资金用于群众经济补偿及生态植被恢复工作。2010年，香格里拉市国土资源局又关闭私挖滥采的砂石厂26家，并拿出110万元矿产资源有偿使用返还款，恢复治理4处破坏较为严重的砂石厂。[①] 吸取之前在214国道、旅游东环路、香维公路建设，石卡雪山、巴拉格宗等景区开发，麦地河、岗曲河等水利项目开发建设中的经验教训，香格里拉环保局严把源头关，项目建设前环保工作提前介入，积极开展建设项目环境保护评价工作，国土资源局则提前确定采石场、弃渣场，制定切实可行的实施方案。在保证各个项目建设顺利进行的同时将对生态环境的破坏降到了最低。[②]

除了在城区周围，香格里拉其余10个乡镇对砂石厂的开采规划管理不规范，2015年，国土资源局将10个乡镇的砂石厂规划（2015年）工作列为下一步矿政管理工作的重点。[③]

五　城乡环境治理

（一）水污染治理

香格里拉为了解决水污染问题，采取了以下措施：（1）切实加强污水处理厂建设及城市管网建设，逐步提高污水处理能力。首先，修建第一污水厂和第二污水厂；其次，加大城市排污管网建设力度，到2014年年底，已建设大小排污排水管网300多公里。（2）明确责任，层次落实，将环境目标责任书层层签订到各乡镇，层层落实到个人。（3）协同地下管网相关等部门，出台各项政策，督促企业使用先进技术及环保治理措施，使用清洁能源，推动减排任务顺利完成。[④]

1. 工业废水污染防治

为摸清污染现状，建立污染源普查档案，香格里拉环保局于2007年抽调骨干工作人员5人，聘请专业技术人员10个，历时11个月，对全市

① 《守护香格里拉绿色生态——香格里拉市国土资源局开展环境综合整治行动综述》，《迪庆日报》2015年6月18日（特刊）。

② 香格里拉市政府信息公开门户网站（http：//xxgk. yn. gov. cn）。

③ 《守护香格里拉绿色生态——香格里拉市国土资源局开展环境综合整治行动综述》，《迪庆日报》2015年6月18日（特刊）。

④ 《碧水蓝天满眼春——香格里拉市环保工作纪实》，《迪庆日报》2015年6月18日（特刊）。

11 个乡镇 1287 家企业进行污染源普查的各项工作，完成报表 1327 份。2010 年，历经 6 个月的时间，在全市范围内进行污染源更新调查，共调查 759 家企业。通过这两次的详细调查，建立健全了污染源普查档案，切实掌握了污染现状，为污染减排、环境监管等工作开展奠定了基础。

香格里拉市为了加强现有企业节水和污染治理，实现全面达标，开展强制清洁生产审核。为降低物耗、能耗、水耗及废水污染物排放量，鼓励企业积极开展水循环利用的基础上，建设配套的废水治理设施，实施废水治理设施改造工程，新建工业企业废水排放必须达标才能通过审核。对国控、省控重点企业和废水超标排放企业进行强制清洁生产审核，对中小工业企业主动开展清洁生产审核予以支持。到 2015 年，全市工业企业完成清洁生产审核率已达到 60%以上，工业用水重复利用率达到 70%以上，工业企业废水排放达标率达到 100%。香格里拉市节水重点企业见表 8-3。

表 8-3　香格里拉市节水重点企业

企业详细名称	工业用水总量（吨）	新鲜水量（吨）	重复用水量（吨）	废水排放量（吨）	用水重复率（%）
香格里拉市虎跳峡镇钨矿厂	5460	5460	0	960	0
香格里拉市兴林工贸安乐铅锌矿厂	41097	41097	0	26097	0
云南香格里拉市雪鸡坪铜矿	184708	184708	0	90000	0
香格里拉市神川矿业有限责任公司	923540	923540	0	850000	0
迪庆经济开发区昆钢铁合金有限责任公司	9800	980	8820	0	90.0
云南香格里拉酒业股份有限公司	9500	9500	0	4000	0
香格里拉市康生资源开发有限责任公司	4300	4300	0	2400	0
香格里拉市虎跳峡鑫磊钨业有限责任公司	9100	7000	2100	6200	23.1
迪庆光华冶金炉料有限责任公司	856800	71360	785440	0	91.7
云南迪庆鑫源实业有限公司	8250	3100	5150	0	62.4
香格里拉市鸿达水泥有限责任公司	285300	285300	0	25200	0

资料来源：香格里拉市环保局：《香格里拉生态县建设规划（2014 年修编）》，2014 年。

根据以上节水重点企业的具体情况，香格里拉市环保部门要求香格里拉市鸿达水泥有限责任公司、神川矿业有限责任公司、云南香格里拉酒业股份有限公司、云南香格里拉市雪鸡坪铜矿、香格里拉市兴林工贸安乐铅锌矿厂等进行督促节水改造并加强工业废水回收利用。对全市冶金企业和水泥行业进行整治，鼓励其改造节水技术。对污染严重的企业和落后的生产工艺、设备和产品进行强制淘汰。环保部门对工业固废贮存场展开清查工作，并采取有效防洪、防渗、防流失的措施，同时还建立了地表水水质自动监测系统，以消除水污染隐患。①

2. 生活污水污染防治

为了加快城镇生活污水处理工作，香格里拉市不断完善城市污水管网建设，提高城市污水收集率、出水达标排放率。在城镇区采用雨污分流制，在老城区实行了截流式合污制，下一步将铺设污水管道，逐步实现雨污分流制；与城镇防洪相结合，将雨水系统规划高低分开，及时收集和利用雨水，尽力减轻暴雨径流携带的污物造成的污染。至 2015 年，城镇污水集中处理率达到 80%以上。在乡村和景区建设小型生活污水处理设施，以便于集中处理污水，杜绝污染源，严禁将污水未经处理直接排入金沙江、东旺河、尼汝河、碧塔海、属都湖和纳帕海。

为了更好地保护水环境，香格里拉市依据《中华人民共和国环境保护法》《中华人民共和国水污染防治法》《地面水环境功能区划分技术纲要》（国家环保局［90］环管水字第 104 号）《国家地表水环境质量标准》（GB 3838—2002）及《云南省地表水环境功能区划（2010—2020）》，对香格里拉市的水环境进行了功能区划，如表 8-4 所示。

表 8-4 地表水环境功能区划

水体名称	规划范围	执行标准	功能区类型
金沙江	定曲河口—金江桥	Ⅱ	饮用一级
	金江桥—核桃园	Ⅲ	饮用二级、农业用水、工业用水
	核桃园—华坪出境	Ⅱ	工业用水、农业用水、饮用一级
硕多岗河	全河段	Ⅲ	农业用水、饮用二级
东旺河	全河段	Ⅲ	农业用水、工业用水、饮用二级

① 香格里拉市环保局：《香格里拉生态县建设规划》，2014 年。

续表

水体名称	规划范围	执行标准	功能区类型
冈曲河	源头—翁上	Ⅲ	饮用二级、农业用水
	翁上—入金沙江口	Ⅳ	工业用水
尼汝河	全河段	Ⅲ	农业用水、工业用水
碧塔海	全湖	Ⅱ	省级自然保护区
纳帕海	全湖	Ⅲ	一般鱼类保护区
属都湖	全湖	Ⅰ	饮用一级

资料来源：香格里拉市环保局：《香格里拉生态县建设规划》，2014 年。

香格里拉市鼓励农业部门和农村大力发展生态农业和生态农户，推广农村循环经济模式。为农户普及科学施肥、合理使用农药等知识，大力推广使用有机肥、复合肥，禁止施用国家明令禁止生产和使用的剧毒高残留农药。在农村推广建设沼气池，以利于把生活废水、人粪便通过沼气池熟化、净化后还田还地，实现物质流、能量流的良性循环。规定人、畜、禽粪便未经任何处理严禁直接排入水体，以避免对水源造成污染。

3. 受污染河道治理

重点对受污染较为严重的龙潭河、纳赤河和奶子河进行治理。首先，进行排污管道建设，按照标准铺设城区雨污分流管道。其次，对污水未入网的已铺设管网区域采取措施进行整改，提高管网使用率。再次，适当向宾馆酒店、洗车场等用水大户征收与排污水量相当的污水处理费。水务局工作人员深入群众，利用文字、图片资料和各种媒体手段深入宣传“环境保护法”“水污染防治法”等，让其了解龙潭河、纳赤河和奶子河在香格里拉市发展中的重要作用。通过宣传，提高了群众的环保意识，培养了环保的生活方式。同时，水务局还为奶子河下游饮用水安全受到威胁的几个村庄修建自来水管，解决了人畜饮水问题。

（二）城乡生活垃圾处理

香格里拉市为了提高城镇生活垃圾收集处理率，配套完善生活垃圾转运设施，使垃圾处理厂服务范围覆盖主要城镇。城镇生活垃圾无害化处理率目标是 2015 年达到 60%以上，2020 年达 90%以上。在距离市区较远的乡镇和景区建设了无害化垃圾处理厂，处理乡村和附近景区垃圾。在离市区较近的乡镇建设垃圾中转站，中转后再运至市区的垃圾处理厂。同时在农村和景区建设垃圾收运设施。目标在 2015 年，50%以上的村庄建成农村生活垃圾收运设施；至2020年，100%的村庄建成农村生活垃圾收运设施。对居民普及垃圾分类回收和分类收集的知识，提高居民环境卫生意识，配套设置垃圾分类收集箱，提高生活垃圾综合利用率，降低农村生活垃圾随意丢弃造成的污染。

香格里拉市对于城乡生活垃圾处理的诸多举措中，禁止使用塑料制品（以下简称“禁白”）的成效尤为突出。自20世纪90年代后期开始，随着香格里拉旅游业的跨越式发展，游客激增，为当地带来可观的经济收入，但同时也带来了对环境的污染和破坏。无论是在街道、风景区、村寨，随处可见废弃的泡沫饭盒、塑料袋，遇到刮风的天气，洒落在地上的塑料袋满天飞，树上挂满了五颜六色的塑料袋，这些塑料垃圾污染了湿地、高原湖泊和水体，还时常发生牦牛等动物误食塑料袋消化不良致死事件。据调查，1998年，香格里拉日产垃圾约为40吨，塑料废弃物约为1.2吨。环卫工人每天处理的垃圾中，白色污染物占到了垃圾的60%—80%。

为保护生态环境，维护香格里拉品牌，迪庆州委、州政府1999年以香格里拉为试点开始开展“禁白”工作。环保局一方面大力宣传塑料废弃物污染的危害，组织动员各界群众彻底清理城区周边、公路沿线、各景区、景点的塑料袋，并进行集中销毁。同时，出资6万元订购了10000个环保降解袋来替代塑料袋，并在各大农贸市场、超市无偿发放。

为了更有效地推行“禁白”工作，2001年4月6日，香格里拉县人民政府通过了《中甸县关于禁止销售、提供、使用塑料袋的规定》（简称“县政府第八号令”），明确规定在自2001年7月1日起，香格里拉境内禁止任何单位和个人销售、提供、使用塑料袋，对使用、销售、提供塑料袋的责任人可处以30—3000元不等的罚款。

发出“禁白”后，组成了由环保、工商、旅游、城建、环卫、卫生等十多个行政执法部门骨干人员组成的“禁白”联合执法大队，进行了大规模的“禁白”宣传，首先将塑料袋批发商所持有的塑料袋进行有偿回收，对零售商则明确要求不准再出售塑料袋。执法队每天对香格里拉城区内进行巡查，重点打击销售塑料袋的不法分子，从源点上堵住塑料袋进入的源头，切实加大执法力度，对屡教不改的商贩从重处罚。

经过各部门一年的联合执法后，环保局专门成立了“禁白”执法大队以便于进行长期监管。执法队每天在各农贸市场、景区景点、乡镇巡查，见到使用塑料袋的群众就宣传“白色污染”对市容市貌、人体、土壤、家畜以及水生物造成的危害，引导鼓励群众使用菜篮、布袋等替代用品；深入商店、铺面、农贸市场，向摊主宣讲“白色污染”，要求他们不出售和提供塑料袋以及不可降解餐盒，鼓励商户使用布袋、纸袋等替代品，见到销售塑料袋的就从严处罚，使群众、商贩无法买到塑料袋。2000年，还曾引进一家可降解塑料袋厂商试着在当地生产可降解的塑料袋，终因海拔、高寒等原因未能推行。从1999—2002年，香格里拉环保局等部门向群众散发各类“禁白”宣传材料50多万份，依法没收塑料袋222万余条，上缴“禁白”罚款5万元，每年平均发放环保袋10000多个。

2004年，迪庆州出台了《迪庆藏族自治州一次性塑料袋污染环境防治管理条例》，指出：“餐饮、娱乐、宾馆等服务性企业是迪庆发展旅游的窗口行业，应当负起宣传教育责任，使游客在欣赏香格里拉秀美风光的同时，自觉加入爱护环境、保护环境的行列，共同呵护和建设好迪庆香格里拉这块宝地。”

为形成“禁白”工作全民参与，各部门长抓共管的长效机制，2008年，香格里拉根据迪政发（2002）12号文件的精神，成立了“禁白”办公室，办公室设在环保局，成员由各乡镇、工商、公安、城建等各部门组成，共同推广“禁白”及“限塑”执法管理。政府还将“禁白”工作纳入《环境保护目标责任考核责任书》中。

通过各部门的通力协作，香格里拉的“禁白”工作取得了成效。在城区周围，景点景区基本做到了使用塑料手提袋，各乡镇农村的“禁白”工作也在顺利展开。多年的“禁白”工作，有效地改善了香格里拉的生态环境，对进一步推动旅游业的发展也起着积极作用。

香格里拉作为云南省第一家“禁白”试点，对其他地区有着示范作用，先后有国家发改委、北京市、上海市、大理州、丽江市等省内外多家环保部门前来考察学习。

（三）大气污染治理

香格里拉市通过鼓励企业使用清洁燃料或低硫、低灰分煤来控制燃煤烟气排放超标状况，同时要求现有废气排放未达标企业配套建设废气治理设施或对现有治理设施进行改造，确保废气达标排放。对新建的项目，环保部门要求必须配套建设废气治理设施，废气排放达标。环保部门还鼓励企业引进先进生产技术和废气污染防治技术，要求冶金和饮料生产等企业改造或替换锅炉、工业窑炉，对工艺落后者予以淘汰。力争使全市所有企业大气污染源排放均达标。

表 8-5　　香格里拉市工业废气排放重点企业

企业详细名称	二氧化硫排放量（千克）	氮氧化物排放量（千克）	烟尘排放量（千克）	工业粉尘排放量（千克）
迪庆经济开发区昆钢铁合金有限责任公司	75664	0	109970	0
云南香格里拉酒业股份有限公司	5800	2250	300	0
香格里拉市康生资源开发有限责任公司	480	225	30	0
迪庆光华冶金炉料有限责任公司	7432	308	2600	0
云南迪庆鑫源实业有限公司	9350	0	6945	0
香格里拉市鸿达水泥有限责任公司	33290	0	19300	421000

资料来源：香格里拉市环保局；《香格里拉生态县建设规划》，2014 年。

从表 8-5 可以看出，迪庆经济开发区昆钢铁合金有限责任公司、香格里拉市鸿达水泥有限责任公司、云南迪庆鑫源实业有限公司、迪庆光华冶金炉料有限责任公司和云南香格里拉酒业股份有限公司的二氧化硫和烟尘排放量较高，需要采取措施减少排量。而云南香格里拉酒业股份有限公司、迪庆光华冶金炉料有限责任公司和香格里拉市康生资源开发有限责任公司的氮氧化物排放量偏高，需要降低。

第四节　自然保护区与国家公园建设

（一）建立省级自然保护区及国际重要湿地

关于在香格里拉建立自然保护区的建议最早可以追溯到 1956 年 6 月全国人民代表大会第三次会议的第 12 号提案《关于请政府划定天然林禁伐区》。到 1958 年 8 月云南省吴征镒等专家向省人委会递交的《筹建自然保护区的建议》。这份建议提出了在云南省内筹建包括香格里拉的哈巴雪山在内的 24 个自然保护区的方案。建议提出后，受到了省委省政府的高度重视，在提出建议的次年即组织了几个有关科研单位多次论证、设计及实地调查，最后提出在云南全省建立包括今香格里拉市境内的哈巴雪山和小中甸吉沙等24个自然保护区。

1981年11月6日，云南省政府根据1979年云南省林业厅的调查报告，发出了《关于建立自然保护区的通知》（云政发［1981］310号文件），同意全省建立35个自然保护区（点）。为更好地保护迪庆州自然环境和自然资源，迪庆州除了前面被列入的香格里市境内的哈巴雪山外，又增加了碧塔海、纳帕海以及德钦县的白马雪山。迪庆州按照310号文件精神，积极做出回应。1981—1982年，迪庆州邀请云南省林勘四大队和五大队，分别对迪庆州德钦县白马雪山和香格里拉县哈巴雪山、碧塔海、纳帕海进行了调查规划工作。

1982年3月23日，当地政府根据上级有关指示，下发［1982］17号文，成立保护区工作领导小组，并于1982年4月，根据《云南省自然保护区调查规划技术要求》（试行）开展工作，6月13日，政府下发［1982］52号文，就建立纳帕海、碧塔海和哈巴雪山3个自然保护区作出决议，由市林业局具体实施。

1984年，依据调查结果，云南省政府正式批准建立白马雪山、哈巴雪山和碧塔海3个省级自然保护区和纳帕海1个自然保护点。同时还对保护区管理机构、经费、人员等问题作了明确规定。

1988年5月，经过进一步的调查规划，纳帕海由自然保护点升级为自然保护区。

2004年12月7日，湿地公约秘书局批准纳帕海自然保护区和碧塔海自然保护区成为国际重要湿地，并向全世界公布。云南全省仅有4个“国际湿地”，香格里拉市就占了2个。① 由此也足以窥见这些区域在云南省整个生态系统中举足轻重的作用。

1. 哈巴雪山自然保护区

哈巴雪山自然保护区位于香格里拉市东南部，东经100°02′24″—100°14′19″、北纬27°10′36″—27°22′42″，总面积有21908公顷。该保护区属于森林生态类型保护区，高山自然垂直植被景观、温性、寒温性针叶林生态以及现代冰川为其主要保护对象。保护区的海拔高差大，为1550—5398米，高海拔与低海拔之间的温差高达22.8℃，从低到高分布着亚热带、温带寒温带、寒带等气候带。保护区内分布有冰川、高山湖泊、沼泽湿地

① 香格里拉县林业局编：《香格里拉县林业志》，云南民族出版社2006年版，第126—127页。

等，有着“固体水库”的美誉。保护区内有丰富的珍稀动植物资源，包括国家重点保护的野生植物 10 多种如榧木、金铁锁以及栌菊木等；国家重点保护的珍稀动物 24 种，如云豹、猕猴、穿山甲、林麝和小熊猫等。①

2. 纳帕海自然保护区

纳帕海自然保护区地处香格里拉市西北部，东经 99°37′—99°43′、北纬 27°49′—27°55′，海拔 3266 米，总面积有 2400 公顷，湿地面积位列云南全省第一，也是香格里拉市内最大的时令湖。该保护区地势平坦，三面环山，龙潭河、纳赤河、奶子河等 10 多条大小不一的河流流经周边的草原再注入其中，溢出的水最后从西北面辛雅拉雪山山脚的 9 个落水洞注入尼西乡汤满河、五境乡吉仁河，再流入金沙江。此处的保护对象主要是沼泽草甸、高原季节性湖泊以及其间的各类珍稀动植物。野生动物资源有水禽及其他鸟类 29 科 89 种，有国家珍稀禽类黑颈鹤、斑头雁和黑鹳等。自成立以来，政府已投入 1.8 亿资金完善了保护区的硬件和软件设施。2010 年 2 月，被确定为国家 AAA 级旅游区。

3. 碧塔海自然保护区

碧塔海地处香格里拉市东部，东经 99°54′22″—100°03′20″、北纬 27°46′30″—27°55′20″，总面积为 14181 公顷。高原湖泊、草甸及生活在其间的动植物是其主要保护对象。碧塔海的水源来自四周的各条溪流，水域面积有 159 公顷，湖水经暗河流入洛吉河、尼汝河，再注入金沙江，是金沙江水土保持及水源涵养林之一，保护着长江中上游的生态平衡。保护区内植被丰富，其中有被子植物 2253 种，裸子植物 22 种，国家重点保护植物有云南榧木、云南红豆杉、冷杉、云杉、落叶松、高山栎类、杜鹃和蔷薇 8 种，省级重点保护植物 11 种，有国家一级保护动物云豹、黑颈鹤，还有重唇鱼、藏马鸡和绿尾梢虹雉等多种野生珍稀动物。

（二）国家公园建设

普达措国家公园位于香格里拉市东部，最高海拔 4159.1 米，年平均气温 5.4℃。公园包括“三江并流”世界遗产地红山片区属都湖景区、尼汝片区以及国际重要湿地碧塔海自然保护区，占地总面积 1313 平方公里，是中国大陆第一个国家公园。公园集原始森林、高山草甸、

① 香格里拉市环保局：《香格里拉生态县建设规划》，2014 年；迪庆州林业局：《迪庆湿地资源调查报告》，2014 年。

高原湖泊、河流、珍稀动植物、丰富多彩的民族宗教文化于一体，是至今保持完整的原始森林生态系统。在建设公园时，针对群落物种、水体、湿地的不同特点，进行了科学合理的功能分区，确定了不同等级的保护标准、保护对象、保护难点和保护措施。碧塔海是公园内的核心区域，是云南海拔最高、纬度最靠北的一个由森林生态系统涵养的高山冰渍湖湿地和水域的湿地类型的自然保护区。公园的保护对象有以中甸重唇鱼为代表的高原珍稀特有鱼类，原始的高山、亚高山寒温性针叶林森林生态系统和其他珍稀的野生动、植物以及南宝场第三期冰川地质遗迹。公园内有脊椎动物 28 目 70 科 279 种、昆虫 12 目 51 科 493 种、两栖爬行类 2 目 5 科 13 种。

香格里拉在云南省以及迪庆州相关部门的帮助下，除了完成日常的管护工作外，还聘请相关的专业研究团队对国家公园和自然保护区进行了调查研究，并逐步完善了保护建设工作。例如，仅 1998—1999 年两年间委托西南林学院在碧塔海和纳帕海两个自然保护区进行了 20 个专题综合科学考察，完成考察报告一份，又委托国家林业局规划院制定了《碧塔海保护区总体规划》。2000—2002 年，与国际鹤类基金会合作展开调研，经过三年，最后完成了对纳帕海保护区内的珍稀水禽黑颈鹤数量、习性和生态环境调研工作。2002 年，在云南高原湿地资源综合研究所的协助下，完成了纳帕海泥炭资源普查。1999 年 10 月至 2002 年 7 月，在国家林业局 GEF 项目经费资助下，聘请昆明动物研究所相关专家共同对碧塔海中甸叶须鱼的有效保护及合理利用进行了研究。①

2006 年 3 月，香格里拉林业局、碧塔海省级自然保护区委托国家林业局昆明勘察设计院编制了《纳帕海国际重要湿地保护建设项目可行性研究报告》《碧塔海国际重要湿地保护建设项目可行性研究报告》《云南纳帕海国际重要湿地保护建设项目初步设计》和《云南碧塔海国际重要湿地保护建设项目初步设计》。推动湿地保护工程、湿地恢复工程和能力建设工程等建设项目，总投资 696. 98 万元，并于 2011 年通过了省林业厅和省发改委的验收。②

2008 年，纳帕海自然保护区委托西南林业大学组织编写了《云南纳

① 香格里拉县林业局编：《香格里拉县林业志》，云南民族出版社 2006 年版，第 131、132、133、136 页。

② 迪庆州林业局：《迪庆湿地资源调查报告》，2014 年。

帕海省级自然保护区总体规划》。2009年，哈巴雪山保护区也委托云南省林业调查规划院组织编写了《云南哈巴雪山省级自然保护区总体规划》。同年，碧塔海自然保护区在云南省林业厅的资助下，购置了芍兰监测与保护的相关设备，并编制完成《碧塔海自然保护区芍兰保护项目实施方案》。

第五节　生态环境保护与建设存在的问题及思考

香格里拉市地处“三江并流”腹地，为青藏高原及横断山区内生物多样性富集区域。其生态环境的安全事关国家生态安全，东南亚地区的生态安全。香格里拉市一贯坚持“生态立县、旅游强县”的发展思路，切实加强生态文明建设。香格里拉市率先进行退耕还林、退牧还草，天然林恢复保护等工程，如今，全市的森林覆盖率和草场面积都得到了提高。创建生态村、生态乡（镇）、生态绿色区域和绿色学校的工作以及对国土以及城乡环境的治理初见成效，减轻了城市污染，村容村貌得到了极大的改善。然而，获得成绩的同时，还存在一些问题亟须解决。

一　存在的一些问题

从调研结果来看，香格里拉市的生态环境保护工作取得了一定成绩，同时也存在一些问题。

（一）饮用水源、污水处理厂及国控、省控重点企业的监管还不到位。排污许可证制度尚未健全，建设项目“三同时”后期跟踪监管力度急需加强。香格里拉市城区三条河流（龙潭河、那赤河、奶子河）中下段水污染进一步加剧，治理任务艰难、城市管网建设不配套、欠完善，要达到规划目标，任重道远。

（二）城市主要饮用水源龙潭河，桑那水库由于水源地保护规划滞后，缺乏水源地保护、治理项目资金，桑那水库水质进一步恶化，急需采取措施，投入资金治理保护。

（三）开发与保护矛盾日益凸显。“十一五”以来，水电站、矿产业的开发力度加大，环境污染有进一步加剧的趋势；但因境内建有保护区和国家公园，国家现行政策限制保护区内矿产、水能资源开发，许多重大的矿业、水电项目推进困难。在国家未出台相关生态补偿机制的前提下，政策因素制约了经济的发展。随着电站的开发增加，水体的稀释自净能力减弱，水环境容量降低。部分矿产开发企业小而散，给生态环境保护及恢复工作加大了压力。

（四）城区环境污染投诉仍然是群众反映的热点、重点。城区各大酒店的噪声和烟尘污染，城市周边生态破坏事件仍有发生。由于城市规划滞后，居民区与商用区混杂。宾馆、歌舞厅、小五金加工等行业产生的油、烟、噪声扰民，虽然每年都投入大量人力物力处理，但都是治标不治本，随着城区范围扩大，人口增长，居民投诉、上诉将会越来越多。

（五）香格里拉市地域面积 11613 平方公里，有“三江并流”等风景名胜区、哈巴雪山、碧塔海等多个自然保护区，环境敏感区域多，环保工作任务重，但因工作人员不够，无法及时、准确处理环保污染事故，造成许多环保工作无法正常开展，如“三同时”制度，“排污许可证”制度、环境监测、生态监察等，急需在各乡镇增设乡镇环保监察员。

（六）香格里拉市各乡镇缺乏垃圾处理场，污水处理设施及配套城镇环卫设施，废水、垃圾随处排放，严重影响当地生态环境，严重影响了金沙江流域水环境，急需采取措施，投入资金治理。

（七）办公设施简陋，资金短缺。按照全国环境监测站及环境监察建设标准，香格里拉市目前还没有环境监测及环境监察执法业务用房，也没有相应的监察、监测设施，直接影响了环保工作的开展。

（八）环境监测能力整体水平不高，对专业技术学习研究深度不足、系统性不强，环境监察、监测力量十分薄弱。

（九）“禁白”工作开展困难。自开展“禁白”工作以来，政府高度重视此项工作，针对工作制定了相应的规章制度，通过多年努力，香格里拉市的“禁白”工作取得很大的成效，已成为环保工作的一个亮点。但是“禁白”执法大队仅有 6 名工作人员并且都是临时工，没有执法证和执法权。加上近几年来加大了工作的执法力度和处罚力度，在执法过程中，执法对象与执法人员时常发生争执，而目前的执法依据 08 号令不能有力说服执法对象，对“禁白”执法工作造成了影响，为了巩固现有的成果和更好地开展好持续的“禁白”工作，需要重新修订《禁止销售、提供、使用塑料袋的规定》，为“禁白”工作提供有力法律保障，完善、制定新的“禁白”限塑条令法规。

二 对香格里拉市生态环境建设的思考

针对以上存在的问题，香格里拉市需要对环境保护工作体制和机制做进一步完善，以更好地推进生态文明建设。

（一）建立健全相关政策法规，不断完善管理机制

遵循《中华人民共和国环境保护法》等相关法律法规的基础上，综合各类保护区现有管理政策及管控要求，依据香格里拉市当地的实际情况，制定出适合其本身的生态环境保护配套制度和管理政策。在保护当地生态环境的同时还要推动当地的经济发展。要明晰境内自然资源的产权，建立用途管理制度。对同一保护区、风景区等的生态空间和自然资源的功能进行科学的界定，建立自然资源的用途管制制度，保障其合理用途。

（二）统筹协调，建立层层负责机制

生态建设与环境保护工作涉及环保、国土、水利、农业、林业、交通、发改、住建、规划、旅游、经贸等诸多部门，需要各部门之间密切配合、通力合作，政府应当建立层层负责的机制，避免多头管理，并将其直接纳入党政领导干部的考核，并建立相应的监督机制及奖惩制度。

（三）加大宣教力度，提高各族群众对生态环境的保护意识

要搞好生态环境建设还需要提高政府和人们对生态环境的保护意识，地方政府在政策制定与监管方面发挥着关键作用，而守护生态环境却离不开每一位公民的努力。政府应当组织定期的宣教活动，让保护生态环境的思想意识深入每个人内心，让所有人都能意识到其重要性，并自觉参与到保护队伍中。另外，相关部门还需协调生态环境保护与地方经济发展的关系，解除基层政府和老百姓的担忧，通过周到细致的宣传工作，提高公众、政府、企业对生态环境建设重要性的认知水平，使其认识环境保护的重要性和紧迫性，从而成为推行环境保护制度实施的强大动力。

（四）建立健全生态补偿机制

根据《国务院关于落实科学发展观加强环境保护的决定》以及相关政策，迪庆州应根据自身实情，建立和完善生态补偿机制，认真落实科学发展观，以统筹区域协调发展为主线，以管理创新、政策创新和体制创新为动力，对所涉及的自然保护区、重要生态功能区、矿产资源开发区、流域水环境保护区坚持“谁开发谁保护、谁受益谁补偿”的原则进行生态

补偿。需要进一步明确补偿标准及方式、补偿资金来源，加大财政转移支付力度，并力求探索更加多样化的生态补偿模式，给生态环境相对脆弱的地区输血。

（五）加大科研投入，构建生态保护红线监测网络体系

针对生态保护区域的监测、管理还存在技术方面的局限性。政府首先应加强现有工作人员专业技术培训，提高业务素质；其次通过奖励机制引进专业人才、聘请有关专家担任顾问等方式来增加科研力量；再者还需及时总结教训、推广成功经验，建立保护支撑体系，建立国际交流机制，扩大合作领域，推进流域综合管理，开展多学科的综合研究，全面构建生态环境保护监测网络体系，逐渐形成生态安全监测与预警、决策与技术支持一体化的安全预警体系。

（六）充分利用村规民约，发挥地方性知识的优势

香格里拉各民族都敬畏自然，当地村民对生态环境保护有一套自己的传统知识体系，如果政府部门能充分恰当地运用这些地方性知识，对于生态环境保护无疑能起到事半功倍的作用。如藏族的神山圣水信仰的区域大多为生态敏脆弱区，因其神圣性而受到了人们自觉保护。

深度访谈附录

附录一

个案1：马某，大理巍山人，45岁，回族，从事松茸药材收购行业。

问：请问您到香格里拉多久了？打算在这里做多久？有没有定居的打算？如果选择离开，原因是什么？如果选择继续留在建塘镇，原因又是什么？

答：我到香格里拉有十年了，没什么变化会一直在这边做下去。没有打算在这边定居，首先我的小孩和家人都在巍山，只有我出来到香格里拉做生意，每年的10月以后这边天气太冷，我就回巍山了。到第二年开春了又过来。

问：请问您当初选择到香格里拉经商的原因是什么？怎么来这里的？现在做得怎么样？下一步有什么打算？

答：在我们大理巍山我们算第二批过来香格里拉做生意的，以前只知道在家里种田，做点小本买卖，后来老人们过来香格里拉做得顺利了，就把我们从巍山带过来做松茸生意了。做到现在挺好的，比在家里种田好，改行做别的不行，我文化水平不高，所以不出意外的话会继续做下去。

问：请问您在来这里之前是在什么地方打工？做的是什么工作？收入如何？

答：我之前就是在老家种地，每逢赶街就把种的东西拿去集市上卖，基本能解决温饱。

问：请问您觉得本地人好不好处？是否有相帮关系？哪些民族比较好相处？有没有本地藏族或其他民族的朋友？相处如果有困难主要表现在什

么方面？在本地与其他民族朋友的相处情况怎么样？如果认为本地人不好处，原因又是什么？

答：本地人很好相处，我来到香格里拉认识最多的就是藏族的朋友，因为刚来的时候对身边的一切都很陌生，第一次出远门做生意，心里也有些胆怯，但来到之后，很多藏族的朋友会主动和我聊天，问我有没有什么需要帮忙的地方。带着我到专门卖菌子的市场了解行情，他们人都很豪爽，同时他们了解到我是回族都很尊重我们的风俗，在一起吃饭都在清真馆里。所以到现在都和藏族的朋友相处得比较好。除了藏族朋友外，在这边别的民族朋友都很少，基本都是生意上的关系，交情也不深。可能藏族的朋友和我性格上比较合得来，所以我在这边基本都是藏族的朋友。

问：请问您觉得融入了本地的生活吗？如果融入了表现在哪些方面？如果没有融入又表现在哪些方面？

答：我来香格里拉做生意 10 年了，算半个香格里拉的人了，生活都融入了进去，和本地人相处起来没有隔阂，不会因为我是外地人他们就排斥我，而我也在这里做得很顺利。

个案 2：马某，大理巍山人，49 岁，回族，从事松茸药材收购行业。

问：请问您到香格里拉多久了？打算在这里做多久？有没有定居的打算？如果选择离开，原因是什么？如果选择继续留在建塘镇，原因又是什么？

答：我到香格里拉 15 年了，事业都在这边发展起来了，会长期在这边做下去。我不打算在这边定居，我们一起来这里做生意的人一共有 8 位，都不适应这边的气候，再加上年纪大了，在这边定居的话容易生病。

问：请问您当初选择到香格里拉经商的原因是什么？怎么来这里的？现在做得怎么样？下一步有什么打算？

答：因为我是农村里面出来的，没读过书，没什么文化，当时就想着出来做点小本生意养家糊口，就来到了香格里拉开始做松茸的生意。以前来就是松茸成熟的时候，在街边卖，现在租了间商铺，事情也做顺了，现在我们的收入比公务员还高，接下来会继续做下去的。除了收购松茸外，我家老婆也在这边（旺池卡街道）的一楼商铺开了一个清真饭馆，松茸淡季的时候我们全家就靠这个饭馆维持生计。

问：请问您在来这里之前是在什么地方工作？做的是什么工作？收入

如何？

答：我之前在县城里做点小买卖，开小卖部，收入就只能基本维持生活。

问：请问您觉得本地人好不好处？是否有相帮关系？哪些民族比较好相处？有没有本地藏族或其他民族的朋友？相处如果有困难主要表现在什么方面？在本地与其他民族朋友的相处情况怎么样？如果认为本地人不好处，原因又是什么？

答：我觉得我来香格里拉15年了，这边的民族关系非常好。很多那个时候来认识的人，现在都相处得像自家亲戚一样。本地的汉族也有，但大多来自五湖四海，过来香格里拉做生意，大家都是生意人，所以经常在一起聊天，聊他们的家乡，聊生意，慢慢地就熟络了起来。藏族的朋友他们性格比较豪爽，都是“直肠子”，没心眼，所以和我们回族的人很像，所以大家的共同话题就比较多。彝族的朋友基本都是客户，生意往来多了，自然也就成为了朋友。大家都相互帮忙了很多年，和我相处得好的本地人是汉族、藏族和彝族的，他们都很好相处，特别热情，虽然大家民族习俗不一样，但都很尊重对方的民风民情。

问：请问您觉得融入了本地的生活吗？如果融入了表现在哪些方面？如果没有融入又表现在哪些方面？

答：我来到香格里拉15年，一直都觉得这边的生活融洽，人也热情好客。他们要请我们喝酥油茶，我们不能喝，就到清真的饭店请我们吃牛肉。所以很容易就融入他们的生活中。

个案3：马某，大理巍山人，28岁，回族，从事松茸药材收购行业。

问：老家是哪里的？是什么民族？

答：老家是大理巍山的，我是回族。

问：请问您到香格里拉多久了？打算在这里做多久？有没有定居的打算？如果选择离开，原因是什么？如果选择继续留在建塘镇，原因又是什么？

答：我到香格里拉有两年了。还要继续在这边做这个生意很长一段时间，我没有打算在这里定居，还是准备要回老家，因为我爸爸妈妈年纪都大了，这边天气太冷，海拔太高，对老人的身体不好。

问：请问您当初选择到香格里拉经商的原因是什么？怎么来这里的？

现在做得怎么样？下一步有什么打算？

答：我来香格里拉做生意主要是因为之前的工作工资很低，所以过来这边做虫草礼品生意，因为在这边认识很多朋友，和有关单位、地产公司都有松茸订单上的合作，现在才刚做顺，接下来还要继续做下去。

问：请问您在来这里之前是在什么地方工作？做的是什么工作？收入如何？

答：我之前是在昆明工作，因为我是会计专业毕业，所以就留在昆明做会计软件开发，但是收入很低。

问：请问您觉得本地人好不好处？是否有相帮关系？哪些民族比较好相处？有没有本地藏族或其他民族的朋友？相处如果有困难主要表现在什么方面？在本地与其他民族朋友的相处情况怎么样？如果认为本地人不好处，原因又是什么？

答：本地人很好相处的，当然也不排除一部分少数的人。因为我在香格里拉认识的朋友很多，有本地的汉族朋友，还有的是在读大学时认识的，过来这边做生意，我从昆明过来这边做生意很大因素都是这些汉族朋友叫我过来的，他们帮我分析市场，帮我介绍项目。本地的藏族朋友他们很热心，刚来的时候什么都不知道，都是他们带我找的货源，不认识路他们就带我走，经常和他们在一起聊本地的情况，大家有什么高兴的事也会在一起分享。在迪庆的一些村落里收货的时候，也认识了一些彝族和纳西族的朋友，他们也都是本地汉族藏族朋友带我认识的。所以我过来这边做生意都是本地的这些朋友在帮助我。我认识的朋友里有汉族、藏族、彝族和纳西族，他们都挺好相处的，对人和气，相互尊重风俗习惯，相互帮助。本地人和其他民族相处大多数还是很和谐的。当然也有一小部分人不是很容易打交道。

问：请问您觉得融入了本地的生活吗？如果融入了表现在哪些方面？如果没有融入又表现在哪些方面？

答：因为我在香格里拉本地朋友很多，所以很容易就融入他们的生活里，有时小矛盾，小摩擦有一点，但大家在一起相处得很高兴。

个案 4：马某，大理巍山人，46 岁，回族，从事松茸药材收购行业。

问：请问您到香格里拉多久了？打算在这里做多久？有没有定居的打算？如果选择离开，原因是什么？如果选择继续留在建塘镇，原因又是什么？

答：我到香格里拉很多年了，现在发展起来了，开始接客户的订单，有了自己的仓库来存放菌类，会长期在这边做下去。我打算在这边定居了，因为我除了做松茸还有一些晒干的菌类，所以一年时间里基本都在香格里拉。我的妻子在农贸市场卖牛肉，也能贴补一些收入，基本上我们家的生活水平还不错。

问：请问您当初选择到香格里拉经商的原因是什么？怎么来这里的？现在做得怎么样？下一步有什么打算？

答：当初来到香格里拉是同乡人介绍说这边的菌类很多，可以到这边做菌子生意，所以就过来了，在我们巍山过来做菌生意的人中我做得还是比较好的，有稳定的客户，稳定的货源。接下来还会继续发展，争取在这边买房定居下来。

问：请问您在来这里之前是在什么地方工作？做的是什么工作？收入如何？

答：来之前是在大理做点小生意，开了家早点店，收入一般，基本生活能维持。

问：请问您觉得本地人好不好处？是否有相帮关系？哪些民族比较好相处？有没有本地藏族或其他民族的朋友？相处如果有困难主要表现在什么方面？在本地与其他民族朋友的相处情况怎么样？如果认为本地人不好处，原因又是什么？

答：本地人很好相处的，当初刚来到的时候人生地不熟，本地的藏族朋友他们都很好客，跟他们了解当地的事，只要他们知道，都会告诉我，有什么需要他们帮忙的，比如东西重，请他们帮忙抬一下，他们也很热心地帮助我，在香格里拉处得比较好的有汉族、藏族和傈僳族的朋友，相处起来除了有些藏族朋友他们的汉话说得不怎么好，有时听不清楚他们说的。在这边还有很多汉族朋友，他们大多数是过来这边做生意的，沿海的，东北的都有。因为经常到周边的村子收购菌子去的次数多了，也认识了很多傈僳族的朋友，大家相处得都很好。

问：请问您觉得融入了本地的生活吗？如果融入了表现在哪些方面？如果没有融入又表现在哪些方面？

答：融入了，所以打算这边定居了。大家没事的时候都会坐到一起喝茶聊天，虽然存在民族风俗的差异，但大家都相互尊重，即使有小矛盾都是马上化解，不会激化矛盾。

附录二

个案1：仁安建材城 吉泰建材经营部老板 主营五金建材

问：老家是哪里的？是什么民族？

答：老家是四川宜宾的，我是汉族。

问：到这个建材市场多久了？

答：我到这个建材市场两年多了。

问：请问您清楚这个建材市场里大部分店主都来自哪里吗？你们都是通过什么渠道来到这里开店/打工的？为什么会形成这样的从业圈子？

答：这个建材市场的大部分店主都来自福建吧，四川的也多，我了解的隔壁这几家都是有老乡在这里，然后老乡带老乡，就介绍一起过来了。像我就是朋友给我带过来的，我觉得这样的情况很普遍吧，大部分都是这样来这里开店的。

问：您对这个建材市场各个店主之间的关系有什么评价？

答：关系很融洽的，我们之间没有什么矛盾。

问：您对这个建材市场的管理有什么意见吗？

答：没有意见，我认为这个建材市场还不错。

个案2：仁安建材城 升达林业老板 主营木地板

问：老家是哪里的？是什么民族？

答：老家是四川甘孜的，我是汉族。

问：到这个建材市场多久了？

答：我到这个建材市场两年多了吧。

问：请问您清楚这个建材市场里大部分店主都来自哪里吗？你们都是通过什么渠道来到这里开店/打工的？为什么会形成这样的从业圈子？

答：这个建材市场做生意的大多数都是福建的，湖南、四川的也多，像福建和湖南基本上都是亲朋好友把他们介绍过来的，我们四川人比较能闯，很多都是自己过来的，而且四川离这里也近，所以来做生意的人也很多的。

问：您对这个建材市场各个店主之间的关系有什么评价？

答：店主之间的关系还是很好的，我们都经常来往。

问：您对这个建材市场的管理有什么意见吗？

答：这个建材市场管理比较差，都没有统一的停车位，而且房租太高，这一点我不怎么满意。

个案3：仁安建材城 博雅尔时尚卫浴老板 主营卫浴洁具

问：老家是哪里的？是什么民族？

答：老家是浙江台州的，我是汉族。

问：到这个建材市场多久了？

答：我到这个建材市场有两年多了。

问：请问您清楚这个建材市场里大部分店主都来自哪里吗？你们都是通过什么渠道来到这里开店/打工的？为什么会形成这样的从业圈子？

答：我们隔壁那几家卖洁具的都是湖南和我们福建的，四川的卖地板的比较多，大家都是听说有市场吧，所以就都来这里开店了，四川主要是因为离得近，所以来的人达比较多的。

问：您对这个建材市场各个店主之间的关系有什么评价？

答：关系一般，这个我也不太好评价。

问：您对这个建材市场的管理有什么意见吗？

答：没有意见，我觉得都还不错。

个案4：仁安建材城 帝王卫浴老板 主营卫浴洁具

问：老家是哪里的？是什么民族？

答：老家是湖南衡阳人，我是汉族。

问：到这个建材市场多久了？

答：来这个市场开店一年了。

问：请问您清楚这个建材市场里大部分店主都来自哪里吗？你们都是通过什么渠道来到这里开店/打工的？为什么会形成这样的从业圈子？

答：我了解的大部分都是四川、福建来的，而且都是老乡一起来，刚来就都互相认识的。这个圈子形成其实也是大家相互比较信任，所以一个带一个就过来做生意了，而且福建和四川那边也有货源。

问：您对这个建材市场各个店主之间的关系有什么评价？

答：店主之间的关系比较融洽的。

问：您对这个建材市场的管理有什么意见吗？

答：治安不好，环境也不好，到处乱停车，这个希望能改进一下。

个案 5：仁安建材城 TOYO 统用卫浴老板 主营卫浴洁具

问：老家是哪里的？是什么民族？

答：老家是福建福州的，我是汉族。

问：到这个建材市场多久了？

答：到这个建材市场两年多了吧。

问：请问您清楚这个建材市场里大部分店主都来自哪里吗？你们都是通过什么渠道来到这里开店/打工的？为什么会形成这样的从业圈子？

答：这个建材市场还是福建和四川的多吧，做地板的四川人比较多，基本上都是老乡带老乡介绍过来的。

问：您对这个建材市场各个店主之间的关系有什么评价？

答：店主之间的关系我不太清楚，我觉得还可以吧。

问：您对这个建材市场的管理有什么意见吗？

答：这里管理费收得太高，还有外面车辆乱停乱放也没有人来管理。希望还是多加强一下管理。

个案 6：仁安建材城 宝辉灯饰老板 主营灯具

问：老家是哪里的？是什么民族？

答：老家是广东东莞的，我是汉族。

问：到这个建材市场多久了？

答：我到这个建材市场两年了。

问：请问您清楚这个建材市场里大部分店主都来自哪里吗？你们都是通过什么渠道来到这里开店/打工的？为什么会形成这样的从业圈子？

答：像我们这个建材市场，大部分都是福建、四川来的，湖南的也有，但是少一点。我觉得大家都一样，大部分都是亲朋好友带过来的，因为彼此信任，所以一家跟一家就过来了。应该就是这样形成各个地方不同的圈子的吧。我们广东人做灯饰的比较多，广东的灯具生产厂家也多，所以自然就做灯具了。

问：您对这个建材市场各个店主之间的关系有什么评价？

答：我们的关系很融洽的，大家也相处得很融洽。

问：您对这个建材市场的管理有什么意见吗？

答：首先我觉得这个建材市场宣传不好，还有管理的人也少，那么大一个建材市场就两个保安，没有什么多大的作用。

个案 7：仁安建材市场 金迪木门老板 主营实木门销售

问：老家是哪里的？是什么民族？

答：老家是丽江永胜的，我是纳西族。

问：到这个建材市场多久了？

答：我到这个建材市场六个月了。我租了间铺面专门做实木门生意，同时也在这边找着绿化工程做，所以会在这边一直做下去。因为店面已经开起来，做得顺利的话会考虑在这边定居下来，毕竟自己的生意要每天在这里守着。当初选择来香格里拉是因为觉得这边比起很多城市，它还在大力的开发，又是旅游城市，将来到这边居住的人很多。所以选择了建筑材料项目和绿化工程。因为我才来了几个月，才起步，所以接下去就是把自己的生意做顺利了。

问：请问您清楚这个建材市场里大部分店主都来自哪里吗？你们都是通过什么渠道来到这里开店/打工的？为什么会形成这样的从业圈子？

答：这个建材市场做木地板生意的大多来自四川吧，做卫浴洁具福建来的比较多，五金的四川的占多数，做木门生意的很多户都是我们丽江永胜过来的。大家都是一个带一个，听说这里市场好，竞争小，就跟随老乡过来看看市场，生意好做就开店了。

问：您对这个建材市场各个店主之间的关系有什么评价？

答：因为我的铺子在建材市场里，也有本地人开的铺子，有汉族的，有藏族的。大家相处得都很好，比如他家是卖灯的，他家是卖墙纸的，去他们家买东西客人问起木地板，他们都会介绍到我这里。汉族的朋友做建材的比较多，有来自四川的，广州的，他们都很健谈，没事也会来我店里聊天，或者我去他们的店里。建材市场里汉族人最多，当然也有藏族的，他们很热情，有时下雨，或者客人少，到饭点的时候偶尔会来请我和他们一起吃饭。遇到红事也会主动来邀请。因为都是在建材市场里，所以经常有下货上货的，人手不够时大家没事的话都会互相搭把手。我现在处得比较好的就是汉族和藏族的朋友，汉族朋友给了我很多生意上的宝贵意见，而藏族的朋友都不把我当作外人，所以相处得很愉快。

问：您对这个建材市场的管理有什么意见吗？

答：暂时没有意见，我觉得这个建材市场还不错，就是不如老的建材市场人气旺，加大宣传应该会慢慢好起来的。

附录三

个案1：池卜卡步行街 漂亮宝贝员工 主营童装

问：老家是哪里的？是什么民族？

答：我是丽江的，纳西族。

问：请问您在这里做的是长工还是短工？

答：我在这里做的是长工。

问：请问您到香格里拉多久了？打算在这里做多久？有没有定居的打算？如果选择离开，原因是什么？如果选择继续留下打工，原因又是什么？

答：我到香格里拉有八、九年了吧，目前没有定居的打算，主要的原因还是觉得气候不适应，冬天太冷，打算再接着做一段时间，如果别的地方有好的工作我也会考虑换一换。

问：请问您当初选择到香格里拉打工的原因是什么？怎么来这里的？现在混得怎么样？下一步有什么打算？

答：我舅舅在这里做生意，我就过来打工了，现在也没有什么打算吧，先走一步看一步。

问：请问您在来这里之前是在什么地方打工？做的是什么工作？收入如何？

答：我之前在丽江工作过，下关也工作过，做的都是销售方面的工作，收入的话都差不多吧。

问：请问您觉得本地人好不好处？是否有相帮关系？哪些民族比较好相处？有没有本地藏族或其他民族的朋友？相处如果有困难主要表现在什么方面？在本地与其他民族朋友的相处情况怎么样？如果认为本地人不好处，原因又是什么？

答：差不多都还是好处的，本地的朋友有几个，好像藏族多一点，都是朋友介绍认识的，有时候会出去吃吃饭，但是关系也一般吧，互相帮助的情况没有，相处起来也还是很融洽的。

问：请问您觉得融入了本地的生活吗？如果融入了表现在哪些方面？如果没有融入又表现在哪些方面？

答：当然融入了，生活习惯也适应了，来的时间比较长，这个对我来说已经习惯了。

个案 2：池卜卡步行街 简尚精品服饰员工 主营服装

问：老家是哪里的？是什么民族？

答：我老家是丽江的，汉族。

问：请问您在这里做的是长工还是短工？

答：我在这里做的是短工。

问：请问您到香格里拉多久了？打算在这里做多久？有没有定居的打算？如果选择离开，原因是什么？如果选择继续留下打工，原因又是什么？

答：我到这里有三个月了，没有定居的想法，家人都还在丽江，还是要回去的吧，现在看情况，如果觉得收入不满意我还是要离开的，而且冬天太冷，气候受不了，所以我还是想要回去的。

问：请问您当初选择到香格里拉打工的原因是什么？怎么来这里的？现在混得怎么样？下一步有什么打算？

答：我来这里打工是家人让我过来的，现在刚来觉得工资一般，下一步还不知道要怎么打算。

问：请问您在来这里之前是在什么地方打工？做的是什么工作？收入如何？

答：来这之前我在丽江工作，做酒店服务行业，收入和现在差不多吧。

问：请问您觉得本地人好不好处？是否有相帮关系？哪些民族比较好相处？有没有本地藏族或其他民族的朋友？相处如果有困难主要表现在什么方面？在本地与其他民族朋友的相处情况怎么样？如果认为本地人不好处，原因又是什么？

答：本地人很好相处，我在这里有朋友的，纳西族的多一点，平常也会出去吃饭聚会，都是朋友介绍认识的，和他们相处起来很随和，平常有什么事也会互相帮忙，我还是很喜欢和他们在一起的。

问：请问您觉得融入了本地的生活吗？如果融入了表现在哪些方面？

如果没有融入又表现在哪些方面？

答：没有融入，毕竟我来的时间比较短，要说融入也没有那么容易，现在只是觉得生活习惯不太适应。

个案3：池卜卡步行街 奥黛丽老板 主营内衣

问：老家是哪里的？是什么民族？

答：我是湖北的，汉族。

问：请问当初是什么原因让您选择来香格里拉创业的？怎么来这里的？现在混得怎么样？有没有定居的意愿？下一步有什么打算？

答：到香格里拉三年了，我父母在这边做建材生意，他们说市场不错所以我就跟着他们过来了，现在还不确定要不要回老家，看生意怎么样，生意好做就继续做，不好做的话就回老家，但今年生意都不怎么好做的，我还没有定居的打算，毕竟我的亲人都在老家那边。

问：请问您在来这里之前是在什么地方工作？做的是什么工作？收入如何？

答：我到这里之前是在上海开店的，也是卖服装，上海收入比这里要高，但是消费也高。

问：请问您觉得本地人好不好处？是否有相帮关系？哪些民族比较好相处？有没有本地藏族或其他民族的朋友？相处如果有困难主要表现在什么方面？在本地与其他民族朋友的相处情况怎么样？如果认为本地人不好处，原因又是什么？

答：我有本地人的朋友，他们都挺好相处的，大多都是藏族吧，纳西族也有，我们都是做生意的人，他们来买东西，时间长了就都熟了，关系也不错，就是他们说藏话我都听不懂，不过和他们偶尔还是会去聚餐什么的，我觉得和他们相处起来没有什么困难。

问：请问您觉得融入了本地的生活吗？如果融入了表现在哪些方面？如果没有融入又表现在哪些方面？

答：没有融入。这边生活习惯我还是不太适应，气候也冷，特别是冬天，太冷了。

个案4：池卜卡步行街 火树银花老板 主营服装

问：老家是哪里的？是什么民族？

答：我是福建的，汉族。

问：请问当初是什么原因让您选择来香格里拉创业的？怎么来这里的？现在混得怎么样？有没有定居的意愿？下一步有什么打算？

答：我到香格里拉已经有10年了，10年前有老乡来这里做生意，就把我们带过来了，现在暂时没有要定居的打算，因为我们来这里是做生意的，今年生意不好做，行情也不好，而且气候不太适应，现在看一下如果生意不太好的话我们也许会离开这里回老家去。

问：请问您在来这里之前是在什么地方工作？做的是什么工作？收入如何？

答：我到这里之前是在山东，做海鲜生意的，收入和香格里拉比较起来也差不多。

问：请问您觉得本地人好不好处？是否有相帮关系？哪些民族比较好相处？有没有本地藏族或其他民族的朋友？相处如果有困难主要表现在什么方面？在本地与其他民族朋友的相处情况怎么样？如果认为本地人不好处，原因又是什么？

答：本地人有的好相处有的不好相处，这个要看情况了，但10年前我刚刚来的时候觉得不太好和他们沟通，现在好多了，可能大家接纳能力比以前要好，我的朋友主要还是我们福建的老乡，当地人也有，但是关系一般，都是生意上认识的朋友，没有深交，香格里拉人性格挺豪爽的，语言上也不存在障碍，他们都会说普通话。但是我每天在店里，也没有太多时间和他们交流。我们这条街道上分好几个帮，有湖北帮、福建帮、四川帮，经常在一起聚堆儿，类似于商会那样的吧，像我们福建人在这条街上做生意的我基本都认识。

问：请问您觉得融入了本地的生活吗？如果融入了表现在哪些方面？如果没有融入又表现在哪些方面？

答：没有融入。总觉得各方面都到不了一块儿，饮食啊，生活习惯，习俗什么的都到不了一块儿。

个案5：池卜卡步行街 脚板员工 主营皮鞋

问：老家是哪里的？是什么民族？

答：老家是重庆大足的，我是汉族。

问：请问您在这里做的是长工还是短工？

答：我在这里做的是长工。

问：请问您到香格里拉多久了？打算在这里做多久？有没有定居的打算？如果选择离开，原因是什么？如果选择继续留下打工，原因又是什么？

答：到香格里拉四年了，可能还要继续在这边打工一两年，我没有打算在这里定居，还是准备要回老家，因为老家有亲人朋友，每年过年都回家的。

问：请问您当初选择到香格里拉打工的原因是什么？怎么来这里的？现在混得怎么样？下一步有什么打算？

答：我来香格里拉是因为父母都在香格里拉，他们在这边做建筑行业，已经做了六年了，但以后他们也打算回老家的，现在觉得生意也还可以，还准备在这里工作几年再做打算。

问：请问您在来这里之前是在什么地方打工？做的是什么工作？收入如何？

答：我大学毕业就过来香格里拉了，所以之前没有工作的。

问：请问您觉得本地人好不好处？是否有相帮关系？哪些民族比较好相处？有没有本地藏族或其他民族的朋友？相处如果有困难主要表现在什么方面？在本地与其他民族朋友的相处情况怎么样？如果认为本地人不好处，原因又是什么？

答：和本地人相处起来感觉还可以，我在这里的朋友都是顾客，没有藏族的朋友，因为和当地藏族朋友相处起来语言上有障碍，他们说什么我不大听得懂，而且我现在的工作每天都面对顾客，没有时间出去认识朋友。

问：请问您觉得融入了本地的生活吗？如果融入了表现在哪些方面？如果没有融入又表现在哪些方面？

答：融入了，我认为在这里和大家相处没有什么矛盾，都很融洽。

个案 6：池卜卡步行街 蜘蛛王员工 主营皮鞋

问：老家是哪里的？是什么民族？

答：我老家是重庆大足的，我是汉族。

问：请问您在这里做的是长工还是短工？

答：我在这里做的是长工。

问：请问您到香格里拉多久了？打算在这里做多久？有没有定居的打算？如果选择离开，原因是什么？如果选择继续留下打工，原因又是什么？

答：我到香格里拉已经有七年了，目前暂时没有离开的打算，还准备继续做下去，因为在香格里拉时间也比较长了，气候也适应了，而且老板人也挺不错的，对我很好，我们老板在这条街上开了七家店，我是她雇佣的员工中做得最长的，也算是老员工了吧，在这里工作工资比较高一点。

问：请问您当初选择到香格里拉打工的原因是什么？怎么来这里的？现在混得怎么样？下一步有什么打算？

答：我来香格里拉打工是应聘过来的，应聘上了就直接过来工作了，现在生活挺好的，这里消费高但是工资也相对高一点，还是准备接着在这里打工，还没有要离开的打算。

问：请问您在来这里之前是在什么地方打工？做的是什么工作？收入如何？

答：以前我在下关工作，自己出去摆摊卖点小东西，现在收入肯定比以前高。

问：请问您觉得本地人好不好处？是否有相帮关系？哪些民族比较好相处？有没有本地藏族或其他民族的朋友？相处如果有困难主要表现在什么方面？在本地与其他民族朋友的相处情况怎么样？如果认为本地人不好处，原因又是什么？

答：本地人我觉得有的好相处有的不好相处，其中有一部分本地人不太讲理，比如我今天遇到一个顾客，鞋子坏了让我修，我给他修好了他说我只是用胶水随便给他粘了一下，然后就说这鞋子他不要了。但是遇到这样的情况也不多，七年前和本地顾客打交道经常遇到这样的事，现在遇到的少了，大部分人还是很好相处的。在这里七年了，我也有本地藏族朋友，他们大多都是同事。

问：请问您觉得融入了本地的生活吗？如果融入了表现在哪些方面？如果没有融入又表现在哪些方面？

答：当然融入了，为了赚钱为了生活也要融入啊，气候也适应了，和当地人打交道的话唯一的问题就是语言。

附录四

个案1：三农贸市场 大理人 卖菜摊主

问：请问您到香格里拉多久了？打算在这里做多久？有没有定居的打算？如果选择离开，原因是什么？如果选择继续留在香格里拉，原因又是什么？

答：我到香格里拉有10年了，在这里的农贸市场做蔬菜生意，不难做会一直在这边做下去。不打算在这边定居，我的亲人都在大理，这边冬天气候太冷，而且大理离香格里拉不算远，可以经常回去。

问：请问您当初选择到香格里拉经商的原因是什么？怎么来这里的？现在做得怎么样？下一步有什么打算？

答：香格里拉的竞争小，不像大理做什么生意都很难，当时听朋友说这边的菜价很高，所以当初选择来香格里拉做生意。下一步如果菜价稳定的话会继续做下去。很多年以前，香格里拉这边气候寒冷，冬季基本种不出蔬菜，他们都是从大理拉菜过来卖，夏季就吃这边种的蔬菜，但是也有部分是从我们大理拉过来。现在技术发达了，我们在城边租了几块地，建了大棚，到冬天也能种蔬菜了，都是自产自销多一些。

问：请问您在来这里之前是在什么地方打工？做的是什么工作？收入如何？

答：我之前是在大理老家种菜，把种的东西拿去菜市场上卖，能解决温饱。

问：请问您觉得本地人好不好处？是否有相帮关系？哪些民族比较好相处？有没有本地藏族或其他民族的朋友？相处如果有困难主要表现在什么方面？在本地与其他民族朋友的相处情况怎么样？如果认为本地人不好处，原因又是什么？

答：本地人很好相处的，我来到香格里拉了解行情时认识了许多藏族的朋友，刚来的时候一切都不熟悉，我是农村出来的，没出过远门，这次来香格里拉做生意也有一部分担心，但来到之后，很多藏族的朋友会主动和我聊天，问我有没有什么需要帮忙的地方。障碍也是有的，有的本地人很难沟通，语言也有差异。我在这儿的朋友大都是生意上的，关系一般，毕竟像我们这样卖菜很忙时间很少，接触的范围也小。

问：请问您觉得融入了本地的生活吗？如果融入了表现在哪些方面？如果没有融入又表现在哪些方面？

答：基本融入本地人的生活当中了，来了10年，已经习惯了，对香格里拉也有感情了。

个案2：三农贸市场 大理人 粮油销售

问：请问您到香格里拉多久了？打算在这里做多久？有没有定居的打算？如果选择离开，原因是什么？如果选择继续留在香格里拉，原因又是什么？

答：我到香格里拉有八年了，这边的市场还是很稳定的，会一直做下去。没有打算在这边定居，我的小孩和家人都在大理，妻子和老人都在家里照看小孩，我一个人在这边打拼，所以赚到钱了还是会回去的。

问：请问您当初选择到香格里拉经商的原因是什么？怎么来这里的？现在做得怎么样？下一步有什么打算？

答：我当初选择来香格里拉是亲戚介绍我到这边来做生意的，这边的生意竞争小，做什么都没大理难做。现在我做粮油产品的销售，已经有一部分稳定的客源，不出意外会一直做下去。

问：请问您在来这里之前是在什么地方打工？做的是什么工作？收入如何？

答：我以前是在家里务农，文化水平不高，现在的生活压力也大，再加上小孩长大了要上学，所以当时赚到的钱不够维持生活了。

问：请问您觉得本地人好不好处？是否有相帮关系？哪些民族比较好相处？有没有本地藏族或其他民族的朋友？相处如果有困难主要表现在什么方面？在本地与其他民族朋友的相处情况怎么样？如果认为本地人不好处，原因又是什么？

答：本地人很好相处，我在香格里拉也认识藏族的朋友，基本都是通过生意上的往来认识的，之后大家熟悉了，就约在一起吃饭聊天。他们很豪爽的，特别是他们酒喝得尽兴时会和你称兄道弟，他们说话很直接，不喜欢绕弯子，所以和他们相处下来还是挺愉快的。

问：请问您觉得融入了本地的生活吗？如果融入了表现在哪些方面？如果没有融入又表现在哪些方面？

答：我融入他们的生活圈里了，了解到很多人喜欢吃什么样的米，用什么牌子的油，进货时也会根据当地人的习惯进货，稳定的客人也有很多了。

个案3：三农贸市场 大理人 肉摊摊主

问：请问您到香格里拉多久了？打算在这里做多久？有没有定居的打算？如果选择离开，原因是什么？如果选择继续留在香格里拉，原因又是什么？

答：我到香格里拉时间只有三年，这边的肉价稳定的话，会一直做下去。没有打算在这边定居，像我们这样做点小本生意的，若要在这边定居的话需要笔不小的开支，所以不打算在这边定居

问：请问您当初选择到香格里拉经商的原因是什么？怎么来这里的？现在做得怎么样？下一步有什么打算？

答：我当初选择来香格里拉做生意是我自己认为香格里拉这边有市场，竞争没有大理那么大，决定了就过来了。现在来了三年，摆了三年的肉摊，现在有一定的客源了。我们大理人到香格里拉开餐馆的还挺多的，大家都是老乡，自然我也会供应肉给他们，蔬菜也是我们大理老乡供应，这样我们也不愁销路。

问：请问您在来这里之前是在什么地方打工？做的是什么工作？收入如何？

答：我之前下岗了，就在家里呆着，有零散的活计就接一点，收入很低，零散活计赚的钱不多。

问：请问您觉得本地人好不好处？是否有相帮关系？哪些民族比较好相处？有没有本地藏族或其他民族的朋友？相处如果有困难主要表现在什么方面？在本地与其他民族朋友的相处情况怎么样？如果认为本地人不好处，原因又是什么？

答：本地人还是挺好相处的，虽然过来香格里拉的时间段，基本没什么朋友，但就生意上的往来觉得本地人并不难相处，大家说话也挺客气的，我做生意到现在也没和本地人发生过争执，因为我的性格内向，不太会主动去认识朋友，但接下来还在这边做生意我会尝试着去交点本地的朋友。

问：请问您觉得融入了本地的生活吗？如果融入了表现在哪些方面？

如果没有融入又表现在哪些方面?

答：我觉得我还在适应当中，刚来的时候还是感到不适应，这边的冬天特别冷。现在气候适应了，就要适应本地的人了，和他们打交道，交朋友，我想我会融入本地人的生活中去的。

参考文献

一　著作类

揣振宇、华祖根主编：《中国少数民族社会历史调查资料丛刊》，民族出版社2009年版。

费孝通：《江村经济》，江苏人民出版社1986年版。

费孝通：《乡土中国　生育制度》，北京大学出版社1998年版。

郭大烈、和志武：《纳西族史》，四川民族出版社1994年版。

何龙群等：《民族关系与社会主义和谐社会建设的历史考察》，人民出版社2015年版。

黄布凡、马德：《敦煌藏文吐蕃史文献译注》，甘肃教育出版社2000年版。

勒咱·扎拉：《噶丹·松赞林寺》，云南民族出版社2003年版。

李吉和、马冬梅等：《流动、调适与融入：城市少数民族流动人口调查》，华中科技大学出版社2016年版。

林冠群：《唐代吐蕃史研究》，中国藏学出版社2011年版。

罗春频：《多元文化与云南少数民族教育》，云南民族出版社2008年版。

王春光：《社会流动和社会重构——京城（浙江村）研究》，浙江人民出版社1995年版。

王德强、廖乐焕：《香格里拉区域经济发展方式转变研究》，人民出版社2011年版。

王明珂：《华夏边缘：历史记忆与族群认同》，社会科学文献出版社2006年版。

习近平：《摆脱贫困》，福建人民出版社 2014 年版。

习近平：《习近平谈治国理政》，外文出版社 2014 年版。

杨盛龙、白正梅、孙懿等：《民族交往与发展》，民族出版社 2010 年版。

俞可平：《治理与善治》，社会科学文献出版社 2000 年版。

云南省民族事务委员会、云南省民族理论学会编：《云南民族团结进步事业光辉历程（1949—2009）》，云南民族出版社 2009 年版。

云南省中甸县志编纂委员会主编：《中甸县志》，云南民族出版社 1997 年版。

中国社会科学院“云南省民族团结进步边疆繁荣稳定示范区建设研究”课题组编：《民族团结云南经验》，社会科学文献出版社 2014 年版。

二 译著类

[美] 本尼迪克特·安德森：《想象的共同体》，吴叡人译，上海人民出版社 2005 年版。

[美] 戴维·斯沃茨：《文化与权力：布尔迪厄的社会学》，陶东风译，上海译文出版社 2006 年版。

[美] 克利福德·格尔茨：《文化的解释》，韩莉译，译林出版社 1999 年版。

[法] 米歇尔·福柯：《规训与惩罚》，刘北成、杨远婴译，生活·读书·新知三联书店 1999 年版。

[美] G·J·施蒂格勒：《产业组织和政府管制》，潘振民译，上海三联书店 1996 年版。

[美] 萨缪尔·P. 亨廷顿：《变化社会中的政治秩序》，王冠华等译，上海人民出版社 2008 年版。

[法] 石泰安：《西藏的文明》，耿昇译，中国藏学出版社 2012 年版。

[美] 斯蒂文·郝瑞：《田野中的族群关系与民族认同：中国西南彝族社区考察研究》，巴莫阿依、曲木铁西译，广西人民出版社 2000 年版。

[法] 泰勒尔：《产业组织理论》，张维迎总译校，中国人民大学出版社 1997 年版。

[美] 约翰·罗尔斯：《正义论》，何怀宏等译，中国社会科学出版社 2009 年版。

三 论文类

班班多杰：《论藏传佛教与社会主义社会相适应的理论路径、历史脉络与现实要求》，《中国宗教》2021年第8期。

陈世联：《文化认同、文化和谐与社会和谐》，《西南民族大学学报》（人文社科版）2006年第3期。

崔岩：《流动人口心理层面的社会融入和身份认同问题研究》，《社会学研究》2012年第5期。

段蕾、康沛竹：《走向社会主义生态文明新时代——论习近平生态文明思想的背景、内涵与意义》，《科学社会主义》2016年第2期。

高永久、赵志远：《论民族交往交流交融与铸牢中华民族共同体意识的思想基础》，《思想战线》2021年第1期。

高永久、朱军：《论多民族国家中的民族认同与国家认同》，《民族研究》2010年第2期。

郝时远：《进一步增强中华民族凝聚力的新发展阶段》，《民族研究》2020年第6期。

郝时远：《习近平新时代中国特色社会主义思想与民族工作》，《民族研究》2017年第6期。

李德成：《谈我国宗教的中国化——兼谈藏传佛教的中国化方向》，《中国藏学》2018年第2期。

青觉、徐欣顺：《中华民族共同体意识：概念内涵、要素分析与实践逻辑》，《民族研究》2018年第6期。

曲星：《人类命运共同体的价值观基础》，《求是》2013年第4期。

任远、乔楠：《城市流动人口社会融合的过程、测量及影响因素》，《人口研究》2010年第2期。

邵发军：《习近平"人类命运共同体"思想及其当代价值研究》，《社会主义研究》2017年第4期。

石硕：《附国与吐蕃》，《中国藏学》2003年第3期。

孙杰远：《文化共生视域下民族教育发展走向》，《教育研究》2011年第12期。

王德强、史冰清：《民族区域自治制度与民族关系和谐的实证研究——基于云南藏区的问卷调查》，《民族研究》2012年第2期。

王晓广：《生态文明视域下的美丽中国建设》，《北京师范大学学报》（社会科学版）2013 年第 2 期。

王延中：《铸牢中华民族共同体意识建设中华民族共同体》，《民族研究》2018 年第 1 期。

王延中、管彦波：《云南建设民族团结示范区与和谐民族关系的基本经验及启示》，《民族研究》2014 年第 3 期。

尹未仙：《民族交往交流交融的云南历史经验》，《黑龙江民族丛刊》2019 年第 2 期。

关键词索引

后　　记

本书是《21 世纪初中国少数民族地区经济社会发展综合调查》的子课题之一“云南省香格里拉市经济社会发展综合调查”的最终研究成果,《21 世纪初中国少数民族地区经济社会发展综合调查》是国家社会科学基金特别委托项目(批准号 13@ ZH001)、中国社会科学院“创新工程”重大专项课题,由中国社会科学院管理、民族学与人类学研究所组织实施。“云南省香格里拉市经济社会发展综合调查”由云南师范大学校长王德强教授领衔的研究团队负责,成员包括云南民族大学王玉琴博士、王峰博士、苏丽博士,西南民族大学黄辛建博士,滇西科技师范学院唐菓硕士。

在本课题的调研过程中,课题组对研究内容做了详细的调研和讨论,拟定了详细的调研计划并进行了具体的任务分工。课题负责人于 2015 年 7—12 月带领十余人的研究团队数次前往香格里拉市开展田野调查,收集了大量的文献资料和统计数据。调查后,课题组再按指定任务进行整理、梳理和分析,然后明确撰写任务,最终分为政治、经济、社会、文化、生态等几大板块撰写本书。在王德强教授的指导下,西南民族大学黄辛建博士撰写了第一、第二两章,云南民族大学王峰博士撰写了第三章,苏丽博士撰写了第五、第六两章,王玉琴博士撰写了第四、第八两章,滇西科技师范学院唐菓硕士撰写了第七章,最终形成了《中国民族地区经济社会调查报告 · 香格里拉卷》一书。苏丽博士对全书作了修改统纂。

本书从内容到方法都有很多创新。从内容上讲,本书以香格里拉市为调查对象,内容包括中国特色社会主义民主政治的建设、香格里拉传统经济向现代经济的转型、香格里拉的社会事业、宗教文化传承与宗教事务管理、民族关系现状、流动人口族际交往现状及生态环境保护与建设现状等多个方面。从方法上讲,本书将民族学、人类学擅长的田野调查与社会学擅长的数据统计分析紧密结合起来,两者相辅相成,形成了一部以云南藏区香格里拉市为对象的典型性调查报告。

最后,我要对在田野调查中接受调查访谈的各民族干部和群众致以真挚谢忱,本项研究的完成离不开他们的理解和真诚相告。同时,真诚感谢中央民族大学副校长喜饶尼玛教授、四川大学中国藏学研究所副所长石硕教授、中国藏学研究中心张云教授、云南大学刘正寅研究员、《中国藏学》主编黄维忠教授等人对调查报告提出指导意见。

滇西科技师范学院校长　王德强

2020年6月